三　经　解　读

论语解读

兰喜并 著

山西出版传媒集团 三晋出版社

图书在版编目（CIP）数据

论语解读 / 兰喜并著. -- 太原：三晋出版社，
2021.3
（三经解读）
ISBN 978-7-5457-2256-7

Ⅰ. ①论… Ⅱ. ①兰… Ⅲ. ①儒家②《论语》-研究
Ⅳ. ①B222.25

中国版本图书馆CIP数据核字（2021）第037790号

论语解读

著　　者：兰喜并
责任编辑：阎卫斌
责任印制：李佳音
装帧设计：睿设计

出 版 者：山西出版传媒集团
　　　　　三晋出版社（山西古籍出版社有限责任公司）
地　　址：太原市建设南路 21 号
电　　话：0351—4956036（总编室）
　　　　　0351—4922203（印制部）
网　　址：http://www.sjcbs.cn

经 销 者：新华书店
承 印 者：山西万佳印业有限公司

开　　本：890mm × 1240mm　1/32
印　　张：14.75
字　　数：340 千字
版　　次：2021 年 3 月　第 1 版
印　　次：2021 年 3 月　第 1 次印刷
书　　号：ISBN 978-7-5457-2256-7
定　　价：46.00 元

如有印装质量问题，请与本社发行部联系　电话：0351-4922268

总　序

中国历史上关于思想文化的书非常多，即使聪明才俊，要读完也不是一件容易的事，更不用说常人了。曾国藩曾就此感叹地说:“虽有生知之姿,累世不能竟其业,况其下者乎？”因此，要了解中国传统思想文化，需要在众多的书中选出最值得读的一些经典来读。好在中国传统思想文化经典的流传有一个特点，就是大都是通过后人对前人著作的注、疏、解、释等等来进行传承。这样，我们在选择阅读中国传统思想文化经典时就有了比较明确的目标，就是首先选择阅读源头性和轴心性的经典。

一个民族的思想文化的源头很难追溯得到，所以，所谓源头性的经典只是指后人所看到的最“早”的一些经典；所谓轴心性经典是指辐辏其前、辐射其后思想文化的经典。比如，像《易》《书》《诗》等等就是中国传统思想文化的源头性和轴心性的经典。源头性和轴心性的经典是塑造一个民族文化的那类经典。

儒家最初讲的这种经典有六种，即《诗》《书》《礼》《乐》《易》《春秋》，由于人们没有看到独立的《乐》，所以后来就只讲“五经”了。再后来，逐渐由“五经”扩成“九经”（《礼》包括《仪礼》《周礼》《礼记》三种，《春秋》

扩展成《春秋左传》《春秋公羊传》《春秋穀梁传》三种)。到了唐代，把《论语》《孝经》《尔雅》加进了“经”，这样就成了“十二经”。到了宋代，又把《孟子》加进了“经”，成了人们常说的“十三经”。到宋代，人们觉得读“五经”内容太多，就从《礼记》里选出了《大学》《中庸》两篇，和《论语》《孟子》合到一起，叫作“四书”。宋代以后人们对“四书”的关注度逐渐超过了“五经”。

道家也有它认为的“经”。北齐颜之推在《颜氏家训》里提到道家的三种最主要的经典，即《庄子》《老子》《周易》，称之为“三玄”。

后来佛教传入中国。佛教也有很多经典，大多是从印度传过来的。后来佛教中国化了，有了中国佛教自己的“经”，即《坛经》。但是，佛教经典不是中国传统思想文化的源头性和轴心性经典。

这样的话，我们可以说有关中国传统思想文化中最主要的源头性和轴心性经典就是“五经”“四书”和“三玄”，加起来一共是十二种书。在这十二种书里边，“四书”中的《大学》《中庸》本来是《礼记》里边的两篇文章，如果把它们归到《礼记》中，那么就少了两种；《周易》既属于儒家“五经”，也属于道家的“三玄”，这就又少了一种。所以，我们阅读中国传统思想文化的经典，最主要的就是“五经”加《论语》《孟子》《老子》《庄子》这九种。

假如觉得这九种经典的量还大，那么我们还可以从中选出最基本的三种来，即《论语》《老子》和《周易》。如果打破儒、道限隔的话，那么也可以说这是中国传统思想文化的“三经”。《三经解读》即解读这三种经典。

所谓“解读”即解释地阅读，其中讲的是解释者所理解的文本的思想内容，不是与解释者的理解无关的文本的思想内容。所以，读者千万不可将解释者的“解读”当作文本的“原意”。这是需要说明的。

自序

一

《论语》是孔门后人记录孔子言行兼及孔子主要弟子言行的一部书，以记言为主，故谓之“语”，“论”是编纂之意，《论语》书名的意思是经过编纂的语录。

《论语》的成书有一个过程。起初只是孔门弟子在孔子去世后将各自从学的见闻记录汇集起来，后来又经过再传弟子及后人的补充、编辑，其中既有亲炙弟子们的亲见亲闻，也有后来人的所传所闻，话语未必都是原初的，但所记录的内容实质是孔子的学说，即使孔子弟子的言行以及孔子转述别人的话语，也体现着孔子学说的精神。《论语》是构建中国文化最重要的“轴心”经典之一。

从《论语》成书起，人们就开始传授它，到汉代有《鲁论语》20篇、《齐论语》22篇和古文《论语》21篇三种传本；西汉末年，张禹以《鲁论语》为主、兼采《齐论语》而成《张侯论语》，篇数则与古文《论语》相同；东汉时，郑玄就《鲁论语》篇章参考《张侯论语》，结合《齐论语》、古文《论语》进行校注，《论语》版本至此而定。

历史上对《论语》的注解很多，多数佚失，流传下来重要的有：

《论语集解》，三国魏人何晏选择汇集两汉至魏时多人的解说，并加自己的理解，大致反映了至魏时有关《论语》的注解状况。

《论语义疏》，南朝梁人皇侃对《论语集解》的增补，大致反映了至梁时有关《论语》的注解状况。

《论语注疏》，北宋邢昺根据皇侃所采诸儒之说刊定而成，侧重章句、训诂、名器、事物，收入《十三经注疏》中。《四库全书总目》说其“大抵翦皇氏之枝蔓，而稍傅以义理。汉学、宋学兹其转关。是《疏》出而皇《疏》微，迨伊洛之说出而是《疏》又微”。是汉、宋《论语》注解的转折点。

《论语集注》，南宋朱熹撰。陈振孙说此书“大略本程氏学，通取注疏古今诸儒之说，间复断以己意”(《直斋书录解题》)。是宋代以后《论语》的权威注本，影响深远。

《论语正义》，清人刘宝楠对《论语集解》的疏正，充分吸收前人的注释成果，并采集不少清人注释、考证《论语》的新材料。是清代研究《论语》的代表作。

《论语集释》，民国程树德撰。该书汇集自汉到清大量有关研究《论语》的资料，是截至现代研究《论语》资料最详备的一部书。

这几部书大致能反映自汉至清人们注解《论语》的状况。

五四运动后，孔子的“身份”发生了很大的变化，思想家、教育家的身份愈益凸显，“圣人”的身份逐渐淡化，这消除了人们研究《论语》的许多束缚，开阔了研究《论语》的境界。但是，一方面，由于与“实际”捆绑得太紧，促成了人们阅读《论语》时的浮躁心态；另一方面，由于现代人的生活世界与孔子时代的巨大差异，消减了人们阅读《论语》时的切己情怀，所以，近百年来对《论语》的研究，虽然间有新见高论，但总的来说尚不够深入。

席勒说哲学家是“一切时代的同时代人”（卡尔·雅斯贝斯：《时代的精神状况》，上海译文出版社，1997 年，第 12 页）。虽然哲学家们所思考的内容会有时代的痕迹，但是哲学家们所思考的问题却有超时代性。所以，读《论语》不应只是将其作为思想史的资料来读，而更应将其作为思想的资料来读。不仅读《论语》，读其他的思想性经典也都如此。虽说思想离不开思想史，思想史的研究也需要有思想，但二者毕竟不同。治思想史好似游他人之圃，思想有如营自家之园。自家之园才是自家的安顿之处。对《论语》的深入理解需要有自家安顿处。

二

阅读有三个要素，即作者、作品和读者。作者通过创作作品表达自己的意思，读者通过阅读作品形成自己的理解，阅读就是读者通过作品理解作者意思的过程。按解释学的说法，无论作者创作还是读者阅读，都有自身特有的“视域”，所以读者的理解和作者的意思往往会有不合之处，会有“误解”。中国古代有“我注六经”和“六经注我”的说法，前者侧重于作者，力求“还原”作品中作者的原意；后者侧重于读者，重视理解作品时读者的新意。但无论哪种“注”都不会是读者视域与作者视域完全吻合，也不会是读者视域与作者视域全然无关。既是“我注六经”，其中自然有“我”

的理解，而不是与“我”无关的“六经”原意；既是“六经注我”，其中自然有“六经”的意思，而不是与“六经”无关的“我”的新意。阅读其实是在读者的理解过程中生成与“原作品”具有“家族相似”的“新作品”。比如，郭象的《庄子注》就是与《庄子》具有“家族相似”的“新作”。由于不同读者的视域差异，相对同一“原作”会生成不同的“新作”，比如，王弼的《老子注》和河上公的《道德经注》就都是与《老子》具有“家族相似”的“新作”。

“新作”还会有读者阅读理解，由此再生成“新作2”或“新作n”，比如，如果把郭象的《庄子注》视作“原作”，通过阅读理解，可以生成相对《庄子注》的“新作”，但相对《庄子》来说，则是“新作2”。这样便形成相对“原作”的“家族谱系”。如果把阅读理解的重点放在“新作n”而不是“原作”上——比如把阅读理解的重点放在郭象的《庄子注》而不是《庄子》，那么读者对“原作”的理解或许会越来越“疏远”。所以，读者要深入理解“原作”，还是得直接与“原作”打交道，阅读任何“新作n”相对于理解“原作”而言都只具有扩展读者视域的意义。如果要深入理解《庄子》，就得翻来覆去地读《庄子》原作，沉潜其中，玩味其言，他人的注释只起辅助理解的作用。如果要深入理解郭象的《庄子注》，也得反复读郭象的“原作”，而《庄子》则变成“前原作”，因此有“庄子注郭象”之说。

解释是对理解的阐明。刘熙载在谈到应举经义时说：“未作破题，文章由我；既作破题，我由文章。”（《艺概》）所谓“文章由我”指从“我”的角度破题作文，我主宰文章；

所谓“我由文章”指遵循文章自身的脉络走势，文章主宰我。解释与此类似。每一个作为读者的“我”都是带着自己的“视域”理解、解释作品的，这可以说成是“解释由我”；而一旦进入解释，则要遵循解释的脉络走势，这可以说成是“我由解释”。

作品的脉络是连贯作品内容使之条理的东西。中国传统的思想性经典，尤其是像《论语》《老子》这样的对话式、格言式的经典，其逻辑不明晰，但是并非没有脉络。孔子说他的学说“一以贯之”（4.15、15.3），这一以贯之的东西就是脉络，没有一以贯之，孔子的各种言说就像是一地散钱。同样，读者在理解和解释作品时，也需要有脉络。由于视域的差异，读者所得的脉络与作者的脉络未必相符，但无论如何，如果要完整地理解和解释作品，总需要有个一以贯之的东西把作品的内容连贯起来。比如，王弼说《老子》之书可用“崇本息末”一言蔽之（《老子指略》），又说“本在无为”（《老子》第三十八章注），这可以说是王弼所得的《老子》的脉络，王弼由此解释《老子》即“解释由我”；王弼既然是以此脉络连贯《老子》的内容，就只能得出王弼的解释而得不出河上公的解释，这可以说是“我由解释”。王弼的解释与河上公的解释在一些地方会出现“交点”，但由于脉络走势的不同，形成了解释的多样性。

解释的多样不等于水平的齐同。一般地说，“我”和“六经”越扣合，解释越高明。

三

《论语》（或孔子学说）的脉络是什么？曾参说是“忠恕”

（4.15）。在孔子学说中，“忠恕”固然非常重要，但是用它难以将孔子学说的所有内容一以贯之，比如，被孔子称为“至德”的“中庸”就难以由忠恕贯之。

陈康先生说“问题是哲学著作中的命脉”（见陈康译注《巴曼尼得斯篇》，商务印书馆，1982年，第18页），如果不能找出其中的中心问题，就不能了解一篇哲学著作。孔子学说一以贯之的脉络不应是某一具体内容，诸如仁、礼、忠恕、中庸等等，而应该是诸多内容所围绕的中心问题。

孔子学说的中心问题可以理解为情和理的关系问题，如果转换成孔子的术语，可以等价地说是欲和矩的关系问题。孔子之学的目的就是要实现情理、欲矩的协和，比如，个体修身的“从心所欲不逾矩”的境界，社会治理的“天下为公”的境界。

《礼记·礼运》中讲“圣王修义之柄、礼之序，以治人情。故人情者，圣王之田也。修礼以耕之，陈义以种之，讲学以耨之，本仁以聚之，播乐以安之”。各种德行都是围绕耕种“情”这块田运行的。《礼记·儒行》中讲“温良者，仁之本也；敬慎者，仁之地也；宽裕者，仁之作也；孙接者，仁之能也；礼节者，仁之貌也；言谈者，仁之文也；歌乐者，仁之和也；分散者，仁之施也。儒者兼而有之，犹且不敢言仁也”。“仁”是各种德行的汇聚与中和，在这个意义上可以说孔子学说中的“仁”是“全德”。

《中庸》讲“天命之谓性，率性之谓道，修道之谓教”。性是事物的本性，率性即按本性而行。天命、率性都并非只就人而言，万物之性都是天命，万物按其本性而行都是率性。

朱熹说情是“性之动”（见《孟子·告子上》注），所以“率性”也可以说就是“情”。因此，《郭店楚墓竹简·性自命出》中讲“道始于情，情生于性”。万物及其率性的错综缠绵谓之“道”，所以说“道者，群物之道”（《性自命出》）。至此而言，儒家之“道”与道家之“道”有相同的地方，即都讲“全”（参见拙著《老子解读》）。但更重要的是儒家之“道”与道家之“道”的不同，道家讲“道法自然”（《老子》第二十五章），儒家讲“人能弘道”（15.29）。儒家所讲的“道”不是和人为无关的“自然”之“道”，而是要经过人的“修道”活动，力使万物之“率性”得以“中节”，生成“太和”之“道”。这同样关乎情和理的关系问题。

孔子说“志于学”（2.4），又说“志于仁”（4.4）、“志于道”（4.9、7.6），在《论语》中只讲到这三个（四处）“志于”，由此可见孔门之“志”。这三个“志于”是一致的，“仁”是孔门修身之“全德”，“道”是孔门治世之“太和”，“学”的目的是为了实现仁、道。

孔子说：“中庸之为德也，其至矣乎！”（6.29）中庸是“时中”，是持续地“致中和”的过程。修身之中和为仁，治世之中和为道，所以作为“至德”的中庸是仁、道之魂，也是学的核心。《大学》中讲的格物致知，就是要学得权衡操持“中”的能力。孔门以“六艺”为主要教学内容，意义也在于此。

孔子学说思考情和理的关系问题的框架是情—理—情，如，从心所欲—不逾矩—从心所欲不逾矩，而不是理—情—理。情是出发点和归宿，是动力，理是对情的节制和规范。就修身讲，孔子说“兴于诗，立于礼，成于乐”（8.8），“兴于诗”

即兴发情感，“立于礼”即节制情感，“成于乐”即使外在节制内在化，实现情理融通。这是融合着理的情，而不是掺和着情的理。

上述就是我解读《论语》的脉络和框架。

四

读《论语》，更重要的是行。

颜渊问仁，孔子说“克己复礼为仁”。颜渊又问其要目，孔子说“非礼勿视，非礼勿听，非礼勿言，非礼勿动”。颜渊说：“回虽不敏，请事斯语矣！”（12.1）“事斯语”体现了孔门之学的特色，孔门之学的重点在“事”，在践行、操作，而不在“语”，不在讲说、记诵。所以，对《论语》中的诸多“问”，诸如问仁、问知、问孝等等，应该主要从行的角度去理解，即主要讲“怎么样”，而不是“什么是”。通过求问“怎么样”将道理行动化。

《论语》中所讲的各种道理，有其当时的语境和针对性，今天的读者不必非得完全认同，但是，如果读者在读《论语》时，觉得尚有可依之处，哪怕只有一两点，还是应该付诸行，否则，“只管闲讲，何益之有”？其实，不仅读《论语》，读其他类似的经典也是如此，这样才能开卷有益。朱熹和陆九渊见解不同，后人常为他们争是非，王守仁却说“各自且论自己是非，莫论朱陆是非”（《传习录·中》）。与其殚精竭虑地“为朱陆争是非”，不若通过读朱、陆救治自家的弊病。昔日王元问尹焞说：“《六经》皆药也，无病安得所用乎？”尹焞回答：“固是。只为开眼即是病。”岂止《六经》，孔、孟、老、庄，程、朱、陆、王等等都是药。对我症者，我自用之；不对我症者，岂能断定其也不对他人之症而否定之？对我此时之症者，我自用之；不对我此时之症者，岂能断定其也不对他时之症而抛弃之？韩愈在《进学解》中说："玉札、丹砂，赤箭、青芝，牛溲、马勃，败鼓之皮，俱收并蓄，待用无遗者，医师之良也。"良医只求个对症下药，随时补救，不替药争优劣。读书也是这样。

《论语》全书一万多字，如果诵读，一日一遍也不为难，但要落实在行动上，却很不容易。子贡曾问孔子有没有一个可以终身按着去做的字，孔子回答说"恕"（15.24）。从古到今，有几人敢于说自己总是按恕而行？李零说："学《论语》，有两条最难学，一是'三军可夺帅，匹夫不可夺志'，二是'不义而富且贵，于我如浮云'。现在，哭着闹着学《论语》的，不妨先学这两条，试试看！"知易行难，诚哉斯言！

一方面说行不易，另一方面又可以说行不难。孔子说："有能一日用其力于仁矣乎？我未见力不足者。"（4.6）对于修身而言，没有"力不足"的问题，每一个人都能"行"。不仅修身，即使像传说中的尧、舜这样的"圣人"都难以实现的"修己以安百姓"（14.42），每一个人也都能"行"。百姓不安往往由于世道不中正，所以相传尧、舜都讲"允执其中"（20.1），以使世道中正。每一个人都可以为世道中正贡献自己的力量。章学诚说："世俗风尚，必有所偏，达人显贵之所主持，聪明才俊之所奔赴，其中流弊必不在小……苟欲有所救挽，则必逆于时趋。"（《上钱辛楣宫詹书》）又说："风尚所趋，必有其弊。君子立言以救弊，归之中正而已矣。"（《文史通义·说林》)逆于时趋以补偏救弊，是每一个人都能做的事。虽然一个人逆于时趋不可能改变时趋，但是就个人的行来说，还是由自己主宰的，能不能成和要不要做是两码事。孔子说：“君子和而不流，强哉矫！中立而不倚，强哉矫！国有道，不变塞焉，强哉矫！国无道，至死不变，强哉矫！”(《中庸》)“强哉矫”就是遏止时趋，抑制偏倾，救挽流弊。孔子教育的目的之一就是想培养一批“强哉矫”的人，读《论语》而能“强哉矫”，也可以说遥合孔子之愿。

目　录

附录一

附录二

学 而 第 一

1.1 / 子曰："学而时习之，不亦说乎！有朋自远方来，不亦乐乎！人不知而不愠，不亦君子乎！"

解读

"子"作为称呼，在古代含有尊敬的意思。最初只用于称呼有政治地位的男子，后来扩展到有道德、有知识的人；再后来，成为人们交往中的尊敬之词。《论语》中"子曰"的"子"都是指孔子，是其弟子对老师的尊称。

说（yuè）：喜悦。后来写作"悦"。《论语》中没有"悦"。

"学"在孔子以及儒家思想中具有非常重要的意义，这是因为孔子终生的志向，就是想通过教与学培养出新的、道德意义上的"君子"。因此，儒家之"学"绝不是简单地学点知识或技能，而首先是指学做人：做君子，做"志士仁人"（15.9）。孔子说他自己"十有五而志于学"（2.4），就是立志要成为具有高尚道德的人。

由于这样的目的，孔子和儒家所教所学就不是侧重在记问诵说、辞章训诂等"知识"，而是要"学以致其道"（19.7），让人通过学而懂得做人、治世的道理，并且践行所知的道理。所以讲“贤贤易色，事父母能竭其力，事君能致其身，与朋友交言而有信。虽曰未学，吾必谓之学矣”（1.7）；讲“君子食无求饱，居无求安，敏于事而慎于言，就有道而正焉，可谓好学也已”（1.14）。

朱熹说：“学之为言效也……习，鸟数飞也。”（《论语集注》）学是学“招式”，习是练“功夫”。只有经常地“习”，才能逐渐领悟所学之中的神韵，把所学的“招式”内化为自己的“功夫”，从“招式”中解放出来。否则，所学只是徒有其形，为“招式”所拘。所以，“习”比“学”更重要。后人以“学习”统称，“习”的意义便不那么明显了。

在不断把外在“招式”内化为“功夫”的过程中，能够萌生出自内心的愉悦。如果只重“学”而轻“习”，恐怕难以有此感受。当然，这一切都要建立在学习目的明确的基础上，即学做君子、仁人。

“有朋”或作“友朋”“朋友”。同门曰朋，同志曰友。如果说“习”主要是自身的修炼，其喜悦尚且是个体的，那么，具有相同志趣的人会聚一起，切磋砥砺，“以友辅仁”（12.24），会形成一种快乐的氛围，在这种氛围中，快乐弥漫在每个人身上。

孔子有“为己之学”和“为人之学”的区别（14.24）。为己之学主要是学做人，通过学习提升自身的人生境界；为人之学虽然目的多样，概而言之，不出名利之途。既是“为己”，则努力做好自身的修养，他人是否了解或理解，是他人的事，不必为此而有怨气。正如一个人为了自身健康而锻炼身体，难道会因为别人不了解自己的健康状况和锻炼水平而生气吗？孔子与此相关的说法还有“不患人之不己知”（1.16、14.30）、“不患莫己知”（4.14）、

“不病人之不已知”（15.19）等等。孟子“人知之，亦嚣嚣；人不知，亦嚣嚣”（《孟子·尽心上》）；荀子“君子能为可贵，不能使人必贵己；能为可信，不能使人必信己；能为可用，不能使人必用己。故君子耻不修，不耻见污；耻不信，不耻不见信；耻不能，不耻不见用”（《荀子·非十二子》）；《中庸》“君子依乎中庸，遁世不见知而不悔”；《易传·文言》“不易乎世，不成乎名，遁世而无闷，不见是而无闷”等等，都有类似的意思。这是“君子儒”（6.13）的传统。

“君子”之本意为贵族男子的通称，后来也有用以指才德出众者，如《易·乾·九三》之“君子终日乾乾”。孔子进一步强化了这后起意义，希望通过教育形成新型的“道德贵族”，进而逐渐优化社会系统。这种“贵族”之门向任何愿意进行自身道德修养的人敞开，所以孔子主张“有教无类”（15.39）。《论语》中的“君子”主要在这个意义上来讲。

1.2 / **有子曰：“其为人也孝弟，而好犯上者，鲜矣；不好犯上，而好作乱者，未之有也。君子务本，本立而道生。孝弟也者，其为仁之本与！”**

| 解读 |

有子：孔子弟子有若，字子有。《论语》中包含一些孔子弟子的语录，其思想内容应该源于孔子。《论语》中有时尊称闵子骞、冉有、有若、曾参四人为“子”。

其：如果。孝：善事父母，尊亲敬长。弟（tì）：敬爱兄长。

后来写作“悌”。《论语》中没有“悌”。贾谊《新书·道术》：“子爱利亲谓之孝”，“弟敬爱兄谓之悌”。

好：读hào。在《论语》中，除了“邦君为两君之好”（3.22）和“窥之屋家之好”（19.23）这两处的“好”读hǎo，其余的“好”都读hào。后文不再另注。

鲜（xiǎn）：少。在《论语》中的“鲜”都是这意思。后文不再另注。

为仁：实行仁。本：草木的根，在这里是根基的意思。与（yú）：句末语气词，后来写作“欤”。在《论语》中没有“欤”。程颐说：“盖孝弟是仁之一事，谓之行仁之本则可，谓之是仁之本则不可。”（《河南程氏遗书》卷第十八）

“为仁”之“仁”，有些人解释为“人”，以与前面的“为人”相应。其实，两处用字不同，正表明其意思不同。《中庸》讲“仁者，人也”，孟子讲“仁也者，人也”（《孟子·尽心下》），绝不是简单地将二者视为同义词，其中包含着儒家全部道德修养的内容，在此修养中成为一个人。

王国维先生在《殷周制度论》中讲宗法制是周朝制度与商朝制度重要区别之一。虽然当今学者多不赞同这种说法，但说周朝的宗法制比以前更系统、完善，还是可以肯定的。宗法制的特点是：以血缘关系为基础，尊崇共同的祖先，在宗族内部区分长幼尊卑等级，规定继统秩序以及宗族不同等级成员的权利和义务。周朝的宗法制规定嫡长子有优先继承权，其他儿子要分出去另立一系，因此在宗族内有大宗、小宗的区别。如周王的嫡长子继承天子之位，其他儿子则被封为诸侯，统大小不等的诸侯国。诸侯的嫡长子继承诸侯之统，其他儿子则被封为大夫，领大小不同的采地。大夫之下还有士、庶等等。诸侯相对天子是小宗，相对大夫是大宗。这样，整个王朝的主体就成为以血缘关系为基础而编织的网络，宗族组织和国家机构合而为一。

这个网络是周王朝系统的结构，而周礼是这个结构的外在形式。周人以为，如果能够很好地执行周礼，使人们都按自己应有的权利和义务行事，也就能够维系王朝的正常，所以，他们特别重视“礼”的作用。孔子对周礼的评价甚高，说“周监于二代，郁郁乎文哉！吾从周”（3.14）。“从周”意味着赞赏和继承周人重礼的主张。

但是，制度的设置和实际运行之间往往会有很大的差别。实际情况是，人们并非都能够自觉遵守礼的规范，而经常会有僭越名分的现象发生。尤其是面对强大的利益驱动，血缘的凝聚力会变得很脆弱，僭礼越分的事情也就会不断发生，以至于出现如司马迁所说“《春秋》之中，弑君三十六，亡国五十二，诸侯奔走不得保其社稷者不可胜数”（《史记》卷一百三十）的局面。面对这种局面，孔子深感忧虑，他力图以自己的微弱之力，扶大厦之将倾。

在孔子看来，周王朝社会的动乱主要不是由于系统的结构不优，而是由于组成系统的元素不佳。要避免社会系统的动乱，除了维护既有的系统结构之外，还需要优化组成系统的元素。优化元素的主要途径是，通过教化，培养道德型君子。这样，由优化的元素构成优化的子系统，进而由优化的子系统构成优化的大系统。后来，《大学》中所讲的“修身、齐家、治国、平天下”，就是这样的顺序。虽然在孔子之前，人们也重视个体的优化，但是，是在制度结构的前提下讲优化。孔子虽然也重视制度结构，即礼，但是主张礼要扎根在个体优化的基础上。这是一种类似哥白尼式的转换。西周初年，周公制礼作乐，构建了周王朝社会系统的结构；春秋时期，孔子有教无类，突出了系统元素的优化，所以，在中国历史上长期周、孔并称。由于在历史进程中，社会系统的结构会发生变化，体现出时代性，但不论什么时代什么形式的社会系统，元素的优化对系统的优化总是有益的，所以，孔子的影响更为深远，成为影响中国文化的第一人。历史上由周、孔并称到孔、孟并称的转化正体现了这一点。当然，孔子自己并非意识到这一点。

在孔门，教化的目的是培养君子，即使人实现仁的境界。在孔子那里，“仁”有时作为诸种品德之一，如《中庸》中所载“知、仁、勇三者，天下之达德也”（参见9.29、14.28）；有时又似乎指各种品德的综合，如《礼记·儒行》中所载“温良者，仁之本也；敬慎者，仁之地也；宽裕者，仁之作也；孙接者，仁之能也；礼节者，仁之貌也；言谈者，仁之文也；歌乐者，仁之和也；分散者，仁之施也。儒者兼而有之，犹且不敢言仁也”。在后面这个意义上，也可以说“仁”是“全德”，即完美之德、完善之德。在孔子之前人们也讲“仁”，但是没有人像孔子这样把“仁”上升到“全德”的高度。

作为“全德”之“仁”的基础是“真”，其他的修养功夫都要建立在这个基础之上，孔子总结为“绘事后素”（3.8）。

孔门非常注重从真实情感入手来养护“真”这个基础。

人的最真实的情感首先是儿女在父母的关爱中生发的对父母的敬爱之情（参见17.21），其次是弟幼在兄长的关爱中生发的对兄长的敬爱之情。所以，有子说孝悌是“为仁之本”。孔门讲孝悌绝不只是对子、弟这样那样的要求，而更重视怎样“养”出子、弟的这种真实情感。孝悌是情，不是理，不同于义务，主要得靠“养”而不只是“教”。

在孔子的时代，宗族组织和国家机构是合而为一，如果在宗法组织中能孝悌，在国家机构中也就不会发生犯上作乱的现象了。把对父兄的敬爱之情向前追溯，直到遥远的祖宗，即“自仁率亲，等而上之至于祖”（《礼记·大传》），这样，血缘的凝聚力才牢固，即“亲亲故尊祖，尊祖故敬宗，敬宗故收族，收族故宗庙严，宗庙严故重社稷……”（同上）当然，不能把孔门的仁只当作治理社会的手段，在孔门它更是个体生存的目的。

了解了孔子那个时代的历史背景和孔子的思路，也就不难理解有子的话了。有子这段话的主旨是，治理社会重在培养仁人，为仁之本在培养人们的孝悌情感。随着社会制度结构的变化，孝悌的宗法组织功能越来越淡化，而它体现的个体真实情感的意义将会继续。

1.3 / 子曰：“巧言令色，鲜矣仁！”

| 解读 |

巧、令在这里都是好、美的意思，都用作动词，即巧其言、令其色。《论语集解》引包咸曰：“巧言，好其言语；令色，善其颜色。”色，指容色。

“仁”的基础是“真”，要实现“仁”的境界，首先是要培养人的真实。所以，除了注重培养人的真实情感，孔子还强调要表里如一。虽然孔子也非常重视“文”的重要性，如讲“言之无文，行而不远”（《左传·襄公二十五年》），但强调“文”要建立在“质”的基础上，要“诚于中，形于外”（《大学》），在“情欲信”的前提下“辞欲巧”（《礼记·表记》）。如果忽视内在真实的培养，而着力于“好其言语”“善其颜色”，很少能够达到“仁”的境界。朱熹：“致饰于外，务以悦人，则人欲肆而本心

之德亡矣。”（《论语集注》）崔述：“最有害于仁者莫甚于粉饰。”（赵贞信辑《论语辨》）

1.4 / 曾子曰：“吾日三省吾身：为人谋而不忠乎？与朋友交而不信乎？传不习乎？”

| 解读 |

曾子：孔子弟子曾参，字子舆。

三：多次。省（xǐng）：反省、检查。《论语》中的“省”都是这意思。后文不再另注。“三省吾身”强调“求诸己”（15.21）。

忠：真心实意。《新书・道术》：“爱利出中谓之忠。”陈天祥《四书辨疑》：“心无私隐之谓忠。”“为人谋”不应该只是理解为为别人办事、谋划，而应该理解得更宽泛些，即为别人考虑、着想，如“己欲立而立人，己欲达而达人”（6.30）。

信：诚实不欺，信任不疑。信是“主体间性”的，从自身一面讲是不欺人，从对人一面讲是不疑人。但这样就有了被人欺的可能，所以有君子“可欺也”（6.26）之说。要避免这种现象的发生，需要辅以其他的修养，如“先觉”（14.31），如“知人”（1.16、12.22、20.3），如交友之道：“友直，友谅，友多闻”，而不是“友便辟，友善柔，友便佞”（16.4）等等。

传（chuán）：有受、授两解。即从学生的角度讲，对老师所传授的是否能不断练习；从老师的角度讲，自己所讲授的是否已经通晓。

所反省的三方面都体现一点：实，即实在、实诚、不虚假。

《论语》中常常忠信并举，如“主忠信”（1.8、9.25、12.10），“言忠信”（15.6），“子以四教：文、行、忠、信”（7.25）等等。《礼记·礼器》：“忠信，礼之本也……忠信之人，可以学礼；苟无忠信之人，则礼不虚道。”礼的教化要建立在内在真实的基础上，即“绘事后素”（3.8）。

1.5／ 子曰：“道千乘之国：敬事而信，节用而爱人，使民以时。”

｜解读｜

道（dǎo）：领导、治理的意思。后来写作“导”。《论语》中没有“导”。乘（shèng）：古时一车四马为一乘。在《论语》中，凡是前面加数词的“乘”字都是这意思。后文不再另注。千乘不是指正好一千乘，而是说乘在千位数，所以同是“千乘之国”也有大小之别。《论语》中三处讲“千乘之国”（1.5、5.8、11.26），在这一章和5.8章都是指具有一定规模和实力的诸侯国。

敬：在这里既有慎重又有庄敬的意思。古人用词简，经常有用一个词表达多重意思的情况。敬事指庄重严肃、谨慎认真地对待所有的事情，不亵慢、不轻忽。孔子非常重视“敬”，一再讲“执事敬”（13.19），“事思敬”（16.10），“行笃敬”（15.6）等等，不仅因为只有“敬”才能做好事情，更因为“敬”是人生修养的重要内容，君子“修己以敬”（14.42）。

信：真诚无欺，恪守信用。要得到信任，先得守信用。张载说“稍不敬事，便不忠信”（《张子语录抄》）。“敬”和“信”密切相关，不敬很难守信用，也就很难得到信任。《老子》讲“轻诺必寡信”（第六十三章。本书引用《老子》原文依据拙著《老子解读》，后面引文只注章数），轻诺即不敬，必至于寡信。

节用：用度有节制，或节约费用。《孔子家语·贤君》载：（齐）景公问政焉，孔子答曰：“政在节财。”谭峭说：“自古及今，未有亡于俭者也。”（《化书·俭化》）古今多少代，很少有因节用而败亡的。不仅为政，修身也要节用。《礼记·表记》讲“俭易容”，“俭近仁”。孔子讲仁的一个重要内涵是“爱人”（12.22），不节用难以爱人。

使民：使用民力。时：适时。《礼记·学记》：“当其可之谓时。”

1.6 / 子曰：“弟子入则孝，出则弟，谨而信，泛爱众，而亲仁，行有余力，则以学文。”

| 解读 |

弟子：指为人弟、为人子，泛指年少者。

入：指与父母、祖辈在一起。出：指与兄长相处。

谨而信：即谨慎言行而诚实守信。儒家非常重视教人敬慎，要求慎言慎行（参见2.18）。《易传·系辞上》：“言行，君子之所以动天地也，可不慎乎？”张载说：“凡一言动，是非可否随之而生，所以要慎言动。”（《横渠易说》）人的一言一行都会带来相应的后果，许多后果往往是不可预知的，所以必须谨慎，“言必虑其所终，而行必稽其所敝”（《礼记·缁衣》）。

泛爱：犹博爱。《国语·周语下》“言仁必及人”，韦昭注：

“博爱于人为仁。”韩愈《原道》说“博爱之谓仁”。人的最真实的“爱”首先是在父母的关爱中所生发的对父母的爱，但对“仁”来说，仅仅局限于对父母的爱还不够，还需要把这种真实的“爱”推出去，“以其所爱及其所不爱”（《孟子·尽心下》），“老吾老以及人之老”（《孟子·梁惠王上》），直至推到所有的人，就是“泛爱众”。后儒甚至讲要推到天地万物上去，如三国时期的王弼讲“自然亲爱为孝，推爱及物为仁也”（《论语义疏》卷一引），北宋时期的程颢讲“仁者以天地万物为一体”，“仁者浑然与物同体”（《河南程氏遗书》卷第二）等等，虽然说其思想内容与孔子有所不同，但其思想倾向与孔子还是一致的。孔子重仁，原因之一是欲以仁来补宗法血缘的凝聚力。宗法血缘侧重“分”，仁重视“合”，一似大木分蘖，一似百川汇海。孔门讲爱人、讲忠恕，都旨在培养人的相容性、相通性。后世儒家讲“仁”，仍然注重于相容性和相通性，孟子的“老吾老以及人之老”，王弼的“推爱及物为仁”，程颢的“仁者以天地万物为一体”等等都体现了这种主张。“仁”是对“己”之限隔无止境的超越。王廷相：“仁者，与物贯通而无间者也。”（《慎言·作圣篇》）

“而亲仁”之“亲”“仁”都用作动词，即能亲能仁。亲即孝悌，仁即泛爱。亲侧重血缘的亲近，仁则推及远的关系，即孟子所说的“亲亲而仁民”（《孟子·尽心上》）。这一句旧注多解释为亲近有仁德的人。孔子说“我未见好仁者，恶不仁者”（4.6），这样，让弟子亲近仁人也就难以可能了，所以，不如理解为让弟子“用其力于仁”。

“行有余力”之“行”即亲、仁。“文”主要指礼乐制度。依然是先元素后结构的思路。

1.7 / 子夏曰："贤贤易色，事父母能竭其力，事君能致其身，与朋友交言而有信。虽曰未学，吾必谓之学矣。"

| 解读 |

子夏：孔子弟子卜商，字子夏。在孔门四科中属文学科。

贤贤易色：前一个贤为动词，尊崇、器重的意思。后一个贤为名词，美善的意思，在这里指人的美德。易，替代。色，容色。贤贤易色实际是贤贤易贤色，即以尊崇美德替代器重容色。人们在与人相处或评价一个人时，往往会看重其外表容色，而忽视内在德行，一些人由此"善其颜色"，以取悦人，其实，却是"色取仁而行违"（12.20）。所以，子夏强调要尊崇美德，而"不以色亲人"（《礼记·表记》）。

"易"有的人解释为"如"，这样，"贤贤易色"的意思为"以好色之心好贤"，与孔子所说"好德如好色者"（9.18、15.13）意思相近。但孔子说得是"吾未见好德如好色者"，可见其难度之大。所以，虽然这样解释也可成立，但这样的话，也就难以有"虽曰未学，吾必谓之学矣"的情况了。

竭、致（通"至"）都有"尽"的意思。侍奉父母的尺度不在外而在内，即不是说做到什么尺度就符合标准了，而是竭尽自己的能力而为之。事君也是这样。身在此与力相对应，指自己的能力，即身力。在孔子那里还没有为君献身的要求，而主张"以道事君，不可则止"（11.24）。

儒家之学重在培养道德君子，所以，只要能成为一个有道德的人，也就达到了学的目的。因此即使没有记问诵说、辞章训诂等知识性的学习，仍然可以称之为“学”。反之，如果让所学的知识只停留于口耳之间，不能贯彻到道德修养中去，那么套用子夏的话，可以说是“虽曰已学，吾必谓之未学”。

儒家学说非常强调“学”的道德意义，固然有其局限性，但针对人们把学习知识与道德修养过分分离的“病症”，却可以起一定的救治作用，至少能缓解“病情”的发展。章学诚说：“风尚所趋，必有其弊。君子立言以救弊，归之中正而已矣。”（《文史通义·说林》）任何理论都是“药物”，不能抽象地评价好坏优劣，其价值在于是否能对症下药，随时补救。对理论的评价，不能只看其“生理性的”描述，还要看其“病理性的”分析和“药理性的”作用。程颢说，“不哭底孩儿，谁抱不得”（《河南程氏遗书》卷第三）？同样，没有“对症”性同时也没有所谓“局限”性的理论谁用不得？但用得又有何“用”？病还在。

1.8 / 子曰：“君子不重则不威，学则不固。主忠信。无友不如己者。过则勿惮改。”

解读

重：持重、庄重。威：威严、威信。

学：用作能愿动词，即“志于学”的意思。固：专一、坚定。不持重，则没有尊严；不敦重，学之意愿则不坚定、不专一。王阳明说“立志贵专一”（《传习录·上》）。“固”也有解释为稳固、牢固的，这样，“学则不固”的意思是所学的知识不牢固。还有解释为固蔽、固执的，这句话的意思便成为君子通过学则不固执。

主：注重、坚守。

如：有“及”“比得上”的意思，也有“如同”的意思。如果按“比得上”解，则在逻辑上不可能。苏东坡说：“世之陋者乐以不己若者为友，则自足而日损，故以此戒之。如必胜己而后友，则胜己者亦不与吾友矣。”（《论语集释》）所以后人有各种迂曲解释。如果按“如同”解，那么这句话的意思与“道不同，不相为谋”（15.40）相近。黄式三《论语后案》中讲：“不如己者，不类乎己，所谓‘道不同，不相为谋’也。”（《论语集释》）这种解释比较合理。理解这句话，不仅要解释“如”，还需要原“友”之意，即“同志为友”。这样的话，首先是自己“立志”的问题，然后才是与“志同道合”者聚而为友的问题。所以学者贵立志，“志立而学半”（《王阳明全集》，上海古籍出版社，1992年，第228页）。《礼记·儒行》：“儒有合志同方，营道同术……其行本方立义，同而进，不同而退。其交友有如此者。”

常言道，人非圣贤，孰能无过。孔子说：“加我数年，五十以学《易》，可以无大过矣。”（7.17）这说明，即使如孔子这位后世认为的圣人，也认为自己曾有过“大过”，何况我们远不如孔子的平常人？圣贤与常人的区别之一在于他们能正确地对待自己的“过”。比如，当别人指出孔子的“过”时，孔子感到幸运（参见7.31），而不是极力掩饰自己的“过”。小人则总是“必文”（19.8）。再比如，孔子说颜回能做到“不贰过”（6.3），即能改正过失并且不再重犯。所以，有过失并不可怕，怕的是“过而不改”。“过而改之，是不过也”（《大戴礼记·盛德》）；反之，“过而不改，是谓过矣”（15.30）。胡居仁《居业录》：“人有过，贵于能悔。悔而不改，徒悔而已，于己何益？”（《论语集释》）

1.9 / 曾子曰："慎终追远，民德归厚矣。"

| 解读 |

对于慎终追远，《论语集解》引孔安国曰："慎终者，丧尽其哀；追远者，祭尽其敬。"朱熹说："慎终者，丧尽其礼；追远者，祭尽其诚。"（《论语集注》）二者虽小有区别，但都是从丧、祭的角度来解释的。以往多数人认同这一解释，以至于几乎成为共识。也有少数不同的，如皇侃《论语义疏》中所引就有这样的说法："'靡不有初，鲜克有终'，终宜慎也；久远之事，录而不忘，是追远也。"这样，就把"慎终追远"扩展到所有的事情上去了。两种解释虽各有其道理，但前者过于狭窄，后者过于宽泛。

《荀子·礼论》："礼者，谨于治生死者也。生，人之始也；死，人之终也。终始俱善，人道毕矣。故君子敬始而慎终。"在儒家文化看来，每一个人的生命都是其祖先生命的延续，是子孙生命的开端。从祖先到子孙的生命是一体的，每一个人都是一个中间环节，是"鬼神之会"（《礼记·礼运》），因此，每一个人都有义务把这个生命保护好，有义务使这个生命成为一个"高尚"的生命。《孝经》说："父母生之，续莫大焉。"又说："身体发肤，受之父母，不敢毁伤，孝之始也；立身行道，扬名于后世，以显父母，孝之终也。"自己的身体、名声也就是父母乃至祖先的身体、名声，所以要抱有一种敬畏感，要小心翼翼地继承、保护，"战战兢兢，如临深渊，如履薄冰"（《诗经·小雅·小旻》），直到自己生命的终结。曾子说："身也者，父母之遗体也。行父母之遗体，敢不敬乎？……父母既没，慎行其身，不遗父母恶名，可谓能终矣。”（《礼记·祭义》）曾子又说：“孝子之身终，终身也者，非终父母之身，终其身也。”（《礼记·内则》）这是一个非常艰巨的任务，所以，曾子直到觉得临终时，才如释重负地讲“而今而后，吾知免夫”（8.3）。这就是“慎终”。当然，这只是自己“小生命”之终，而不是从祖先开始的“大生命”的终结，这个“大生命”还将要由子孙后代一直延续下去，每一代子孙仍然有这同样的义务。

“大生命”是从祖先开始的，这个“始”从父母开始一直追溯上去，“自仁率亲，等而上之至于祖”（《礼记·大传》）。虽然在操作上难以追溯到最初的始端，但是在心中要有对祖先真诚的尊敬，即“尽其诚”“尽其敬”，这就是“追远”，也就是荀子所讲的“敬始”。在“追远”的过程中把自己的“小生命”与整个“大生命”融为一体。由于每一个人都是其子孙生命的开端，自然也就是子孙“追远”“敬始”的对象。

引申而言，由于子孙是祖先生命的延续，所以“追远”还应涉及后代。曾子说：“树木以时伐焉，禽兽以时杀焉。夫子曰：‘断一树，杀一兽，不以其时，非孝也。’”（《礼记·祭义》）断树杀兽是人和自然的关系，孝是人对父母祖先的敬爱之情，把二者联系起来的基础是“大生命”观。社群的生存环境被破坏，子孙便不能延续，这意味着祖先的生命在子孙处终结。所以说“断一树，杀一兽，不以其时，非孝也”。如是，“追远”便成为以自己为原点向两边的无限延伸。

概而言之，“慎终”是慎自己之终，“追远”是追祖先（及后代）之远。这样，现在、过去、未来交织在一起，人生的意义和价值就有了“立体”的厚度，所以说“民德归厚”。另一方面，由于把“己之终”与“祖之远”融为一体，历史也有了当下的生机，这叫“祖德维新”，叫“其命维新”。

1.10 / 子禽问于子贡曰：“夫子至于是邦也，必闻其政，求之与？抑与之与？”

子贡曰：“夫子温、良、恭、俭、让以得之。夫子之求之也，其诸异乎人之求之与？”

| 解读 |

子禽：孔子弟子陈亢，字子禽。

子贡：孔子弟子，姓端木名赐，字子贡。在孔门四科中属言语科。

闻：与闻，参与其事并得知内情。

求：在这里意指主动求取。与：在这里是“被与”的意思，意指被动获得。

温：和厚。良：易直。恭：庄敬。俭：节制。让：谦逊。《新书·道术》：“接遇慎容谓之恭”，“厚人自薄谓之让”，“安柔不苛谓之良”，“广较自敛谓之俭”。

其诸：表示测度的语气，犹或者、也许。

孔子自己有积极参政议政的欲求，并以此要求他的学生，这成为孔门乃至以后儒家的一个传统。但孔子不主张放松自身修养，而把精力放在谋求参与政事上。孔子主张人首先要进行自身修养，由此而树立威信，这样，执政者就会找他去参与政事。

子贡认为，孔子通过修养具有温、良、恭、俭、让等美德，树立了自己的威信，因此每到一国，执政者都会主动告知本国的政治内情，与他协商。孔子之“求之”立足于自身，他人之“求之”着意于对方。这或许正是在这个问题上孔子与他人的区别之处。

温、良、恭、俭、让，后儒称之为“五德”。

1.11 / **子曰：“父在，观其志；父没，观其行。三年无改于父之道，可谓孝矣。”**

| 解读 |

没（mò）：去世。后来写作“殁”。

这段话是历代关于《论语》的解释中争议较多的一段。

首先是对“其”的歧解。“其”是指父，还是指子？由此引致“观”的主体的区别。《论语集解》引孔安国曰：“父在，子不得自专，故观其志而已；父没，乃观其行。”朱熹：“父在，子不得自专，而志则可知；父没，然后其行可见。故观此足以知其人之善恶。”（《论语集注》）这是以“其”指子，而“观”的主体是旁人。范祖禹《论语说》：“为人子者，父在则能观其父之志而承顺之，父没则能观其父之行而继述之。”赵翼《陔余丛考》引杨循吉：“宜作人子之观其父解。”（见《论语集释》）这是以“其”指父，而“观”的主体是子。相比较而言，后一解释较顺，但仍觉有隔。问题在于没有明晰“观”的含义。

观：前一个“观”为审察，即仔细考察的意思；后一个“观”为鉴戒、借鉴的意思。这句话的意思是，当父亲在世时，要仔细考察父亲的志愿；在父亲去世后，要鉴戒、借鉴父亲的行为。这样，才能“善继人之志，善述（继承）人之事”（《中庸》），才有“传统”。

争论更多的是“三年无改于父之道，可谓孝矣”这句话。这句在现代人看来难以理解的话，即使在古人那里其道理也不是显而易见的，于是就有了各种各样的解释。基本倾向是逐渐由情转向理。

《论语集解》引孔安国曰：“孝子在丧，哀慕犹若父存，无所改于父之道。”孔安国的解释只涉及情，不涉及理。

《论语义疏》：“所以是孝者，其义有二也：一则，哀毁之深，岂复识政之是非？故君薨，世子听冢宰三年也。二则，三年之内哀慕心事亡如存，则所不忍改也。或问曰：‘若父政善，则不改为可。若父政恶，恶教伤民，宁可不改乎？’答曰：‘本不论父政之善恶，自论孝子之心耳。若人君风政之恶，则冢宰自行政；若卿大夫之心恶，则其家相邑宰自行事，无关于孝子也。”皇侃的解释涉及“政之善恶”的问题，但是把这个问题“明智地”推给了“手下人”。若父之政善当然没有改的问题；若父之政恶，要改也是手下人的事，孝子在三年丧期只有悲痛，无心考虑“改”的事情。

《论语集注》引尹氏曰：“如其道，虽终身无改可也；如其非道，何待三年？然则三年无改者，孝子之心有所不忍故也。”尹氏的解释与皇侃相近，但把情和理都放在孝子头上，引起了矛盾。

《论语集注》引游氏曰：“三年无改，亦谓在所当改而可以未改者耳。”言下之意，“所当改而不可以不改者”就必须要改了。游氏的解释明显偏向了理。杨树达《论语疏证》：“三年无改，谓事之虽不改而无害者耳。”杨氏的解释与游氏相近，言下之意，不改而有害者就必须改了。

朱熹说：“必能三年无改于父之道乃见其孝，不然，则所行虽善，亦不得为孝矣。”（《论语集注》）朱熹区别了善与孝，虽然讲得过于绝对，把“三年无改于父之道”说成是“孝”的必要条件，但是给人以启发。

孝是情的表现，并不具有必然的合理性，所以也就不能以是否合理为标准来评价“孝”。讲“孝”并非一定要把事情做到最“佳”状态。一个人“三年无改于父之道”，对做事来说也许并非最佳，也许很不合理，但不能说他不孝。“三年无改于父之道”是“孝”的充分条件，只要如此就是孝，而不是必要条件，因此不能说“改父之道”就是不孝。假如其父之道不合理，而坚持不改，那么套用朱熹的说法，可谓“即使为孝，亦不得称善矣”。孝和善并不等值，所以不应该不加分析地过分宣扬孝。

1.12 / 有子曰：“礼之用，和为贵。先王之道斯为美。小大由之。有所不行：知和而和。不以礼节之，亦不可行也。”

| 解读 |

“和”是春秋时期人们讨论较多的一个问题，其含义大致可以界定为不同事物之间的恰当配合。如不同声音的恰当配合可以形成美妙的音乐，不同颜色的恰当配合可以形成美丽的图案，不同原料和佐料的恰当配合可以形成美味的饭菜，等等。“和”的形成至少要具备两个条件：一是多方配合，二是恰到好处。用朱熹的话讲叫“相杂而适均”（《论语集注》）。相杂意味着多样，适均体现着适度，“和”是多样性与适度性的统一。《中庸》讲“中节”“谓之和”，《新书·道术》讲“得适”“谓之和”。

“和”又有“调”的意思。《说文解字》：“龢，调也。”龢同和。如厨师在做饭时要调味，调味的准则是“济其不及，以泄其过”（《左传·昭公二十年》），这样才能使各种原料和佐料都无过无不及。可以说，所有的“和”都是“调”出来的，没有“调”就没有“和”。

社会是由不同的个体、不同的行业、不同的利益集团、不同的生活内容、不同的价值取向等等构成的，在孔子看来，体现当时社会系统结构的“礼”就是起一种“调”的作用，将诸多的“不同”恰到好处地“调”在一起，构成一个和谐的社会。所以，有子说“礼之用，和为贵”。“用”在这里是施行、功用的意思，礼的重要性就在于构建和谐社会。

古代所谓的“礼”，包括的范围非常广泛，几乎囊括了国家政治、经济、军事、文化等方面的一切典章制度以及个人的行为准则。西周初年，周公制礼作乐，将大小事情都纳入礼的规范中，使周王朝的制度大为完善，孔子对此评价甚高，说“周监于二代，郁郁乎文哉！吾从周”（3.14）。郁郁乃丰富多彩，所以说“先王之道斯为美”。“斯”指的就是通过礼构建和。

社会系统是复杂的，具有多层次性，如《大学》中所讲的身、家、国、天下，就是不同层次的系统。在不同层次的系统之间，其价值并不总是相容的，往往会相互排斥。因此，构建和谐就不只是某一层次的“和”的最大程度的实现，而是从整体关联的角度考虑系统不同层次之间的协调，用董仲舒的话讲叫“去其群泰，取其众和”（《春秋繁露·循天之道》）。所以，“小大由之”的含义也就不仅仅是“小”由之或“大”由之，更是游移于小大之间的权衡，在权衡中求得各个不同层次之“和”的较小程度的损失。

“和”是具体的，需要不断根据具体境遇的变化而“调”，不能把“和”概念化、模式化。“知和而和”就是以某种设定的模式为准绳来构建“和”，执着于某种“和”的状态，这样反而往往背离了“和”，所以说“有所不行”。

《礼记·仲尼燕居》：“夫礼，所以制中也。”“中”是无过无不及，通过礼的节制而达到无过无不及即“制中”。构建“和”没有固定的模式，而是要不断地根据具体情况“以礼节之”。不“以礼节之”形不成“和”，所以说“亦不可行也”。

当然，“以礼节之”的前提是所制定的“礼”能起到“制中”的作用。子思说“先王之制礼也，过之者俯而就之，不至焉者跂而及之”（《礼记·檀弓上》）；荀子说“礼者，断长续短，损有余，益不足”（《荀子·礼论》）；叔孙通说“礼者，因时世人情为之节文者也”（《史记·卷九十九》），都强调了“礼”的制定要有针对性，即对症下药、随时补救。把握住这个原则，便可以“以礼周流，无不遍也”（《礼记·仲尼燕居》）。如果礼没有针对性，不能起到随时补救的作用，那么即使“以礼节之”也同样“不可行”。

1.13 / **有子曰：“信近于义，言可复也；恭近于礼，远耻辱也；因不失其亲，亦可宗也。”**

| 解读 |

信：守信、不欺。义：适度、适宜。贾谊《新书·道术》：“行充其宜谓之义。”

言可复：践行诺言。

孔门强调做人要守信用，要言行一致，所以，在“言”时要关照着“行”，在“行”时也要关照着“言”，即“言顾行，行顾言”（《中庸》），“行必思言之，言之必思复之”（《大戴礼记·曾子立事》）。

就言和行两方面讲，其实现的难度是不一样的，行难言易，所以，孔子主张要“先行其言而后从之”（2.13），要“寡言而行，以成其信”（《礼记·缁衣》）。先行后言，要先做什么事，然后依据所做的事来说话，这时只要能保证“可行也，不可言，君子弗行也”（同上），即不做说不出口的事，就能较好地实现言行一致。

虽然先行后言、寡言而行比较容易实现言行一致，但是，并非所有的事情都能这样处理。在社会生活中，人们的很多交往是先通过语言来进行的，这样必然要导致先言后行。在这种情况下，要先考虑说什么话，然后依据所说的话来做事。这时要实现言行一致，就必须要保证“可言也，不可行，君子弗言也”（同上），即不说做不到的话，这样才能兑现所做的承诺。所以，在做出承诺时要强调“当”，即所承诺的事是否正当，所承诺的话是否适当。柳宗元：“不得中正而复其言，乱也，恶得为信？”（《河东先生集》卷四十四）

在履行诺言的过程中，由于诸多条件的制约，比如出现一些新情况，碰到一些新问题，可能会使已做的承诺难以兑现，这时需要及时地调整行动，不能固执于“诺言”而导致行为与当下境遇的不相宜，所以说“信近于义，言可复也”。在履行承诺时要重视“宜”，即践行诺言的事是否与当下的境遇相宜。孟子说：“大人者，言不必信，行不必果，惟义所在。”（《孟子·离娄下》）当然，这并不是教人存心不守信，而是强调守信的相对性。《礼记·儒行》讲“言必先信，行必中正”，“宜”必须以“先信”为前提，不可一开始就抱欺诈之心，然后以“言不必信，行不必果”来文饰。如果不能很好地理解和遵循“义”，那么还不如言必信、行必果，恪守一种“小人”之信（参见13.20）。恪守“小人之信”虽不能“宜”，但毕竟能“复言”，也算是另一种“近义”吧。

远（yuàn）：离开、避开。儒家重视恭，讲“温、良、恭、俭、让”（1.10），“恭、宽、信、敏、惠”（17.6），认为谦恭礼貌可以减少过失，避离耻辱，助人为仁（参见《礼记·表记》）。但是，只有遵循“礼”的规范，适度适宜、不卑不亢的恭才有这样的作用。如果不能“以礼节之”，反而会适得其反。孔子说“恭而无礼则劳”（8.2），又说“巧言、令色、足恭，左丘明耻之，丘亦耻之”（5.25），过分恭顺，逢迎取媚，不仅使自己烦劳疲惫，还会因此而蒙受耻辱，所以说“恭近于礼，远耻辱也”。在孔子看来，任何一种德行都不具有绝对的善的属性，都需要放在具体的境域中考察其是否适度，是否中节，只有中节才是善的（参见6.29）。

因：承袭、承接。失：违背、背离。“因不失其亲”，即承袭其亲而不背离其亲，类似“无改于父之道”。“宗”在这里用作动词，承继祖宗的意思。《礼记·大传》：“自仁率亲，等而上之至于祖；自义率祖，顺而下之至于祢。”祢指父庙。宗在一代代的“因不失其亲”中延续下去。

还可以将“因”解释为姻，“亲”解释为和睦，“宗”解释为宗族。这样，这句话的意思便是：如果姻亲之间能够和睦，那么也可以起到像宗族一样的凝聚作用。《白虎通义·宗族》言“九族”为父族四：父之姓为一族、父之姐妹出嫁有子为二族、自己姐妹出嫁有子为三族、自己女子出嫁有子为四族；母族三：母之父母为一族、母之兄弟姐妹为二族、母之兄弟之子为三族；妻族二：妻之父为一族、妻之母为二族。其中除“父之姓”即本家一族外，其他都是姻亲，可见姻亲在传统宗法社会中的凝聚作用。

1.14 / 子曰："君子食无求饱，居无求安，敏于事而慎于言，就有道而正焉，可谓好学也已。"

| 解读 |

无：通"毋"，不。

人是以动物的身份走过来的，人类的主要活动仍然是"动物性"的，如食、色等等。食而求饱、居而求安等物质欲求是"人"身上所带有的"动物性"特征，是几乎不可能抹掉的"动物印记"。

但是，这并不意味着"人"和"其他动物"就没有区别。在"人"这一路走来的历程中，其解决"本能"问题的方法越来越"高明"，对自己的活动也逐渐地"自觉"。虽然这些变化不能从根本上改变其"动物性"，但毕竟有了微小的不同，有如孟子所说"人之所以异于禽兽者几希"（《孟子·离娄下》）。"高明"的方法会"强化"食而求饱、居而求安等物质的欲求，"自觉"的意识则力图对此"强化"有所制衡，以使这种"强化"不致太偏离"中正"。古今中外有责任有担当的学说或主张，都表现出这方面的作用。所以，孔子讲"君子食无求饱，居无求安"之类的话，是希望能出现一些"君子"，不把追求饱足安适作为自己人生的目的，以其"自觉"来制衡"强化"的"潮流"，也希望更多的人不致太过分地"推波助澜"。不能离开具有针对性的"关系"而从抽象的"性质"去理解历史上的理论和学说，不能先把某种理论推到它的极限，譬如，说如果所有的人都这样将会如何如何，然后加以批判。事实上，任何制衡相对于“动物性”的强势来说都显得力不从心，不可能出现“所有人”都按某种理论改变“本能”的事实。退一步讲，假如真的出现了人们都按某种理论改变本能的“潮流”，那么必然会有“先知先觉”者倡导具有针对性的理论和行动来制衡它。所以，既不能认为“食无求饱，居无求安”以及其他类似的主张能够改变“人”的“动物性”历程，也不能把它们看得毫无用处。

“道”是中国思想史中非常重要的一个范畴，各家各派都常使用，虽然诸家在使用时含义不尽相同，在不同的语境中含义也时有变化，但总还是有一些相似之处。

“道”在金文中写法多样，基本的形式是从“行”从“首”。“行”象十字路，“首”表示人，所以，“道”象人在十字路口之状。当一个人处于十字路口时，他可以对应所有方向，进一步讲，则有如《庄子·齐物论》中所言“得其环中，以应无穷”。由于具有这样一种“全”对应的象征，“道”这个符号便有了“全”的意思。如庄子讲“夫道，于大不终，于小不遗，故万物备”（《庄子·天道》），又说“道则无遗者矣”（《庄子·天下》）；韩非讲“道尽稽万物之理”（《韩非子·解老》）；《鹖冠子》讲“无不备之谓道”（《鹖冠子·环流》）；裴頠讲“总混群本，宗极之道”（《晋书》卷三十五）等等，其中之“道”都有“全”的意思，只不过各自“全”的内容有所不同。

在许多语境中，孔门之“道”也含有“全”的意思，可以将其理解为事物整体的“健康”状态，即全体事物的协调、有秩序。事物总是以“系统”方式存在的（孔子当然没有这样讲），一个“系统”往往包含不同层次的“子系统”，这些“子系统”就其自身讲，都是一个“全”，而相对其他的“子系统”以及更高层次的系统讲，它又只是一“偏”。一“偏”的“健康”是小“道”，“全”的“健康”是大“道”。为了一“偏”的“健康”而不顾及“全”的“健康”是“为私”，为了“全”的“健康”是“为公”。努力卫护“全”的“健康”叫“卫道”，为了“全”的“健康”而献身叫“殉道”。由于系统有层次性，“公”和“私”也有层次性。儒家以“天下”为最高层次的“全”，所以说“大道之行也，天下为公”（《礼记·礼运》）。这在《大学》中叫“至善”，在《易传·彖传》中称“太和”。

章学诚说：“风尚所趋，必有其弊。君子立言以救弊，归之中正而已矣。”（《文史通义·说林》）又说：“所贵君子之学术，为能持世而救偏。”（《文史通义·原学下》）所谓“就有道而正焉”就是以使系统趋向或归往“有道”为宗旨来校正自己的言行，立言立行以救弊救偏。由于系统的层次性，所以有修身、齐家、治国、平天下之谓，这些都是不同层次的“就有道而正焉”。

“就有道而正焉”也可以解释为以致力于有道者为楷模来校正自己，但前提是先要有楷模。儒家的楷模是指能够修身、齐家、治国、平天下的“内圣外王”，所以致力于有道者只不过是把“有道”的宗旨“楷模化”了。

“敏于事”之“事”即“就有道而正”。敏：敏感、敏捷、勉力。“敏于事”首先要对系统的存在状态“敏感”，有如《易传》中所讲的“知几”；其次要敏捷地作出反应，即“见几而作”“随时补救”。所谓“先知先觉”指的就是这样。

“言”是一种“信息”，信息的输入会导致系统的变化，变化的趋势往往难以预知，因此要谨慎“言”这种信息的输入。尤其是负有“领”“导”责任者，更应如此。

孔门之“学”意在培养“扶大厦之将倾”的志士，所以，能够在这几个方面下功夫，自然也就是“好学”了。

1.15 / 子贡曰：“贫而无谄，富而无骄，何如？”

子曰：“可也。未若贫而乐，富而好礼者也。”

子贡曰：“《诗》云：‘如切如磋，如琢如磨。’其斯之谓与？”

子曰：“赐也，始可与言《诗》已矣，告诸往而知来者。”

| 解读 |

谄：奉承、献媚。骄：怠慢、轻视。

可也：表示一定程度的认可。

“贫而乐”有的版本为“贫而乐道”。

切、磋、琢、磨：分别是加工骨、牙、玉、石的工艺。

贫富之别本是人所拥有的财物多寡的差别，不是人格的差别。但是由于人们对占有财物的强化，人格淹没在物品之中，人的价值被物的价值所替代，财富多寡的差别由此成为人格高低的差别。于是，在社会中常常出现“人穷志短”“财大气粗”的现象。谄是贫对富的仰视，骄是富对贫的俯视，都不是平视。儒家学说“以人为本”，主张剔除附着于人的尺度上的种种附加物，以“裸”人的尺度评价人的价值。子贡所讲“贫而无谄，富而无骄”就是这种尺度的体现。所以，当他以这个问题征询于孔子时，孔子对这样的态度做了肯定。然而，做到这一点还只是守住了自己人格的底线，要做一个仁人君子，还需要不断地提升自己的人格。所以，孔子又进一步提出“贫而乐，富而好礼”的境界来勉励子贡。刘台拱《论语骈枝》：“无谄无骄者，生质之美；乐道好礼者，学问之功。”（见《论语集释》）杨树达《论语疏证》：“无谄无骄，止于有守而已；乐道好礼，则进而有为矣。”

在孔子的教学中，《诗》是非常重要的内容。孔子认为，通过学《诗》可以启发人的联想、可以考察风俗得失、可以彼此交流沟通、可以表达批评建议（参见17.9）等等。孔子与弟子也经常借《诗》进行交流。“如切如磋，如琢如磨”出自《诗·卫风·淇奥》，子贡引此诗以比喻人生修养要不断加强，就像加工器物要精益求精一样。看到子贡能引《诗》比类联想，孔子非常高兴地对他说：我们可以一起讨论《诗》了。

1.16 / 子曰：“不患人之不己知，患不知人也。”

| 解读 |

不己知：不知己。

孔子主张“为己”之学（参见14.24），无论修养道德，还是学习技艺，都是为了提升自己的人生境界，不是做给别人看的，所以无须在意别人的知与不知。

孔子在教导弟子时，讲了许多做人的道理，这些道理听起来简单，要真正做到是非常难的，包括孔子自己也不可能全部做到。所以，孔子讲的许多话，包含着对他自己的要求。比如，孔子也曾有“莫我知也夫”的慨叹，但他很快儆诫自己要“不怨天，不尤人”，要“下学而上达”（14.35），至于别人的知与不知，由他去吧。

人是社会性存在，不可避免地要与他人打交道，只有对交往对象有所了解，才能在交往中做到恰如其分。比如，就与他人交谈而言，“可与言而不与之言，失人；不可与言而与之言，失言”（15.8），失人、失言都不恰当。之所以失人、失言，就是因为对交谈对象缺乏了解。而智者能够“不失人，亦不失言”（15.8），因为他对交谈对象有所了解。再比如，就交友而言，“无友不如己者”（1.8），只有对人有所了解，才知其“如己”还是“不如己”。至于治理社会，更需要知人善任。所以，当孔子的弟子樊迟问什么是“知（智）”时，孔子说“知人”（12.22）。“知人”是比较难的，需要从多方面考察，比如要辨析人的言辞话语（参见20.3），要考察人的行为、经历、追求（参见2.10）等等。

为 政 第 二

2.1 / 子曰："为政以德，譬如北辰居其所而众星共之。"

| 解读 |

为政：执掌政权，管理政务，治理社会。

北辰：北极星。共（gǒng）：环绕。

对每个政权来说，都存在政权的合法性和稳定性的问题。只有合法，政权才能成立；只有稳定，政权才能延续。

中国社会从夏开始，经过商，到周朝逐渐形成和完善了以宗法制为基础的政权体制。这种体制把政权的合法性归之于天，称之为"天命"；政权的稳定性则依靠血缘关系的凝聚力。然而，政权的兴废和权力的变更使人们认识到"天命靡常"（《诗·大雅·文王》），"惟命不于常"（《书·康诰》），认识到只是仰仗"天命"、依靠血缘，不足以维系政权的稳固，只有"德"才是政权稳固的保证。"鬼神非人实亲，惟德是依"；"皇天无亲，惟德是辅"；"神所冯依，将在德矣"（《左传·僖公五年》）。祖宗之获"天命"是由于祖宗之"德"，后代如果丧失了德，天命也会随之丧失，这叫作"革命"。《易传·彖传·革》："汤武革命，顺乎天而应乎人”。

如果说在政权更替之际，夺权者为了夺取政权尚能较多地关注“德”的话，那么，随着夺权后政权的延续，会越来越疏忽对“德”的重视。夏启进攻有扈氏，指责有扈氏失政，说“恭行天之罚”，“剿绝其命”（《书·甘誓》），而到了夏桀，则自比于日，以日之不可丧喻政之不可亡（参见《书·汤誓》孔疏）。商汤进攻夏桀，说“有夏多罪，天命殛之”（《书·汤誓》），到了商纣，则说“我生不有命在天”（《书·西伯戡黎》）。这似乎形成了一种循环。要跳出这种循环，就需要持续对修德的关注，孔子讲“为政以德”、孟子讲“以德服人”（《孟子·公孙丑上》）等等，其用意正在于此。当然，这不是说只要有“德”这一个条件就能维持政权的稳固，但作为一个必要条件，“德”对于维持政权稳固的作用是不可少的。马克斯·韦伯把先知分为“伦理型”和“楷模型”，在“楷模型”的文化传统中，“德”的作用更为重要。

2.2 / 子曰："《诗》三百，一言以蔽之，曰'思无邪'。"

解读

《汉书·艺文志》：“故哀乐之心感，而歌咏之声发。诵其言谓之诗，咏其声谓之歌。”古时诗歌合一，后来乐章逐渐失传，歌词便成了“诗”。古诗歌的数量很大，《史记·孔子世家》：“古者《诗》三千余篇，及至孔子，去其重，取可施于礼义。三百五篇孔子皆弦歌之，以求合《韶》《武》《雅》《颂》之音。”从文献分析看，在孔子之时，诗歌的数量远不够三千，孔子确曾对“诗”

做过整理（参见9.15），或者也曾做过一些删定，但很难说《诗》之三百五篇全是孔子从所谓“三千余篇”中选出的。“《诗》三百”应该是在历史积淀中流传下来的经典诗歌。

蔽：概括、涵盖的意思。

“思无邪”出自《诗·鲁颂·駉》。这是一首关于牧马的诗，駉指牧马苑。思：发语词，没有实际意义。邪：曲、伪之意。无邪指没有迂曲虚伪。《书·尧典》讲“诗言志”，孔子说“诗无隐志，乐无隐情，文无隐意”（《上海博物馆藏战国楚竹书·孔子诗论》），在孔子看来，好的诗歌是人的情感心意的直接表达，无须迂曲，更不容虚饰。《诗》之三百五篇能在大量的诗歌中积淀流传下来，正是由于这些诗歌“无邪”，直接抒发情意。孔子讲“兴于诗”（8.8），也是意在通过诗教兴发人的真实情志。郑浩《论语集注述要》：“夫子盖言《诗》三百篇，无论孝子、忠臣、怨男、愁女皆出于至情流溢，直写衷曲，毫无伪托虚徐之意，即所谓‘诗言志’者，此三百篇之所同也，故曰‘一言以蔽之’。”（见《论语集释》）

2.3 / **子曰：“道之以政，齐之以刑，民免而无耻；道之以德，齐之以礼，有耻且格。”**

解读

道（dǎo）：训导、教导、引导。政：政令。《周礼·天官·小宰》“以治王宫之政令”，孙诒让正义：“凡施行为政，布告为令。”

齐：整治、整饬。刑：刑罚。

免：逃避。

格：有正的意思，用作动词，意为使之正，在操持中达到正。《礼记·缁衣》："夫民教之以德，齐之以礼，则民有格心；教之以政，齐之以刑，则民有遁心。"

社会是由诸多个体构成的有机群体，个体有自由意志，群体则需要一定的秩序，这两方面是对立的，因此任何一种形式的"社会"都会有个体自由意志和群体秩序的矛盾。为了维持一定的秩序，社会需要有一定的规则，以此规范和限制人们的行为。规则的颁令和施行有两种基本方式，一种可称之为"刚性"的，即通过政令划定人们行为的界限，（在公正的前提下）任何越界都要受到相应的惩罚。这就是"道之以政，齐之以刑"。如果能权衡出一个适度的界限范围，那么人们在界内也可以有相当程度的自由。但是，对任何社会的规则来说，其界限都不可能是足够的大，以至于在其中个体的任何自由意志都不受束缚，如果这样的话，也就失去了划界的意义。既然如此，那么就总会有个体自由意志和规则界限的冲突。人们或许会因为惧怕惩罚而不敢越界，但越界的冲动总存在着，这也就是"民免而无耻"。这样，一方面规则界限受到挑战，另一方面个体自由受到束缚。

另一种方式可称之为"柔性"的。这种方式一方面要制定满足适度性原则的行为规范来裁制人们的行为，即"齐之以礼"。如孔子说"礼所以制中也"（《礼记·仲尼燕居》）；子思说"先王之制礼也，过之者俯而就之，不至焉者跂而及之"（《礼记·檀弓上》）；荀子说"礼者，断长续短，损有余，益不足"（《荀子·礼论》），都在强调这一点。另一方面，通过德义教化来荡涤与规范相冲突的个体自由意志，即"道之以德"。《中庸》讲"率性之谓道，修道之谓教”，经过“修道”的“率性”能够无过无不及，与礼之“制中”相一致，既维系了群体秩序，也保持了个体自由。

这是孔子的一个理想，他的一生都在追求这个理想，当他七十达到“从心所欲不逾矩”（2.4）的境界时，可以说他作为一个个体在一定意义上讲实现了这个理想。但是，对整个社会来说，要实现这个理想几乎是不可能的。对此，孔子自己也有清醒的认识。《孔子家语·刑政》载，仲弓问于孔子曰：“雍闻……至刑无所用政，桀纣之世是也；至政无所用刑，成康之世是也。信乎？”孔子曰：“圣人之治化也，必刑政相参焉。太上以德教民，而以礼齐之；其次以政焉导民，以刑禁之。刑不刑也。化之弗变，导之弗从，伤义以败俗，于是乎用刑矣。”在现实中，孔门绝不完全否定刑、政的作用。

因此，讲“道之以德，齐之以礼”并不是说要仅仅凭借这样的方式治理社会，其意义在于要在这样的过程中不断强化人们对偏离规则（即所制之“中”）的羞耻感，增强人们裁节自身行为的自觉性。孟子讲“羞恶之心，义之端也”（《孟子·公孙丑上》）、“羞恶之心，义也”（《孟子·告子上》），在孟子看来，“耻”和“义”密切相关。“义”有“宜”的意思，即适宜、恰当。适宜、恰当则不偏，即“正”，所以叫“正义”。这个“正”是在“制中”“修道”的操持中确立的，而这种操持与耻相关，所以说“有耻且格”。

2.4 / 子曰：“吾十有五而志于学，三十而立，四十而不惑，五十而知天命，六十而耳顺，七十而从心所欲不逾矩。”

解读

以前有注家（如程复心、顾宪成、李颙等）认为这一章是孔子一生年谱。

十有（yòu）五而志于学：

志：志向。泛泛而言，“学”是人生存不可少的活动，无须言“志”，所以“志于学”所指并非“学”之形式，而是“学”之内容，即“学什么”。因此，对儒家之“学”来讲，“志”显得格外重要。子夏讲“君子学以致其道”（19.7），在孔子以及儒家，“志于学”也就是“志于道”（7.6）。孔子说“可与共学，未可与适道”（9.30），就是讲“志”的不同。徐干《中论·治学》：“志者学之师也，才者学之徒也。学者不患才之不赡，而患志之不立。是以为之者亿兆，而成之者无几。故君子必立其志。”王阳明：“立志者，为学之心也；为学者，立志之事也。”（《王阳明全集》，上海古籍出版社，1992年，第276页。）

三十而立：

立：在这里指立身于世。儒家之“学”意在使人做君子，做“志士仁人”（15.9）。这要从培养人的真实情感开始，所以孔子非常重视通过诗教来兴发人的真情实感，强调“兴于诗”（8.8）。真实情感是人的个体心理，由于人们的生活背景、处境、价值取向等差异，其个体心理也会有差异，如果人们都凭自己的感情用事，难免会导致彼此之间的冲突。为此，需要有一定的外在规范制约和协调人的行为，以使社会有秩序。随着社会的变更，规范的内容会发生变化，体现出时代性和历史性，但是，无论什么时代都需要有一定的规范，这一点是相同的。在中国传统社会中，礼便起这种规范作用。孔子说“夫礼，先王以承天之道，以治人之情”（《礼记·礼运》）；董仲舒说“夫礼，体情而防乱者也”（《春秋繁露·天道施》）。在儒家学说中，礼对于立身于世，对于成就仁人君子，是非常重要的。孔子说“不学礼，无以立”（16.13），“不知礼，无以立”（20.3）。人要通过“克己复礼”（12.1），把自己的视、听、言、动纳入礼的规范中，才能立身于世，这叫“立于礼”（8.8）。孔子说“可与适道，未可与立”（9.30），就是讲是否“克己复礼”的区别。没有“克己复礼”的功夫，“志于学”“志于道”之“志”是空的。

四十而不惑：

惑：迷惑。关于“惑”，《论语》中有两处分辨：一处是，“爱之欲其生，恶之欲其死。既欲其生，又欲其死，是惑也。”（12.10）另一处是，“一朝之忿，忘其身，以及其亲，非惑与？”（12.21）两处之“惑”的共同点是感情用事，不理智，所以“不惑”也就是理智。孔子说“知者不惑”（9.29、14.28），又说“知者乐水”“知者动”（6.23），则“不惑”又表现出处理问题的灵活性。刻板地遵守规范，“守经事而不知其宜，遭变事而不知其权”（《史记·太史公自序》），难以避免盲目性。孔子说“可与立，未可与权”（9.30），就是区别能否通权达变。黄式三《论语后案》：“立，守经也。不惑，达权也。张子厚曰：‘强礼然后可与立，不惑然后可与权。’苏子由曰：‘遇变而惑，虽立不固。四十不惑，可与权矣。’”（见《论语集释》）

五十而知天命：

中国古人把人力所不能主宰的事归于命，如孟子讲“莫之为而为者，天也；莫之致而至者，命也”（《孟子·万章上》）；庄子讲“知不可奈何而安之若命”（《庄子·德充符》）。在孔子那里，命也叫天命。孔子说“不知命，无以为君子”（20.3）；又说“小人不知天命”（16.8）。所谓“知天命”，不是说知道天命“如何”，而是说知道“怎样”对待天命。努力做好自己所能作为的事，对自己所不能主宰的事没有怨尤，在“永言配命”的前提下“自求多福”（《诗·大雅·文王》），在“安之若命”的前提下“自强不息”。《易传·象传·大有》讲“君子以遏恶扬善，顺天休命”，这里的“休”是安适的意思，“遏恶扬善”是尽人事，“顺天休命”是知天命。《易传·系辞上》讲“乐天知命故不忧”，曹植《箜篌引》言“知命复何忧”。“知天命”则“不忧”。

六十而耳顺：

耳顺：指容受所听到的各种信息。人通过眼、耳、鼻、舌、身这些感官进行视、听、嗅、味、触等感觉活动，获取外部信息。在这些感觉活动中，视、听最为重要，所谓聪明就是讲听力和视力。目视具有一维性和主动性，耳听具有多维性和受动性。所谓一维指限于一个方向，多维则不受方向的限制。主动指主体可以自主选择，如不愿看时可以“闭目”；受动指不能自主选择，如不想听时不能“闭耳”，只能通过非自然的方式“塞听”。由于这些差异，所以“耳顺”比“眼顺”更难。《文子·道德》：“文子问圣智。老子曰：‘闻而知之，圣也；见而知之，智也。’”这里的智和圣都是聪明睿智的意思，但有区别，“聖”字从“耳”，其初义指听觉官能的敏锐。仿照《文子》的话，可以说“耳顺，圣也；不惑，智也”。与“不惑”相比，“耳顺”包含了更多的人生感悟，包含着“知天命”的境界，对各种褒贬毁誉淡然于心，不以誉喜，不以毁悲。

七十而从心所欲不逾矩：

从：依顺。或读为“纵”，不加拘束。欲：意愿、欲求。矩：规范、规矩。

欲和矩的关系问题，或者说情和理的关系问题，是孔门关注的中心问题。孔子学说的所有内容，都是围绕这个中心问题展开的。

《礼记·礼运》：“故圣王修义之柄、礼之序，以治人情。故人情者，圣王之田也。修礼以耕之，陈义以种之，讲学以耨之，本仁以聚之，播乐以安之。”仁、义、礼、乐、学都是为了“耕种”人情这块“田”。《礼记·问丧》：“礼义之经也，非从天降也，非从地出也，人情而已矣。”《礼记·丧服四制》：“凡礼之大体，体天地，法四时，则阴阳，顺人情，故谓之礼。訾之者，是不知礼之所由生也。夫礼……有恩有理，有节有权，取之人情也。恩者仁也，理者义也，节者礼也，权者知也。仁义礼知，人道具矣。”仁、义、礼、智都是“取之人情”。情是个人修养和社会治理的出发点，也是整个儒家学说的出发点。

从个体之情出发，人都愿意“从心所欲”，想怎样就怎样。但是，由于人的各种欲之间、不同的人的欲之间往往不一致和冲突，个体的存在受到威胁，因此，需要理或礼（礼是理的外化，《礼记·仲尼燕居》：“礼也者，理也。”）来调节、规范人们的行为，使其不能完全“从心所欲”。《礼记·坊记》：“礼者，因人之情而为之节文，以为民坊者也。”坊即堤防。这样便产生欲与矩、情与理的矛盾，一个要“纵”，一个要“坊”。刘孝标《世说新语注》引《魏氏春秋》：“阮籍常率意独驾，不由径路，车迹所穷，辄恸哭而反。”阮籍之哭即体现了欲与矩、情与理的矛盾：“率意”意味“从欲”，“径路”表示“规矩”，“不由径路”的“率意”在群体中必然会遭遇“穷”的结局，最后还是只好“恸哭而反”了。孔子在“三十”时即能使自己的言行合乎礼，但还没有消解欲与矩的对立和紧张，而处于一种不自由的生存状态。“三十”以后的修养主要就是消解这种对立和紧张。

经过从“三十”到“七十”几十年的修养和磨炼，孔子最终把内在的欲与外在的矩统一起来，达到了“从心所欲不逾矩”的境界。他可以从心所欲，想干什么就干什么，想怎样干就怎样干，但又不会违反矩。矩内化为他的“自然”，对他失去了规范和制约作用，从而进入一种似乎只有欲没有矩的自由状态。

从“十有五而志于学”到“七十而从心所欲不逾矩”体现出一个完整的修养过程：情（欲）—理（矩）—情（欲）。七十的“从心所欲”中包含着孔子人生修养的全部历程。王阳明说：“夫子尝曰：‘吾十有五而志于学’，是从吾之始也；‘七十而从心所欲不逾矩’，则从吾而化矣。”（《王阳明全集》，上海古籍出版社，1992年，第250页。）又说：“从心所欲不逾矩，只是志到熟处。”（《传习录·上》）

2.5 / 孟懿子问孝。

子曰：“无违。”

樊迟御，子告之曰：“孟孙问孝于我，我对曰无违。”

樊迟曰：“何谓也？”

子曰：“生，事之以礼；死，葬之以礼，祭之以礼。”

| 解读 |

孟懿子：鲁国大夫仲孙何忌，“懿”是谥号。其父为孟僖子。鲁国公室自鲁宣公起逐渐衰微，政权被孟孙、叔孙、季孙三家操纵。因为三家出自鲁桓公，所以史称“三桓”。孟懿子比孔子小约20岁，曾“师事”孔子，当时是孟氏的首领，所以称其为“孟孙”。

问孝：主要不是讨论“什么”是孝，而是“怎样”行孝。《论语》中弟子之“问”与孔子之“答”，如“问仁”“问智”等等，大多应该这样理解。

樊迟：孔子弟子樊须，字子迟。

无违，可以有两种解释：一种是指不违背父母（参见4.18）；一种是指不违背礼。从这里的语境看，应该指无违礼。程树德：“古人凡背礼者谓之违。”（《论语集释》，中华书局，1990年，第80页。）孔门的一个重要思想是讲中和，无论做什么都讲究一个分寸。孔子说“礼所以制中也”（《礼记·仲尼燕居》），在儒家看来，礼能起到调节人们行为，使之无过无不及的作用，所以说“礼之用，和为贵”（1.12）。能够不违礼，也就“发而中节”了。如就“孝”来说，无论是对父母生时的事养，还是身后的葬祭，都要力求无过无不及。孟懿子或许在这些方面有不“中节”之处，所以，孔子有针对性地回答其问。

据《左传·昭公七年》载，孟僖子临终嘱咐仲孙何忌要向孔子学礼，所以，对孟懿子来说，不违礼和不违父是一致的。

2.6 / 孟武伯问孝。

子曰：“父母唯其疾之忧。”

解读

孟武伯：名彘，孟懿子之子，“武”是谥号，“伯”是行辈。

对孔子这句话有不同的理解。

一种理解是子女忧父母之疾。如《孝经·纪孝行》：“孝子之事亲也，居则致其敬，养则致其乐，病则致其忧，丧则致其哀，祭则致其严。”《论衡·问孔篇》：“武伯善忧父母，故曰唯其疾之忧。”《淮南子·说林训》“忧父之疾者子”，高诱注：“论语云：‘父母唯其疾之忧’，故曰忧之者子。”这种解释从语言上看，不太通顺，从道理上讲也有欠缺。父母之疾固然是子女当“忧”的重要内容，但若说子女只忧父母之疾，其他都不忧，则范围过窄。比如，子女要不要“忧”父母的名声？要不要“忧”父母生命的延续即传宗接代？如曾子说“大孝尊亲，其次弗辱，其下能养”（《礼记·祭义》）；孟子说“不孝有三，无后为大”（《孟子·离娄上》）。如此等等。

另一种理解是父母忧子女之疾，其中又有分别。

朱熹：“父母爱子之心无所不至，惟恐其有疾病，常以为忧也。人子体此而以父母之心为心，则凡所以守其身者，自不容于不谨矣，岂不可以为孝乎？”（《论语集注》）既然“无所不至”，那么就不仅仅是“忧其疾病”了，而且又加上“体”“父母之心”的转折，从意思上看，不通顺。

《论语集解》引马融曰：“言孝子不妄为非，惟有疾病然后使父母忧耳。”《论语义疏》：“言人子欲常敬慎自居，不为非法，横使父母忧也。若己身有疾，唯此一条当非人所及……”讲做儿女的能做到让父母只担忧自己的身体，其他都不担忧，就可谓孝子。

2.7 / 子游问孝。

子曰："今之孝者，是谓能养。至于犬马，皆能有养。不敬，何以别乎？"

| 解读 |

子游：孔子弟子言偃，字子游。在孔门四科中属文学科。

这一章又有歧解。导致歧解的原因在对"养"的理解不同。

一种理解读"养"为yàng，奉养、侍奉的意思；还可理解为被役使，如用以指役卒。这样便以"犬马"对应子孙，意为犬马也能为人做事，如果不敬，则无异于犬马服侍人。随着技术的发展，人们会不断制造出各种各样能代替人工作的机器，也许某种机器对人生活的服务比真实的人还要周到，如果没有对长辈的敬爱之情，只是机械地服侍，那可能还不如一个机器人呢。

一种理解读"养"为yǎng，意为供给食物及生活所必需，使之生活下去。这样便以"犬马"对应长辈，意为只是供给长辈生活所需，如果不敬，则无异于饲养犬马。

曾子说："身也者，父母之遗体也。行父母之遗体，敢不敬乎？……君子之所谓孝也者，国人称愿然，曰：'幸哉，有子如此！'所谓孝也已。"（《礼记·祭义》）照曾子的说法，"敬"不仅包含对先辈的敬爱，还包含自身的敬慎。在敬慎中进行德行修为，提高人格境界，进而使父母乃至祖先受到尊敬，不使父母祖先因为自己的过失而受辱。这仍然以大生命观为宗旨。

2.8 / 子夏问孝。

子曰：“色难。有事，弟子服其劳；有酒食，先生馔，曾是以为孝乎？”

| 解读 |

色：脸色、表情。难：难为。《论语集注》：“色难，谓事亲之际惟色为难也。”

服：事。劳：劳事。

先生：长辈。馔（zhuàn）：饭食，在这里用作动词，食用的意思。

曾（zēng）：《定州汉墓竹简论语》作“增”，则、就之意。

在服侍奉养父母长辈的过程中，如果脸色不好看，那么，即使做到服劳奉养，也不能称为孝。在服侍奉养父母长辈的过程中，有好的脸色，是否就能称为孝呢？还需要分析。孔子说过“巧言令色，鲜矣仁”（1.3），“令色”就是好的容色。孔子讨厌“巧言令色”是因为它只刻意外在的巧、令，而不着力培养内在的真诚情感。孝是发自内心深处的，所以孝的关键是在心灵深处培养对父母祖先的敬爱之情。《礼记·祭义》：“孝子之有深爱者，必有和气；有和气者，必有愉色；有愉色者，必有婉容。”好脸色应该是“诚于中，形于外”（《大学》），如果内心没有敬爱之情，只是刻意表现好脸色，同样称不上孝。孔门对情非常重视，孝要通过培养敬爱之情“养”出来，不是只通过讲道理和外在规范的训诫就能“教”出来。色难，实际是敬爱之情难。

以前人们多把“色难”解释为晚辈侍奉父母长辈，难以做到始终保持和颜悦色。这种解释给“色”添加了“和悦”的限定，恐怕有失原意。此外，一味强调脸色的和悦，容易导致无“诚”之

“形”的“令色”。

还有一种解释把“色”解释为“承顺父母之颜色”，这更容易使人把精力放在察言观色，流于表面，而忽视了真情。

2.9 / 子曰：“吾与回言终日，不违，如愚。退而省其私，亦足以发。回也不愚。”

| 解读 |

回：孔子弟子颜回，字子渊。在孔门四科中属德行科。

违：差异、不一致。不违即不提异议。

退：返回。省：省察。私：自己的。“退而省其私”即从老师那里返回，对照老师所讲的内容，省察自己的行为。

发：施行、行动。“足以发”即把道理完全落实在行动中。

孔门的一些有名的弟子都有自己的一套学习方法。颜回是孔子认为最好学的弟子（参见6.3、11.7），他的学习方法是默默地听老师讲道理，然后对照检查自己，把道理落实在行动中。能把道理落实在行动中，说明对道理有深刻的把握；不提异议，说明颜回不纠缠于道理层面，而注重于实践。颜回的方法最能体现孔门“学”的宗旨，即学以“为己”（14.24），学以“致其道”（19.7）。

孔子说颜回是“如愚”而“不愚”，这是大智。

2.10 / 子曰：“视其所以，观其所由，察其所安，人焉廋哉？人焉廋哉？”

| 解读 |

视、观、察：都是察看的意思。

所以：所作所为。

所由：人生经历，或所作所为的出发点。

所安：所喜好。人所追求，或所作所为的归宿点。

廋（sōu）：隐匿。

孔子很重视“知人”（1.16、12.22），但是，天地之间只有人最难知。《孔子家语·弟子行》：“智莫难于知人。”知人之难主要有二：一是表里可以有别；二是言行可以不一。其共同之处在于都可以把真相“藏”起来，而给人以假相。

虽然人可以用“表”把“里”掩藏起来，可以用“言”把“行”装饰起来，但是在其长期的为人处事中还是会显露出一些真相的，所以，人们还是可以通过考察一个人的经历、追求和所作所为来认识一个人的真相。

2.11 / 子曰：“温故而知新，可以为师矣。”

| 解读 |

知（zhì）：《定州汉墓竹简论语》作“智”。

“温”即不冷不热。“故”是过去的事物，也可以说是历史。过去的事时间长了会被人忘却、冷落，所以要不时地重提，使之有一定的“温度”，这便是“温故”。“温故”不是为了“存故”，而是要在“温故”的过程中得到对现实有借鉴和启发的智见，这叫作“知新”。所以，“温故”绝不是只记一些历史事实，“知新”

也不能轻略历史的经验教训。没有温故，知新流于空疏；没有知新，温故落于支离。

师：在这里是学习、借鉴的意思，有如“前事之不忘，后事之师”（《战国策·赵策一》）中的“师”，不应该理解成做人老师的意思。孔子非常重视学习历史，他编辑古代文献，写作《春秋》，并且把这些内容传授给学生。但是孔子学习、传授历史绝不是要简单地模仿以往的现象，而是要从中获得对当代有意义的启示。在“温故”的过程中“知新”，这才是“师”的意义所在。伽达默尔说：“历史精神的本质并不在于对过去的恢复，而在于与当代生活在思想上的沟通。”（《伽达默尔》，帕特里夏·奥坦伯德·约翰逊著，何卫平译，中华书局，2003年，第34页。）

如果把“知”读为zhī，那么“温故而知新”的意思就是，温习旧知识，学得新知识，类似于“日知其所亡，月无忘其所能”（19.5）。《礼记·学记》：“记问之学，不足以为人师。”把这句话理解成“温习旧知识，学得新知识，便可以当老师了”，不符合儒家精神。

2.12 / 子曰：“君子不器。”

| 解读 |

器：器具。《论语注疏》：“器者，物象之名。”所谓“物象之名”指对物象的界定。器具被概念化后，其用途遂被概念化所局限。不器指不被某种“器”的概念所限定，不泥于某种“用途”，不限于某种“专业”。从“做事”的角度看，专业化的分工有其合理性，但是从“做人”的角度讲，如果限定于某种专业，则只成为

“某种人”，而失去“人”的全面性。所谓全面，不是说使每个人都成为全能，而是要使人摆脱专业的羁绊，发展其各种潜能，即后来人们讲的“全面发展”。子夏说：“百工居肆以成其事，君子学以致其道。”（19.7）孔门的教育就是要使受教育者“致其道”，保持全方位的敞开性，在具体的生存境遇中实现其“使用价值”。《论语集解》引包咸曰：“器者各周其用，至于君子，无所不施。”《礼记·学记》：“大德不官，大道不器。”

2.13 / 子贡问君子。
子曰：“先行，其言而后从之。”

| 解读 |

言，有与行相关之言，有与行不相关之言，如“诗言志”之言即与行不太相关。这里的言指与行相关之言。《易传·文言》讲“修辞立其诚”，朱熹说“人不诚处多在言语上”（《朱子语类》卷第六十九）。立诚要从言开始，要言行一致。就言、行两方面讲，言易行难，要保持一致，需先难后易，所以要“先行，其言而后从之”。《论语》中类似的话还有“古者言之不出，耻躬之不逮也”（4.22）；“为之难，言之得无讱乎”（12.3）。子贡善言语（参见11.3），孔子针对其特点而教诲之。

2.14 / 子曰：“君子周而不比，小人比而不周。”

丨解读丨

比：旧读bì。周、比都有亲密、亲近的意思，在这里相对而言，其区别在于，“比”是因某种“圈子”而亲近，如同乡（地域圈子）、同事（职业圈子）、同学（学业圈子）、同行（行业圈子）以及共同的利益、相同的信仰等等。“周”之亲近没有这些因素，而是建立在“义”的基础上。王引之《经义述闻》：“以义合者周也，以利合者比也。”孔子还说君子“群而不党”（15.22），言君子不以偏私聚合。

2.15 / 子曰：“学而不思则罔，思而不学则殆。”

丨解读丨

罔：在这里指被欺弄。读书听讲，如果不经思考，盲目接受，就会被一些似是而非的观点蒙蔽，被欺弄。

殆：在这里指生疑惑。“思而不学”不涉及他人，不存在“被”的问题。但是“思而不学”，脑子空转，越转越疑惑。孔子说：“吾尝终日不食，终夜不寝，以思，无益，不如学也。”（15.31）所以学、思不可偏废，既要“博学之”，也要“慎思之”。陆世仪《思辨录》：“悟处皆出于思，不思无由得悟；思处皆缘于学，不学则无可思。”（见《论语集释》）

2.16 / 子曰：“攻乎异端，斯害也已。”

解读

攻：有攻击、指责之意，也有专心研习、治理、从事之意。《定州汉墓竹简论语》作“功”。

端：方面、末梢。“异端”指别人不同于自己或自己不同于别人的主张、学说。

已：有人将其看作语气词，也有人将其解释为“止”。

由“攻”和“已”不同含义的组合，这句话可以有四种不同的解释。

如果把“攻”解释为攻击、指责，把“已”看作语气词，那么这句话的意思就是，专事攻击、指责不同于自己的学说、主张是有害的。

在解释学看来，“人是有限的，我们总是站在一个处境之内。我们不能站在我们生存的处境之外，并从一个客观的距离之外来看待它，以为从那里我们生存的整体能被照亮”。（《伽达默尔》，帕特里夏·奥坦伯德·约翰逊著，何卫平译，中华书局，2003年，第42页。）这就像苏东坡《题西林壁》诗：“横看成岭侧成峰，远近高低各不同。不识庐山真面目，只缘身在此山中。”人对事物的观照、理解、认识总是在其生存处境这座“山”中进行的。不同的个体其生存条件、生活经历、价值取向等等的差异，导致个体“视域”的差异，“横看”或是“侧看”；也导致认识结果的差异，“成岭”或是“成峰”。虽然个体可以通过移动自己的视域，以期求得与他人视域的融合，但是，只要存在不同的“前结构”，要形成不同个体的共同视域是不可能的。庄子说：“以道观之，物无贵贱；以物观之，自贵而相贱。”（《庄子·秋水》）人的有限性注定了人不可能“以道观之”，只能“以物观之”。每一个人都有权利认为自己的认识是“正确”的，即“自贵”，但是，如果由此断定与自己不一致的认识就“不正确”，就会导致“相贱”。帕斯卡尔说：“当我们想要有效地纠正别人并指明他是犯了错误时，我们必须注意他是从哪个方面观察事物的，因为在那方面他通常总是真确的。”（《思想录》，商务印书馆，1985年，第8页。）所以，人在“自贵”其“是”的同时，也要容忍他人“自贵”其从另外视域所得之“是”，要“自贵而不相贱”。

如果把“攻”解释为专心研习、从事，把“已”看作语气词，那么这句话的意思就是，刻意地研习与他人不同的学说、主张是有害的。

人对事物的认识、对问题的思考固然要受到个体“视域”的影响，但是，这不同于他人的“视域”是在人的生存条件、生活经历、价值取向等等基础上生成的，而不是刻意地标榜。王阳明说：“是有心求异，即不是。”（《传习录·上》）“有心求异”妨害了人通过移动自己的视域以求与他人视域融合的努力，把不得已的现象变成有意识的作为。此外，“有心求异”往往会流于关注学说、主张的枝节末叶，而忽视其根本。子夏说：“虽小道，必有可观者焉。致远恐泥，是以君子不为也。”（19.4）

以上两种解释可以兼取。孔子主张“无适”“无莫”，“义之与比”（4.10），对于不同的学说、主张来说，没有抽象的“非如此不可”或“绝对不行”，关键是要把它们放在具体的境遇中考察，针对具体的“病症”施药补救。所以，既不抽象地指责某种学说、主张为邪说，也不刻意地标新立异，执着于某一端。

如果把“攻”解释为攻击、指责，把“已”解释成“止”的意思，那么这句话的意思就是，攻击、指责异端邪说，其危害就被制止了。这种解释标榜一个绝对“正确”的尺度，认为凡是与这个尺度不一致的学说、主张等等都是有害的。这种“自贵而相贱”的做法不利于思想文化的生态平衡。

如果把“攻”解释为研习、治理，把“已”解释成“止”的意思，那么这句话的意思就是，通过研习、治理，消除不同的学说、主张之间的悖害。《中庸》：“万物并育而不相害，道并行而不相悖。”焦循《论语补疏》：“《韩诗外传》云，别殊类使不相害，序异端使不相悖。盖异端者各为一端，彼此互异，惟执持不能通则悖，悖则害矣。有以攻治之，即所谓序异端也。斯害也已，所谓使不相悖也。”这种理解虽然承认不同学说、主张的多样性，但是力图在多样性的基础上通约出一个无矛盾的整体，这恐非人力所能实现。人所能力求的是，当各种不同的学说、主张发生冲突时，通过权衡，尽量减小由于冲突导致的损害。

2.17 / 子曰：“由！诲女知之乎！知之为知之，不知为不知，是知也。”

| 解读 |

由：孔子弟子仲由，字子路。在孔门四科中属政事科。

女（rǔ）：第二人称代词，后来写作“汝”。《论语》中没有“汝”。在《论语》中，“女”除了在一处“女子”（17.25）、一处“女乐”（18.4）读nǚ外，其余都读rǔ。

理解这句话，需要区别“知”的含义。第一个“知”读zhì，通“志”，记住。最后一个“知”也读zhì，同“智”。“知之为知之”“不知为不知”中的“知”读zhī，是了解、知晓的意思。《荀子·子道》载孔子对子路说：“志之，吾语女……君子知之曰知之，不知曰不知，言之要也；能之曰能之，不能曰不能，行之至也。言要则知，行至则仁。”

“智”是儒家很重视的一种德性，孔子以仁、知、勇三者为君子之道（参见14.28），《中庸》称知、仁、勇为“三达德”。

对“知之为知之，不知为不知”，可以有不同层次的理解。

如果认知主体在其内心清楚自己知与不知，却有意地以不知为知之，或以知之为不知，那都是伪，是不真。孔子说“知之为知之，不知为不知”是“知（智）”，应该不是针对这种现象讲的。在孔子看来，如果失去“真”的基础，其他德行的修养都失去了意义。

如果认知主体自以为知但实际不知，那就是迷；如果认知主体自以为从某一视域所得之知具有普遍的意义，那就是妄。迷、妄都是惑，是不智。在这个意义上讲“知之为知之，不知为不知”，就是要谨慎地确认自己是知还是不知、把握自己的知的界限，避免妄加揣测、绝对可否、固执己见、自以为是（参见9.4），这才是“智”的表现。

在古希腊，哲人苏格拉底也讲“自知其无知”，与孔子“知之为知之，不知为不知”有相通之处，他们都反对以不知为知、以一得之见为无所不知。但二者也有区别，苏氏之意在于说明没有人能知道真正的美和善，没有人能够做到“全”知；而孔子则重视在操持中把握知与不知的界限，把一“偏”之知限定在适当的范围。这也是中西在认识问题上的区别。

2.18 / 子张学干禄。

子曰：“多闻阙疑，慎言其余，则寡

尤。多见阙殆，慎行其余，则寡悔。言寡尤，行寡悔，禄在其中矣。”

| 解读 |

子张：孔子弟子，姓颛孙名师，字子张。

学干禄：《史记·仲尼弟子列传》作“问干禄”。干，求取。禄，福。也可以解释为俸禄。

阙（què）：去除。疑、殆：疑惑不解的内容。尤、悔：过失。朱熹：“多闻见者学之博，阙疑殆者择之精，慎言行者守之约。”（《论语集注》）

这一章与上面一章相关。“知之为知之，不知为不知”要求把握知与不知的界限，但是，确切的知与不知的界限并不总是同一条线，对不同的认知主体而言，在确切的知与不知之间，往往会有或大或小的模糊疑似之地，对于这个领域的内容，孔子主张在言和行的时候将其“悬置”起来，不要轻率地把疑惑不准的知识实践在言行之中。即使对确切不疑的内容，也要谨慎地在言行中落实，因为任何言行都会带来一定的后果，而究竟会是什么样的后果，人很难预知，所以要慎言慎行，这样才能减少过失。《易传·系辞上》：“言行，君子之所以动天地也，可不慎乎？”《列子·说符》：“慎尔言，将有和之；慎尔行，将有随之。”张载：“凡一言动，是非可否随之而生，所以要慎言动。”（《横渠易说》）

2.19 / 哀公问曰：“何为则民服？”

孔子对曰：“举直错诸枉，则民服；

举枉错诸直，则民不服。”

| 解读 |

鲁哀公，公元前494年即位，孔子去世时（公元前479年）仍然在位。

在《论语》中，凡是表示在下位者回答在上位者的问话都用“对曰”。表示孔子回答在上位者问话时，用“孔子对曰”而不是“子对曰”。

举：取。错（cù）：通“措”，置放。诸：之于。

“举直错诸枉”是以直矫枉，“举枉错诸直”是以枉挠直，归结而言，就是民服直不服枉。但是，为什么民服直不服枉呢？这需要进一步分析直、枉、民的关系。直是正，枉是曲，二者截然对立，界限分明，问题是为什么会有直和枉的分歧？至于民，是直还是枉？如果民与直相合，那也就不存在服从的问题；如果民本身是枉，那为什么要服从直呢？

社会是由诸多个体构成的群体，其中无论庶民百姓，还是君主臣僚，都既是一个个体，又是不同层次群体的成员。作为个体，人会追求自己的利益；作为群体的成员，人又不能离开群体而自存，因此又要兼顾到群体的利益。由于个体的生存背景和境遇的差异，不同的个体之间以及由不同部分的个体所构成的不同的集团之间，往往会发生不同利益追求的角力，每一方都力图使所属的群体向有利于自己的方面倾斜，由此而形成了诸多的“私曲”。为了避免这种角力的激化危及整个群体的存在，进而危及构成整体的部分的存在，就需要在具体的境遇下，权衡通约出既能兼顾各方利益，又能维护整体利益的适当的准则，这就是“正义”。这“正义”要求群体中的成员都服从，因此谓之“公正”（或公义）。说白了，所谓正义乃义（宜）则正，所谓公正即公之正。以正义规范人们的行为叫“举直错诸枉”，也就是公正。

在角力中，弱势者往往希望通过公正来维护自己的利益，使自己的利益更少损失，所以他们希望公正，愿意服从正义，而强势者往往觉得公正妨碍自己获得更多利益，所以他们总想方设法把自己的利益诉求强加在正义之上，并以强力迫使弱势者服从，这就是“举枉错诸直”。由于强势者利益的更多获得往往导致弱势者利益的更多损失，从而导致了弱势者的不满，所以，虽然弱势者可能会迫于威力而被慑服，但不会心悦诚服。只有“举直错诸枉”才能是心悦诚服。孟子说：“以力服人者，非心服也，力不赡也；以德服人者，中心悦而诚服也。”（《孟子·公孙丑上》）

以往人们多把“直”解释为正直之人，把“枉”解释为邪曲之人，其实，说一个人是正直之人是因为在他身上体现着正直，说一个人是邪曲之人是因为在他身上表现着偏曲。弱势者固然希望公正，但不见得在其身上就体现着正直，因此还不能说就是正直之人，只有个体的价值追求与群体的公正公义相吻合的人才能称之为正直之人。由于群体具有层次性，在某一层次的群体中的公正公义，在更大的群体范围也许就成为私曲私义，所以，正直与邪曲也有相对性。只有那些使自己的价值追求与最高层次的公正公义相吻合的人才是纯粹的正直之人，这样的人可称之为“仁人”。能努力地不断突破较小集团的利益追求以符合更大范围的公正公义叫“欲仁”，这样的人可谓“志士”——志于仁、志于道。

2.20 / 季康子问：“使民敬忠以劝，如之何？”

子曰：“临之以庄则敬，孝慈则忠，举善而教不能则劝。”

| 解读 |

季康子：鲁国大夫季孙肥，“康”是谥号。孔子生活的时代，鲁国三桓中，季氏最为显赫。季康子执政在孔子晚年。

敬：敬畏。忠：忠诚。以：而。劝：勤勉。

临：治理。庄：严肃。

善：有德能的人。教（jiào）：教化。《说文解字》：“教，上所施下所效也。”

任何社会群体的治理都需要有一定的权威，而不同的社会治理方式其所树立的权威也不相同，如神的权威、人的权威、法的权威等等。无论哪一种权威，都需要社会成员的敬畏才能产生作用，否则，权威会变成徒有其形的摆设。孔子认为“不重则不威”（1.8），权威要获得敬畏必须要严肃庄重，所以他讲要“临之以庄”。在不同的社会治理中也都在强调神的威严、君的尊严、法的庄严等等。

忠是一种实心实意、尽心尽力的态度。孔门认为这种态度要建立在父母与子女之间感情的基础上。孝是子女对父母实心实意的敬爱，慈是父母对子女实心实意的关爱，其中的关键是真诚，是出自内心。将这真诚扩展到待人接物中，便是忠。孔子最讨厌的事情之一就是不实诚，如“巧言”“令色”（1.3、5.25），所以孔门之教的一个重要内容便是忠（参见7.25）。

“举善而教不能”意为树立模范，使人有学习效仿的榜样。

2.21 / 或谓孔子曰："子奚不为政？"

子曰："《书》云：'孝乎惟孝，友于兄弟，施于有政。'是亦为政。奚其为为政？"

| 解读 |

或：不定代词，有人。谓……曰：对……说。《论语》中"谓……曰"的句型，除了9.21中"子谓颜渊曰"外，都是"对……说"的意思。

奚：疑问词，为何。为政：从政，参与政事。

施（yì）：延及。有政：政事。"有"字无意义。

奚其为为政：为什么要着意于从政呢?

在西周时期，社会组织的基本形式是以血缘关系为基础的宗法制，治理社会和管理宗族是一致的，利用礼乐教化，使宗族不同成员各守其分，形成宗族的凝聚力，也就达到治理社会的目的。到春秋时代，随着礼坏乐崩局面的加剧，宗族的凝聚力越来越弱，面对这种情况，孔子力图通过增厚社会成员彼此之间的爱之情来补充宗族凝聚力的不足。在血缘型的社会组织中，成员之间最基本也是最重要的爱是父母子女之间的亲情以及兄弟姐妹之间的亲情。子女在父母的关爱中生成孝，弟幼在兄长的关爱中生成悌，这种感情涉及每一个人，如果人们能把这种感情逐次扩展到血缘渐疏渐远的成员身上，那么在整个社会中就会形成一种成员之间关爱之情的叠加，社会的凝聚力由以增强。这是孔子的"理想国"。这种"理想"的实现主要不是通过政令刑罚，而是促进人与人之间的爱的互动，在这个意义上可以说每个人都是社会治理的参与者，所以儒家强调“自天子以至于庶人，壹是皆以修身为本”，强调“修身、齐家、治国、平天下”（《大学》）。这样，“为政”就不再只是专业从政者的事，个体成员不再只是被动的接受管理者，而成为主动的参与管理者，所以孔子说“是亦为政”。

孔子的设想可以说在当时的社会组织结构下就缺乏完全实现的可能性，更不要说在今天这个“全球化”的时代，但这并不妨碍其“理想国”的文化价值，在任何社会结构中，增厚社会成员之间的爱都不会是没有意义的事情。

2.22 / 子曰：“人而无信，不知其可也。大车无輗，小车无軏，其何以行之哉？”

| 解读 |

輗（ní）、軏（yuè）：古代车上用以连接车辕与车衡的部件，大车上的叫輗，小车上的叫軏，没有这个部件，车辕与车衡就连不在一起，牲畜也就无法驱动车子，所以这个部件非常关键。在孔子的时代还是单辕车，双辕车大约在战国末年才出现。孔子的意思是，信是人在社会中行走的关键，如果人而无信，真不知道他怎么办。

2.23 / 子张问：“十世可知也？”

子曰：“殷因于夏礼，所损益可知也；周因于殷礼，所损益可知也。其或继周者，虽百世可知也。”

解读

世：三十年为一世，或者说父子相继为一世。十世、百世不必确指，可以理解为很长的一段时期。

子张比较关心政治、历史等问题，所以求问能否知道很长的一段时期中发生的事情。子张所问既可理解为对以往历史的后知，也可理解为对未来状况的前知。孔子的回答也涉及两方面。但是，子张求问的是“是什么”，孔子的回答则是讲“怎么样”。

孔子及孔门认为事物的最佳存在状态是中和，即无过无不及、发而皆中节。社会的治理也是如此。孔子曾引用《诗·商颂·长发》中的诗句“不竞不絿（急），不刚不柔，敷政优优”，认为这是“和之至也”，这样才能“百禄是遒（聚）”（见《左传·昭公二十年》）。所以孔门强调“致中和”，即把事物引向中和状态。

在孔子看来，礼的制定和运行就是为了使社会达到中和状态：“夫礼所以制中也”（《礼记·仲尼燕居》）。

《礼记·礼器》：“礼，时为大。”每一种制度的制定都有其历史条件的背景，即使其最初能起到一定的制中的作用，沿袭既久也往往会有偏失，产生积弊，或者由于历史条件的变化，变得不合时宜，这就需要不断根据社会状况的变化对制度进行修正，随时补救。如，“政宽则民慢，慢则纠之以猛；猛则民残，残则施之以宽。宽以济猛，猛以济宽，政是以和”（《左传·昭公二十年》）。因此，制度的制定和修正要有针对性，有如荀子所说“断长续短，损有余，益不足”（《荀子·礼论》），这样才能保持制中、调和的作用。这种调整或修正可以发生在一个政权的延续过程中，成为现政权稳定性的保障；也会发生在新旧政权的交替过程中，成为新政权合法性的依据。无论任何时候，社会都是在这种有因有革、有损有益的调整过程中运行的，既不可能与历史一刀两断，也不可能与过去完全一样，殷对夏如此，周对殷也如此，继周者对周还是如此，所以孔子说“虽百世可知也”。

至于未来究竟以什么样的具体状态出现，具有很大的或然性。必然会有某种后续现象出现和某种后续现象必然会出现不是一回事。必然会有因革损益的“继周者”，但不能断定“继周者”是什么样子。

2.24 / 子曰：“非其鬼而祭之，谄也。见义不为，无勇也。”

解读

《礼记·祭义》：“众生必死，死必归土，此之谓鬼。”在这里“鬼”主要指自己的祖先。

谄：奉承、献媚，也含有欺、诈的意思。

在许多人看来，祭祀活动的主要目的是为了禳灾祈福，在《诗》中可以见到这样的表述，如，“先祖是皇，神保是飨。孝孙有庆，报以介福，万寿无疆。”（《小雅·楚茨》）“先祖是皇，报以介福，万寿无疆。”（《小雅·信南山》）而孔子主张，祭祀祖先的主要目的是增厚人的情感，使“民德归厚”（1.9），而不是禳灾祈福。《礼记·祭统》：“贤者之祭也，必受其福。非世所谓福也。福者，备也。备者，百顺之名也。无所不顺者，谓之备。言内尽于己，而外顺于道也……上则顺于鬼神，外则顺于君长，内则以孝于亲。如此之谓备。唯贤者能备，能备然后能祭。”《祭统》的这种解释符合孔子的精神。

即使为了禳灾祈福的祭祀，原本也是“神不歆非类，民不祀非族”（《左传·僖公十年》）。《礼记·曲礼下》：“非其所祭而祭之，名曰淫祀。淫祀无福。”然而，由于禳灾祈福带有很强的功利性，还是出现了“非其鬼而祭之”的情况。祭祀者以为，无论哪种“鬼”，祭之不会有害，即使未必有福，至少可免灾。在这种祭祀中，献媚多于诚意，伪诈多于真情，既骗死人之魂，又欺生人之心，不仅不能使“民德归厚”，反而浇淳散朴，使世风更为浇薄。孔子反对这样的祭祀。《马王堆汉墓帛书·要》载孔子说：“君子德行焉求福，故祭祀而寡也。”“德行焉求福”舍去许多以禳灾祈福为目的的祭祀，所以说“祭祀而寡也”。

儒家以知、仁、勇为“三达德”（见《中庸》），即无论在什么情况下都应该努力践行的品德。三者相对，知的意义在于审时度势、达理知权；仁的意义在于超越限隔、廓然大公；勇的意义在于率义力行、救弊定倾。

“勇”从“甬”从“力”。段玉裁说“凡从甬声之字皆兴起之意”（《说文解字注》），所以“勇”的字面含义是力的兴起。力的兴起具有方向性，所以也就有了不同的“勇”。《荀子·荣辱》：“有狗彘之勇者，有贾盗之勇者，有小人之勇者，有士君子之勇者：争饮食，无廉耻，不知是非，不辟死伤，不畏众强，恈恈然唯利饮食之见，是狗彘之勇也。为事利，争货财，无辞让，果敢而振，猛贪而戾，恈恈然唯利之见，是贾盗之勇也。轻死而暴，是小人之勇也。义之所在，不倾于权，不顾其利，举国而与之不为改视，重死持义而不桡，是士君子之勇也。”儒家之勇以义为准则，即力使系统处于合宜的状态。《左传》讲“率义之谓勇”（《哀公十六年》），《礼记》讲“有义之谓勇敢”（《聘义》），《孔子家语》讲“立义以为勇”（《好生》），都突出了一个义字。要力使系统处于合宜的状态，就需要根据系统现存状况调整所兴之力的方向。章学诚说：“世俗风尚，必有所偏，达人显贵之所主持，聪明才俊之所奔赴，其中流弊必不在小……苟欲有所救挽，则必逆于时趋。”（《上钱辛楣宫詹书》）又说：“风尚所趋，必有其弊。君子立言以救弊，归之中正而已矣。”（《文史通义·说林》）救挽流弊，力使系统归于中正，这叫“见义而为”，是真正的“勇”。这样的“勇”不盲目地顺乎潮流，而往往“逆于时趋”，体现出强劲之态，有如《中庸》所言：“君子和而不流，强哉矫！中立而不倚，强哉矫！”如果不能救挽流弊而随波逐流，叫“见义不为”。见义不为，无勇也。“无勇”不是相对于狗彘之勇、贾盗之勇、小人之勇讲，而是相对于君子之勇讲。

八 佾 第 三

3.1 / 孔子谓季氏："八佾舞于庭，是可忍也，孰不可忍也？"

| 解 读 |

谓：评论。《论语》中"谓……"的句型都是"评论……"的意思。季氏：鲁国的大夫之家。

佾（yì）：古代乐舞的行列。一行八人为一佾，八佾即八行八列，共六十四人。

按照礼制，天子用八佾，诸侯用六佾，大夫用四佾，士用二佾。季氏是大夫，当用四佾却用了八佾，这是僭越礼制的行为。孔子极力维护周礼，对僭越礼制的行为最不能容，所以说"是可忍""孰不可忍"。

3.2 / 三家者以《雍》彻。

子曰："'相维辟公，天子穆穆'，奚取于三家之堂？"

| 解读 |

三家：指鲁国大夫孟（仲）孙氏、叔孙氏、季孙氏三大家。

雍：《诗·周颂》中的一篇。彻：通“撤”，在这里指祭祀完毕后的撤祭。

“相维辟公，天子穆穆”是《雍》里的诗句。相（xiàng）：助祭。维：句中语气词。辟（bì）公：诸侯。穆穆：严肃。

取：在这里指取其意而歌奏。

按照礼制，天子祭祀完毕撤祭时要唱《雍》，三家都是大夫，在撤祭时也唱《雍》，这是僭越之举。孔子引用《雍》里面的诗句来批评三家：在符合唱《雍》的祭祀活动中，根本没有大夫的事，诸侯才是助祭，而三家居然在自家庙堂唱《雍》，明知故犯，挑衅礼制。不过在礼坏乐崩的时代，人们的价值观急剧变化，善恶是非已被颠倒，明知故犯的事情比比皆是，孔子的批评也是一种无奈的哀叹。

3.3 / 子曰：“人而不仁，如礼何？人而不仁，如乐何？”

| 解读 |

仁在这里应理解为动词。乐：读yuè。

孔子认为礼乐重在其实质，而不是其形式：“礼云礼云，玉帛云乎哉？乐云乐云，钟鼓云乎哉？”（17.11）礼乐的实质是仁：“礼节者，仁之貌也；歌乐者，仁之和也。”（《礼记·儒行》）没有仁，礼乐徒有其形，谈不上真正的礼乐。如礼何、如乐何意谓还谈什么礼乐呢？相反，如果有仁之实质，那么礼乐随时随地都可以体现：“言而履之，礼也；行而乐之，乐也。”（《礼记·仲尼燕居》）不必拘泥于玉帛钟鼓。

3.4 / 林放问礼之本。

子曰：“大哉问！礼，与其奢也，宁俭；丧，与其易也，宁戚。”

解读

林放：鲁国人，有人说是孔子的弟子，但在《史记·仲尼弟子列传》和《孔子家语·弟子解》中都没有记载。

本：根基、基础。

易：整治、打理，在此意谓着意于办理得像模像样。戚：悲伤。

孔子主张仁是礼乐的实质。仁的基础是始于孝悌的真诚感情，仁的实现是不断扩充这种感情，不断超越己身的限隔，扩展自己与他人乃至他物的相容性。

《礼记·表记》“俭近仁……俭易容”，孔颖达疏：“俭近仁者，以俭不费用，无害于物，故近仁……俭易容者，以俭则寡求，故易容。”无害于物近乎扩充爱的感情，少欲寡求易于扩展人之相容，所以古人以俭为“德之共（洪）”，以侈为“恶之大”（参见《左传·庄公二十四年》），认为“有德者皆由俭来”（司马光《训俭示康》）。力行俭素的重要性在于养德，而不能只是理解为对财物的节省。礼要求无过无不及，虽然俭不见得能合乎礼的要求，但是类推司马光所言“由俭入奢易，由奢入俭难”，也可以说由俭合礼易，由奢合礼难，所以孔子说“礼，与其奢也，宁俭”。

真情实感是仁的基础，所以孔门特别重视在真情实感的基础上进行礼乐教化。《毛诗序》讲“发乎情，止乎礼义”，《郭店楚墓竹简·性自命出》讲“始者近情，终者近义”，都在强调这一点。礼的作用在于规范情感，使之适度，如果忽略了真实情感的表达，而着重于外在的形式和规模，将会把人引向虚伪，所以孔子说“丧，与其易也，宁戚”。

在《礼记·檀弓》中有类似的话——子路曰：“吾闻诸夫子：‘丧礼，与其哀不足而礼有余也，不若礼不足而哀有余也。祭礼，与其敬不足而礼有余也，不若礼不足而敬有余也。’”《礼记·问丧》：“丧礼唯哀为主矣。”

孔子以“中庸”为最高的德（参见6.29），常人很难达到这种境界，“与其……宁……”“与其……不若……”是退而求其次的表述，在这表述中体现出孔子思想的侧重。《易传·象传·小过》：“君子以……丧过乎哀，用过乎俭。”过哀、过俭都是小过。

3.5 / 子曰：“夷狄之有君，不如诸夏之亡也。”

解读

《尔雅·释地》：“九夷、八狄、七戎、六蛮，谓之四海。”郭璞注：“九夷在东，八狄在北，七戎在西，六蛮在南。”古时，夷狄泛称华夏族以外各族，诸夏指周代分封的中原各诸侯国，泛指中原地区。

亡（wú）：通“无”。在《论语》中，除了“孔子时其亡也”（17.1）中的“亡”之外，其余的“亡”都是这意思。后面不再另注。

对这一章有不同的解释，主要有：其一，即使夷狄有君臣上下之分，也比不上诸夏没有君臣上下。这种解释在《论语》里找不到佐证，倒是孔子有“欲居九夷”（9.14）的说法。其二，夷狄犹有君臣上下之分，不像诸夏，君臣秩序名存实亡，君不君，臣不臣。这种解释反映出孔子对僭礼越分的愤懑。

以上两种解释虽然意思相反，但却蕴含着相同的观念，即诸夏文化要比或者说应该比夷狄文化优越。孔子深爱三代以来尤其是西周的文化，认为这种文化更优越，本无可厚非。由于人们的生活方式、社会心理、风俗习惯等等的影响，可以说每一种文化都会不同程度地体现出这样的观念——即自己的文化更优越。这种文化“自贵”现象是难以避免的。关键的问题是怎样看待其他的不同文化，是“自贵而相贱”还是“自贵而不相贱”？孔门乃至中国文化的主流重视“和”，所以，虽然也会不时地表现出一些“相贱”的色彩，但是从总体上讲，它还是具有更多一些的包容性和适应性。正是这样的特点，使中国文化得以不断地“传”下去，“统”起来，既不强调纯正的原汁原味，也不宣示普世的绝对标准，而是重视具体境遇中的适应得当，以求“立俗施事，无所不宜”（《史记·太史公自序》）。孔子的这段话表明他既有对诸夏文化的自贵，也有对夷狄文化的认同的态度。

3.6 / 季氏旅于泰山。

子谓冉有曰：“女弗能救与？”

对曰："不能。"

子曰："呜呼！曾谓泰山不如林放乎？"

| 解读 |

季氏指季康子。

旅：陈列祭品而祭。《礼记·王制》："天子祭天下名山大川……诸侯祭名山大川之在其地者。"泰山地处鲁国，天子与鲁国国君可前往祭祀，季氏为大夫，祭泰山是僭越之举。

冉有：孔子弟子冉求，字子有。在孔门四科中属政事科。

救：制止，阻止。

曾（zēng）：竟。

人们在解释这一章时多与前面"林放问礼"一章联系起来，意谓林放尚知问礼，泰山之神竟然还不如林放？难道会接受季氏的僭越之祭？李零认为，林放可能是负责山林之祭的官员（参见《丧家狗》，山西人民出版社，2007年，第92页）。季氏祭泰山，由林放接待并接受祭礼，但"神不享非礼"，所以孔子说，泰山之神竟然不如林放吗？即使林放接受了季氏的祭礼，泰山之神也不会享食的。

3.7 / 子曰："君子无所争。必也，射乎！揖让而升下、而饮。其争也君子。"

| 解读 |

必：如果，假如。

揖让而升下、而饮：意为揖让而升、揖让而下、揖让而饮。

孔子不主张争，主张让（参见4.13），但在社会生活中总难免发生一些彼此相争的事情，孔子认为，如果碰到这种情况时，一定要像射箭比赛那样，在相争中自始至终贯穿着礼让，避免抗争的加剧。这也是孔门重视学射的原因之一吧。

3.8 / 子夏问曰："巧笑倩兮，美目盼兮，素以为绚兮。何为也？"

子曰："绘事后素。"

曰："礼后乎？"

子曰："起予者商也！始可与言《诗》已矣。"

| 解读 |

"巧笑倩兮，美目盼兮"出自《诗·卫风·硕人》，描写美人的笑容和眼神。"素以为绚兮"不见世传本《诗经》，朱熹认为是一句逸诗。这一句的意思是洁白的底子上画着绚丽的图案。这几句诗的字面意思不难理解，子夏所问自有深意。

"绘事后素"的意思是，先要有洁白的质地，然后才能绘以图案。孔子讲"文质彬彬"（6.18），质犹素，文犹绘，只有在真实质朴的基础上加以礼乐教化，才能成为君子。《说苑·反质》："君子虽有外文，必不离内质矣。"所以当子夏进一步问"礼后乎”，便受到孔子的高度称赞，认为子夏能发挥阐明他的意思，可与其进一步讨论《诗》了。

在孔门，个体修行的目的就是实现仁，仁的基础是真实，所有的修行都是在真实的基础上进行的，可以说“绘事后素”是孔子学说的一个基本原则。

3.9 / 子曰："夏礼吾能言之，杞不足征也；殷礼吾能言之，宋不足征也。文献不足故也。足则吾能征之矣。"

| 解读 |

杞：商朝所封的夏朝后人的封国，后来周朝又重封，初在河南杞县，后迁山东安丘一带。

宋：周朝所封的商朝后人的封国，建都商丘。

征：验证，证明。

文：有关典章制度的文字资料。献：多闻和熟悉掌故的人。

孔子曾说“殷因于夏礼，所损益可知也；周因于殷礼，所损益可知也”（2.23）。根据周礼推断，对夏和殷的礼能有所了解，所以孔子说“能言之”。但没有文、献的验证，则不知所言是否准确。据说孔子为求文、献曾亲自到杞和宋。《礼记·礼运》载孔子曰：“我欲观夏道，是故之杞，而不足征也，吾得《夏时》焉。我欲观殷道，是故之宋，而不足征也，吾得《坤乾》焉。《坤乾》之义《夏时》之等，吾以是观之。”但是杞、宋当时的文、献也已不足证明夏礼和殷礼，孔子只能根据所获信息了解一些“坤乾”和“夏时”的内容。

3.10 / 子曰：“禘自既灌而往者，吾不欲观之矣。”

| 解读 |

禘（dì）：古代帝王、诸侯举行各种大祭的总名，凡祀天、宗庙大祭、宗庙时祭都称为禘。灌：本作“祼”（guàn），古代祭祀中的一种仪式，以香酒灌地而求神。“既灌”，灌的仪式之后。

孔子为什么说在灌之后的仪式他不想再看了，详情难知。可能孔子认为不符合礼的要求。《礼记·礼运》载，孔子曰：“於呼哀哉！我观周道，幽、厉伤之，吾舍鲁，何适矣？鲁之郊禘非礼也，周公其衰矣。”

3.11 / 或问禘之说。

子曰：“不知也。知其说者之于天下也，其如示诸斯乎！”指其掌。

| 解读 |

说：意义。

示（zhì）：通寘、置。

这一章与上一章相关联，同样表达了孔子对当时“禘”的不满。在古代，禘是一种治国手段，即通过对祖先的祭祀来激发人们对祖先的认同感，以维系国家的命脉。而到了孔子的时代，禘逐渐失去激发情感的意义，变成单纯的仪式，所以，孔子说“不知”以表示不满。他接着讲，如果真正明白“禘”的意义，那么治理天下就如同把东西放置在手掌一样简单。《中庸》也有类似的说法：“明乎郊社之礼、禘尝之义，治国其如示诸掌乎！”

3.12 / 祭如在，祭神如神在。子曰：“吾不与祭，如不祭。”

| 解读 |

“如在”之“如”，犹“而”。“祭如在”犹“祭而在”。

与（yù）：参加。

这一章还是讲祭祀中的情感问题。

孔门对鬼神不做是否存在的证明，而是注重在祭祀过程中，通过真实情感的投入，生成其所祭祀的对象。祭祀是鬼神对人说来的生成过程，“在”是情感的，不是实证的。《礼记·祭统》：“夫祭者，非物自外至者也，自中出生于心也。”《礼记·祭义》：“致齐（zhāi）于内，散齐于外。齐之日，思其居处，思其笑语，思其志意，思其所乐，思其所嗜。齐三日，乃见其所为齐者。祭之日，入室，僾然必有见乎其位；周还出户，肃然必有闻其容声；出户而听，忾然必有闻其叹息之声。”

“与祭”不仅指身体的参与，更指情感的参与。《春秋繁露·祭义》讲“君子之祭也，恭亲之，致其中心之诚”。没有“中心之诚”，即使亲身参与了祭祀活动，也仍然是“不与祭”，也仍然如同不曾祭祀一样。

3.13 / 王孙贾问曰：“与其媚于奥，宁媚于灶，何谓也？”

子曰：“不然。获罪于天，无所祷也。”

| 解读 |

王孙贾：卫国大夫。郑玄说是“自周出仕于卫”，故以“王孙”为氏，名贾。善于治军（参见14.19）。

奥是室内西南角，古代设神主或尊长居坐之处。灶是做饭的地方，或指灶神。“与其媚于奥，宁媚于灶”的意思是说，居处于奥者虽然尊贵，但不如灶和人的关系更直接、更密切，所以媚于奥不如媚于灶。

王孙贾说这句话是向孔子讨教，还是对孔子讽劝？其中的奥、灶究竟意指什么？历来有各种猜测和解释，不必细究。关键是把握其中的意思，即王孙贾认为处世要“实际”些、“现实”些。时至今日，这仍然是许多人的口头禅。在孔子的时代，情况也差不多。

孔子具有理想主义情怀，他考虑问题的出发点必定不会以王孙贾所谓的“实际”“现实”为标准，所以他在回答王孙贾时，提出了自己的价值标准：不能“获罪于天”。

天在孔子那里有不同的含义，概括而言，可以有意志之天和自然之天的区别。在这里指意志之天。意志之天是人间一切真假、善恶、美丑的仲裁者，是人的命运和社会政权合法性的主宰者。所谓获罪于天，即违反天命或天的要求。孔子说，如果获罪于天的话，那么无论取媚于谁都是无济于事的。

判断是否获罪于天的标准是德。无论社会政权还是个人生活，有德即可得到天的眷顾，“皇天无亲，惟德是辅”（《左传·僖公五年》）。所以，孔子主张“为政以德”（2.1）、“道之以德”（2.3），主张“德行焉求福”“仁义焉求吉”（《马王堆汉墓帛书·要》）。

3.14 / 子曰：“周监于二代，郁郁乎文哉！吾从周。”

解读

周：周朝。监（jiàn）：借鉴、参考。二代：指夏、商两代。

文：主要指礼乐制度。“郁郁乎文哉”指礼乐章明。

周朝的礼乐制度是在对夏、商两代因革损益的基础上形成的，相对于前两代而言，其礼乐制度更为完备，也更为孔子所赞同，所以他说“吾从周”。

3.15 / 子入太庙，每事问。

或曰：“孰谓鄹人之子知礼乎？入太庙，每事问。”

子闻之，曰：“是礼也。”

解读

太庙：即宗庙。天子、诸侯的祖庙为宗庙，大夫、士的祖庙为家庙。这里的太庙指周公庙。

鄹（zōu）人之子：指孔子。孔子的父亲叔梁纥曾经做过鲁国鄹邑的大夫，春秋时期有些地方称“邑大夫”时以邑冠人，所以称孔子之父为鄹人。鄹邑是孔子的出生地。

孔子年轻时出仕于鲁，鲁国祭周公，孔子入庙助祭。虽然孔子知晓各种礼乐仪式，但是在助祭时还是谨慎从事，常常询问核实，既体现出对礼的敬重，也表现出对他人的尊敬。有些人看见孔子时时提问便认为孔子不懂礼仪，殊不知这正是合乎礼的行为方式。所以，当孔子听到这些议论时说，这正是礼的要求。

3.16 / 子曰："射不主皮，为力不同科，古之道也。"

┃解读┃

皮：皮侯，用兽皮制作的箭靶子。

科：品类、标准。

对"主皮"有不同的解释，有的说是贯革，有的说是中的。应该解释为贯革。古时分习射为两类，一类是军射，一类是礼射。军射要求有力量，把皮靶子射穿。这是军士的训练内容。据《礼记·乐记》载，周武王在战胜殷商后，散军郊射，在射的过程中配以乐，由此"贯革之射息"。"射不主皮"即不求将箭靶射穿。礼射所重视的是人在射的过程中，心理和动作的调整配合。《礼记·射义》："故射者，进退周还必中礼。内志正，外体直，然后持弓矢审固。持弓矢审固，然后可以言中。"又："故心平体正，持弓矢审固，持弓矢审固，则射中矣。"《老子》讲张弓射箭要"高者抑之，下者举之；有余者损之，不足者补之"（第七十七章），即根据箭靶的位置调整弓之抑举和力的损补，这就是"力不同科"。《中庸》："射有似乎君子：失诸正鹄，反求诸其身。"

《礼记·射义》："射求正诸己，己正然后发，发而不中则不怨胜己者，反求诸己而已矣。"如果把"不主皮"理解为不求射中靶子，也就谈不上"失诸正鹄，反求诸其身"了。如果把礼射仅仅理解为使动作符合一定的礼乐仪式，那也就失去了射的意义。射之目的在于中。

3.17 / 子贡欲去告朔之饩羊。
子曰："赐也，尔爱其羊，我爱其礼。"

| 解读 |

告朔：按照周朝的制度，天子在每年冬天的最后一个月，把第二年的历书颁发给诸侯，诸侯把新历书藏在祖庙。每个月初一，即朔日，以饩羊祭告于祖庙，称为告朔。告朔完毕，出而听治此月之政，谓之视朔或听朔，所以，告朔又是诸侯听政之礼。饩（xì）：腥牲。"饩羊"指杀而不烹的生羊。也有的解释为活羊。

到了东周，各诸侯逐渐不以礼朝见天子，颁布新历之举也渐渐停止。鲁国自鲁文公六年（公元前621年）开始不再告朔，但仍然保留着告朔的一点仪式。孔子晚年时，子贡曾经在鲁国从政，看到告朔饩羊纯粹是虚设，就建议停止供羊。孔子由此而发感叹，对子贡说，你心疼的是浪费了几只羊，我心疼的是告朔之礼的消失。

退一步讲，虽然告朔的活动已经停止，但是，如果能依赖饩羊的形式保留一些告朔之礼的痕迹，也许还有些"文献"的意义吧。

3.18 / 子曰："事君尽礼，人以为谄也。"

| 解读 |

在孔子的心目中，周代的文化是在借鉴、损益夏、商两代的基础上形成的，具有比前代更完备的礼乐制度，所以，他总是努力使自己的行动符合周代的制度。当时有不守礼法的人认为孔子这样做是谄媚，对此孔子并没有做直接的反驳，但在这句话中却表明了自己的态度，即按规矩办事，不在意别人的议论。

3.19 / 定公问："君使臣，臣事君，如之何？"

孔子对曰："君使臣以礼，臣事君以忠。"

| 解读 |

定公：鲁定公，公元前509年至公元前495年在位。鲁定公时，鲁国三家势力炽盛，鲁定公想增强自己的势力，因此问孔子该怎样才能理顺君臣之间的关系。

孔子的回答从君臣双方讲，并不简单地讲臣对君的从属。在孔子及早期儒家，君臣父子等等的关系基本上是对等的，诸如父慈子孝、君敬臣忠等等。父慈子孝、君敬臣忠都是礼的要求，如孔子的"事君尽礼"（3.18）也就是以忠事君，所以这句话的意思也就是说君臣彼此相待都要符合于礼。

对孔子的两句回答还可以理解成是因果关系，即如果"君使臣以礼"，那么"臣事君以忠"。这样，君臣关系的协调就首先取决于君的一方。对此，孟子说得更明白："君之视臣如手足，则臣视

君如腹心；君之视臣如犬马，则臣视君如国人；君之视臣如土芥，则臣视君如寇仇。”（《孟子·离娄下》）

3.20 / 子曰：“《关雎》，乐而不淫，哀而不伤。”

| 解读 |

《关雎》是《诗》中的一首情诗，也是《诗》的第一首。朱熹：“淫者，乐之过而失其正者也；伤者，哀之过而害于和者也。”（《论语集注》）孔门以中和为价值目标，为人处事都强调适度、中节。《中庸》讲喜怒哀乐“发而皆中节，谓之和”，中节是无过无不及，不淫、不伤皆无过，而对于情欲的表达来说不及者甚少，所以，可以说《关雎》一诗体现了和。如果能深刻领悟《关雎》诗里面这种和的境界，推而广之，也就能知道该怎样应对其他事情。《韩诗外传·卷五》：“大哉，《关雎》之道也。万物之所系，群生之所悬命也。”

3.21 / 哀公问社于宰我。

宰我对曰：“夏后氏以松，殷人以柏，周人以栗。曰使民战栗。”

子闻之，曰：“成事不说。遂事不谏。既往不咎。”

| 解读 |

宰我：孔子弟子宰予，字子我。在孔门四科中属言语科。

社：土神。在此指土神的牌位，即社主。也有人认为是社坛所种标志树，即社树。

古时凡建邦立国必立社。当时鲁国境内有二社，一为鲁国之社，称为国社；一为亳社，为商朝之社。鲁哀公四年（公元前491年）六月，亳社遭火灾，哀公问社之事，可能与此有关，意欲重建。但这只是鲁哀公和宰我对话的表层意思，其深层意思是，哀公时，鲁国三桓势头强盛，哀公之问和宰我之答似乎隐含着剪除三桓之意。洪迈《容斋随笔》中以为“使民战栗”是哀公的话，也解释得通。不管是宰我的话还是哀公的话，都表示了一种强硬的执政态度。

哀公和宰我对话时，孔子正在国外。当他听说了这次谈话内容时，表达了他自己的态度：第一，“成事不说”。成事指旧有的事情，如夏人以松、殷人以柏、周人以栗等；说是解说的意思，如“使民战栗”。不满意宰我的牵强解释。第二，“遂事不谏”。遂事，朱熹解释为“事虽未成而势不能已者”，谏是挽回的意思，意谓三桓之强势已难挽回。不赞同哀公和宰我的强硬。第三，“既往不咎”。三桓之事发展至此并非一朝一夕之故，不必再责怪谁了。表现出孔子的无奈。

3.22 / 子曰：“管仲之器小哉！”

或曰：“管仲俭乎？”

曰：“管氏有三归，官事不摄，焉得

俭？”

“然则管仲知礼乎？”

曰：“邦君树塞门，管氏亦树塞门。邦君为两君之好，有反坫，管氏亦有反坫。管氏而知礼，孰不知礼？”

| 解读 |

管仲，名夷吾，字仲，春秋初期政治家，由鲍叔牙推荐，被齐桓公任命为卿，辅佐齐桓公成为春秋时期第一位霸主。一般人都认为管仲是栋梁之材，是“大器”，孔子对管仲做事的功绩也赞赏有加（参见14.16、14.17），但又认为管仲不俭、不知礼，从“道之以德，齐之以礼”的角度看，还不能说管仲是大器。《礼记·杂记下》引孔子曰：“管仲镂簋而朱纮，旅树而反坫，山节而藻棁。贤大夫也，而难为上也。”荀子说：“管仲，为政者也，未及修礼也。”（《荀子·王制》）又说：“管仲之为人，力功不力义，力知不力仁……”（《荀子·大略》）《论语集注》引苏氏曰：“自修身正家以及于国，则其本深，其及者远，是谓大器。”儒家所谓大器不仅看功绩，还看德行。

三归：解释颇多，有说是娶三姓女子，有说是有三处住所，有说是三处藏财物之所，有说是收取市租等等。

摄：兼的意思。“官事不摄”，是说身边的工作人员都不兼做数事。

树塞门：指当门蔽以屏或影壁之类的设置。

坫（diàn）：用土筑的平台。诸侯交好宴会，相互敬酒后把空酒器放还在坫上，故称这种坫为反坫。

按照礼的规定，只有国君才能当门立影壁，堂上置反坫，管仲是卿，不能有此设置。

3.23 / 子语鲁大师乐，曰："乐其可知也：始作，翕如也；从之，纯如也，皦如也，绎如也；以成。"

| 解读 |

语（yù）：告诉。大（tài）师：即太师，乐官之长。乐：读yuè。

乐是孔门教育的重要内容，孔子对乐是很精通的。这段话是他和鲁太师讨论音乐演奏时对鲁太师说的。

孟子说"金声也者，始条理也"（《孟子·万章下》），"始作"意谓开始演奏是金（钟）声齐鸣，称为"金奏"。翕，《论语集解》解为"盛"，《论语集注》解为"合"，"翕如"即乐声齐鸣，盛况动人。"从（zòng）"是五音既发或八音皆作，即各种乐器都加入演奏。"纯如"是声音和谐，"皦如"是音节分明，"绎如"是相续不绝。"以成"是收尾。孟子说"玉振也者，终条理也"，振是收的意思，最后以玉（磬）声收尾。所谓金声玉振即演奏从始至终的过程。

据《史记·孔子世家》记载，孔子还与齐太师讨论过乐。

3.24 / 仪封人请见，曰："君子之至于斯也，吾未尝不得见也。”

从者见之。

出，曰：“二三子何患于丧乎？天下之无道也久矣，天将以夫子为木铎。”

| 解读 |

仪：卫国地名。封人：官名，负责守护边界。

从者见之：随从孔子的弟子使封人见孔子。

二三子：犹言“诸位”。丧（sàng）：失去，失败。

将：是。木铎：以木为舌的铃铛。古代宣布政教法令，巡行振鸣以引起众人注意。仪封人把孔子比作木铎，意谓孔子的使命就是传播教化。他告诉跟随孔子的弟子，虽然天下久已无道，但是有孔子的传播教化，不必担忧“道”不能实现。

3.25 / 子谓《韶》，“尽美矣，又尽善也”。谓《武》，“尽美矣，未尽善也”。

| 解读 |

谓：评价。《韶》《武》都是春秋时期著名的古典音乐。据说《韶》是舜时的，《武》是周武王时的。

孔门以中和为最高价值，其礼乐教化都是为了实现这个最高价值，所以对礼乐的评价也以中和为标准。美是就乐的形式作评价，如前面所载孔子与鲁太师讨论乐，就是讲乐的形式。善是就乐的内容作评价。按传统说法，舜承尧治，“允执其中”（20.1），社会的各个方面很和谐，舜也就只是“恭己正南面而已矣”（15.5）。这样的社会状况反映在《韶》中，更能体现出中和来，所以孔子说尽善尽美。周武王的最大功业是征伐商纣，开扩疆土，将其反映在乐舞中便难免有威武之象和杀伐之音。《礼记·乐记》评论《武》“始而北出，再成而灭商，三成而南，四成而南国是疆，五成而分周公左、召公右，六成复缀以崇”。虽然按传统说法，武王克殷在当时是恰当之举，是“应当”（yìng dàng），《武》中也有对周武王“功成太平”的歌颂，但毕竟不是很和谐，所以孔子说“未尽善”。美善并重是儒家文艺批评的一贯的态度。

3.26 / 子曰：“居上不宽，为礼不敬，临丧不哀，吾何以观之哉？”

| 解读 |

宽：度量宽宏。

敬：庄重。

临丧：逢着丧事。

何以观之：高拱《问辨录》说“犹世人所谓如何看得上也”（见《论语集释》）。杨伯峻译为“这种样子我怎么看得下去”。（《论语译注》，中华书局，1980年，第34页。）

里 仁 第 四

4.1 / 子曰："里仁为美。择不处仁，焉得知？"

| 解读 |

里：人所聚居之处，在此用作动词。"里仁"指聚居并形成仁厚之风。

择：古书引用或作"宅"。处（chǔ）：居处。也有执持的意思。知：读zhì。

儒家道德修养的目标就是要成为有仁德的人，要实现这个目标固然离不开个体的努力，同时也不能忽视环境对个体修养的影响。所以，儒家重视构建有益于个体修养的环境。《大学》："大学之道在明明德，在亲民，在止于至善。"亲民是"使民亲"的意思。明明德着重个体修养，亲民着重构建具有仁厚之风的环境，这样才能"明明德"于天下，达到"至善"。这种具有仁厚之风的环境是在许许多多个体修养的过程中逐渐形成的，又反过来促进人们的道德修养，所以，选择具有仁厚之风的生活环境，"以友辅仁"（12.24），对于个体道德修养来说，无疑是明智的。

但是，这并不等于说在相对恶劣的道德环境中就不能够或不应该进行个体的道德修养，相反，对于“仁以为己任”（8.7）者而言，在相对恶劣的道德环境中更要坚持自身道德修养，以期在自己周围渐成仁风。这样的人不仅是道德修养的智者，而且是道德修养的勇者。孟子说：“待文王而后兴者，凡民也；若夫豪杰之士，虽无文王犹兴。”（《孟子·尽心上》）只有道德意志薄弱的人才往往把道德缺失的责任归咎于环境。所以儒家既有“君子居必择处”之言（《孔子家语·六本》），也讲“任重道远者，不择地而息”（《韩诗外传·卷一》），两者并不矛盾。

4.2 / 子曰：“不仁者不可以久处约，不可以长处乐。仁者安仁，知者利仁。”

| 解读 |

约：穷困。

乐：安乐。《大戴礼记·小辨》：“毋患曰乐。”

仁：在此为动词，“不仁”指不志于仁。不志于仁的人没有高远的道德修养的目标，把人生价值寄托在财富、名誉、地位等等外物的占有上，这样往往会被外物所主宰、所迷乱，没有节度，久穷则滥，长乐则淫。仁者以仁为己任，无意于对外物的占有，贫贱富贵都能泰然处之，“不陨获（丧失意志）于贫贱，不充诎（得意忘形）于富贵”（《礼记·儒行》），“富贵不能淫，贫贱不能移，威武不能屈”（《孟子·滕文公下》），唯以仁安身立命。这就是安仁。

知：读zhì。利：在此是顺从的意思。智者虽然不能丝毫不受贫富贵贱的影响，但是能自觉地选择有利于道德修养的环境，择仁而处，以实现道德修养的目标。同时，由于智者择仁而处，仁厚之风流布渐广，这也是利仁。

4.3 / 子曰："唯仁者能好人，能恶人。"

| 解读 |

恶：读wù。好恶之情，人皆有之。由于人皆有好恶之情，所以人皆能好其所好，恶其所恶。可是这里讲只有仁者能好人恶人，显然并非就个体之情而言。儒家以中和为价值目标，其所有言行皆围绕"致中和"而立，好恶亦然。

程颢在《答横渠先生定性书》中讲："圣人之喜，以物之当喜；圣人之怒，以物之当怒。是圣人之喜怒，不系于心而系于物也。"（《河南程氏文集》卷第二）仿此类推，也可以说仁者之好恶"不系于心而系于物"。常人之好恶常从情上发出来，仁者之好恶则由致中和而产生，不是情绪化的。《书·洪范》："无有作好，遵王之道；无有作恶，遵王之路。"作好、作恶是从情上兴发，王道、王路则体现了中。《东观汉记》："孔子曰'惟仁者能好人，能恶人'，贵仁者所好恶得其中也。"（《后汉书·孝明八王传》注引）

系统有不同的层次，如身、家、国、天下等等，因此致中和也具有层次性，如修身、齐家、治国、平天下，围绕致中和而生的好恶也就表现为多样性，有因修身所生的好恶、有因齐家所生的好恶、有因治国所生的好恶、有因平天下所生的好恶。各种不同层次的好恶可能是一致的，也有可能不一致。仁者能根据具体的致中和表达自己的好恶，而不是把好恶概念化，不是用抽象的好恶标准评价人的所有方面。如孔子对管仲，既恶其不知礼，说“管仲之器小”（3.22）；又好其辅助齐桓公，九合诸侯，避免战争，使民受惠，说“如其仁！如其仁！”（14.16）

程颢在《答横渠先生定性书》中还讲：“君子之学，莫若廓然而大公，物来而顺应。”仁的重点是一个“通”字，打通限隔，做到“廓然而大公”。仁者能不断随着打通限隔由因私之好恶过渡到因公之好恶，即其所好所恶不是出于对自己有利或有害，也不只是限于对所属群体的有利或有害，而是直至对天下的有利或有害。

4.4 / 子曰：“苟志于仁矣，无恶也。”

┃解读┃

孔子说仁是“爱人”（12.22），又说“泛爱众”（1.6）。志于仁者践行“忠恕”之道（参见6.30、12.2、15.24），努力把自己的爱扩展到天下的每一个角落，即“廓然而大公”，在这个过程中也逐渐消除了恶的动机。《郭店楚墓竹简·语丛一》：“爱善之谓仁。”

孔子说“克己复礼为仁”（12.1），又说“礼所以制中也”（《礼记·仲尼燕居》）；程颢说“谓之恶者非本恶，但或过或不及便如此”（《河南程氏遗书》卷第二上）。志于仁者践行中庸之道，努力做到无过无不及，尽量避免恶的结果。

《礼记·仲尼燕居》：“礼也者，理也。”礼是理的外化。“克己复礼”强调的是仁者之理，“爱人”强调的是仁者之情，志于仁者能情理融通、通情达理，所以能无恶。

有注者读恶为wù，这样的话，这一句的意思是，如果志于仁，则不招人嫌恶；或者，如果志于仁，就不会嫌恶别人。

4.5 / **子曰："富与贵，是人之所欲也，不以其道得之，不处也。贫与贱，是人之所恶也，不以其道得之，不去也。君子去仁，恶乎成名。君子无终食之间违仁，造次必于是，颠沛必于是。"**

解读

得之：此指得以"处富贵"、得以"去贫贱"。

处（chǔ）：居处。"人之所恶"中的"恶"读wù。"恶乎成名"中的"恶"读wū。恶乎：在哪里。

去仁、违仁之"仁"都是用作动词，指"志于仁""用其力于仁"；去、违都是离开的意思。

"成名"指实现"君子"之名，不是说君子要出名。

终食：一顿饭的时间。

造次：仓促。

颠沛：困顿。

欲、恶都是人情。先秦儒家并不主张灭除人之情（欲），而是主张"以道制欲"（《礼记·乐记》）、"以礼节情"（《礼记·坊记》）。《礼记·表记》："道者，义也。"《礼记·丧服四制》："理者，义也。"所以，以道制欲、以礼节情就是要使情欲合乎义。这也就是"以其道"。如果不能以其道处富贵，则不处；如果不能以其道去贫贱，则不去。如果致富不合乎义，宁可不致富；如果脱贫不合乎义，宁可不脱贫。尺度只有一个，即“义之与比”（4.10）。

孔门教育以培养道德君子为宗旨，而君子的极致是仁人。虽然作为“全德”之仁的境界难以最终达到，但是，有志于成为君子的人，还是要尽其力去追求它，在追求仁的过程中不断提升自身的道德境界。这是君子之所以为君子的必要条件，如果离开了对仁的追求，那也就不能叫作君子了。所以，君子无论在什么情境中都必须坚持对仁的追求，须臾不可背离。

4.6 / **子曰：“我未见好仁者，恶不仁者。好仁者，无以尚之；恶不仁者，其为仁矣，不使不仁者加乎其身。有能一日用其力于仁矣乎？我未见力不足者。盖有之矣，我未之见也。”**

| 解读 |

恶：读wù。作为“全德”的仁是一个道德理想，是人生修养的极限。要实现这种道德理想需要付出很大的努力，即使如此，也难以完全实现，所以孔子说“仁之难成”（《礼记·表记》）。仰望这崇高的道德理想，有人会认为自己没有力量实现它，如孔子的弟子冉求就对孔子说“非不说（yuè）子之道，力不足也”（6.12）。所以，在世上能坚持以仁为道德追求的人寥若晨星，以至于孔子感叹其“未见”。但是，能不能到达极限是一回事，要不要坚持追求是另一回事。作为名词的“仁”固然难以完全实现，但是不能因此而放弃对仁的追求，只要能够“用其力于仁”，也就在追求的过程中实现了作为动词的仁。孔子说：“仁远乎哉？我欲仁，斯仁至矣。”（7.30）在这个意义上，没有力量不够的问题，所以孔子说：“有能一日用其力于仁矣乎？我未见力不足者。”一日是一旦的意思。

孔子认为对仁的追求可以有两种路径，一种是好仁，一种是恶不仁，这两种路径都指向仁的境界。好仁者从肯定方面入手，努力使自己的行为合乎各种道德规范，合取而成“全德”。这种路径从价值目标的确立来看是非常高的，所以孔子说“无以尚之”。但是，由于社会生活的复杂性，各种道德规范之间并不总是一致的，往往难以兼顾，要能常常在各种不可通约的道德规范之间权衡出最佳行为尺度，难度非常大。孔子说“中庸之为德也，其至矣乎！民鲜久矣”（6.29），即有这方面的感慨。恶不仁者从否定方面入手，其实现仁的原则是“不使不仁者加乎其身”。这种做法不是把各种不同的道德规范综合成一个尺度来衡量行为，而是析而取之，避免使一个一个的不仁的现象发生在自己身上。这样的为仁之方虽然比不上好仁者那样“无以尚之”，但却稍微多了点可操作性。《郭店楚墓竹简·性自命出》：“唯恶不仁为近义。”

4.7 / 子曰：“人之过也，各于其党。观过，斯知仁矣。”

｜解读｜

各：皆。党：偏私，不公。

儒家学说强调做人，这里讲的“过”也是指做人之过。就做人而言，人之过错往往由偏私所致。孔子对“仁”的强调和重视，正是要使人突破限隔，克服偏私，所以说通过“观过”就可以知道“仁”的意义所在。后世儒者讲“博爱之谓仁”（韩愈《原道》），讲“廓然而大公”（程颢《答横渠先生定性书》），可谓知“仁”。

许多人将“知仁”解释为“知人”，没有领会到孔子学说的精神。

私和公的关系问题也是儒家关注的一个核心问题，与情和理的关系问题同构。

4.8 / 子曰：“朝闻道，夕死可矣！”

| 解读 |

“道”是中国思想史中一个非常重要的范畴，各家各派都常使用，其中最有代表性的是道家之“道”。在道家学说中，“道”表示无所不备的“全”，如《庄子·天道》讲“夫道，于大不终，于小不遗，故万物备”；《庄子·天下》讲“道则无遗者矣”；《鹖冠子·环流》讲“无不备之谓道”等等。道家强调“道”的自然性，如《老子》中讲“道法自然”（第二十五章），《庄子》中讲道“自本自根”（《大宗师》）等等。（参见1.14）

在一些语境中，对儒家之“道”也可以理解为“全”。

《中庸》讲：“天命之谓性，率性之谓道，修道之谓教。”天所赋为命，物所受为性。天是一物所以生的先在条件，性是一物之所以为该物的规定性或称本性，率性即遵循其本性。这里，天命、率性都并非只就人言，万物之性都是天命，万物及其率性合而为

“道”。天所命万物之性千差万别，各种率性之间并不总是协调的，常常会扞格抵牾。按照道家学说，出现的扞格抵牾会通过“自然”而消解，如《老子》所讲“天之道犹张弓也：高者抑之，下者举之；有余者损之，不足者补之”（第七十七章）。在儒家，则强调人的“调”的作用，即通过“济其不及，以泄其过”（《左传·昭公二十年》），使万物之率性得以“中节”，使“道”得以“和”。修道就是对万物之率性的品节，只有经过“修”，万物之率性才能适度，也才能生成一个“和”的“道”。“生成”不是说在“道”外另有别的“道”——“道”无外，“生成”只是说在“道”的许许多多的可能性中使某种可能成为现实，即显现为实。“道”是“全”，“道”之“和”为“全和”，也可称之为“太和”。

形成“和”需要满足两个条件，一是多样性，二是适度性。就“道”之“和”而言，其多样性来自“天命”（对万物讲有天命，对“道”不能讲天命）；其适度性，在儒家看来，则要靠人为，这就是“赞天地之化育”（《中庸》），是“天生人成”（《吕氏春秋·本生》“始生之者天也，养成之者人也”）。没有经过“修”的“率性”之“道”不能充分体现人的价值，而人的“修道”能使“道”更优化。

《中庸》又讲：“道也者，不可须臾离也，可离非道也。”“离”是分散、离散的意思。“道”是诸多“率性”纠缠的总体，不可析分。被析分开的“率性”就不是“道”了。所以，“修道”不是把“全”析分成诸多“偏”，而是仍然保持着“全”，只不过诸多“率性”能够“中节”而已。

由是，可以分析儒、道两家之“道”的同异。两家之同在于都讲那个“全”，两家之异在于天、人之别。荀子批评庄子“蔽于天而不知人”（《荀子·解蔽》），其批评是否合理，可以另做分析，但点出天、人这两点还是抓住了道、儒之别的关键。所以《老子》讲“同于道”（第二十三章），孔子讲“志于道”（7.6）；《老子》讲“道法自然”（第二十五章），孔子讲“人能弘道”（15.29）。孔子所讲的“道”不是和人为无关的“自然”之“道”，而是在人的“修道”活动中生成的“太和”之“道”。

如果说“全德”之“仁”是修身的极限，那么“太和”之“道”则是治世的极限，即“止于至善”。作为极限的“至善”几乎是不可能实现的，所以孔子感叹地说“朝闻道，夕死可矣”！但是，正如修身之于“仁”一样，治世之于“道”也是要把能否实现和是否追求区分开。所以，孔子一方面感叹闻“道”之不易，另一方面又讲要“志于道，据于德”（7.6），即在每一个具体的方面致力于“道”的实现。虽然明知“道”之不可能，也还是要在“德”的层面“知其不可而为之”（14.38）。

有人把“朝闻道”之“道”解释为外在于人的活动的真理，这不符合儒家以至中国传统文化的精神。中国传统文化中的“真理”不是外在于人的活动的，而是在人的活动中生成的，是“即物而真”（胡宏《知言·往来》）。中国传统文化重视人在与境遇的映照中使事物得其宜，即“因……制宜”。“宜”则“是”，“制宜”也就是“求是”。如，董仲舒讲“得其处则皆是也，失其处则皆非也”（《春秋繁露·精华》）；《淮南子·氾论训》讲“是非有处，得其处则无非，失其处则无是”；胡宏讲“中节者为是，不中节者为非”（朱熹《胡子知言疑义》引）等等。如果把孔子这句话中的“道”理解成是外在于人的活动的真理，那么困难就在“闻”而不在“道”了，而孔子所言是指闻“道”之不易，而不是“闻道”之不易，所以才说“志于道”，而不是志于“闻道”。

4.9 / 子曰："士志于道，而耻恶衣恶食者，未足与议也！"

| 解读 |

《论语》中讲“志于”共四次，分别是“志于学”（2.4）、“志于仁”（4.4）、“志于道”（4.9、7.6）。子夏讲“君子学以致其道”（19.7）。在孔子以及儒家，“志于学”也就是“志于道”。作为“全德”之“仁”是修身的极限，作为“太和”之“道”是治世的极限，由此可见孔门之志。

孔门之志在仁在道，故其评价荣辱也以此为标准。在志于道者看来，是荣是耻取决于是否合乎道义，而不是财富之多寡、衣食之美恶。《大戴礼记·曾子制言》：“夫有耻之士，富而不以道则耻之，贫而不以道则耻之。”孔子说：“邦有道，贫且贱焉，耻也；邦无道，富且贵焉，耻也。”（8.13）邦有道而贫贱，其贫贱不合道义，故耻之；邦无道而富贵，其富贵不合道义，故耻之。合乎道义，则无论是美衣美食还是恶衣恶食，皆不为耻；不合乎道义，则无论是恶衣恶食还是美衣美食，皆耻之。在这一章中，孔子之所以只提到“耻恶衣恶食者”，是因为世人常以美衣美食为荣、以恶衣恶食为耻，而少有以恶衣恶食为荣、以美衣美食为耻者。如果一个人把衣食之美恶作为评价荣辱的标准，那他就不是一个真正的志于道者，故“未足与议也”，即不值得与他论议了。

“耻恶衣恶食”有对自己和对他人两方面。志于道者，即不耻自己之恶衣恶食，亦不耻他人之恶衣恶食。孔子说：“衣敝缊袍，与衣狐貉者立，而不耻者，其由也与！”（9.27）赞子路不耻自己之恶衣恶食。《史记·仲尼弟子列传》载：“孔子卒，原宪遂亡在草泽中。子贡相卫，而结驷连骑，排藜藿入穷阎，过谢原宪。宪摄敝衣冠见子贡。子贡耻之，曰：‘夫子岂病乎？’原宪曰：‘吾闻之，无财者谓之贫，学道而不能行者谓之病。若宪，贫也，非病也。’子贡惭，不怿而去，终身耻其言之过也。”讥子贡耻原宪之恶衣恶食。而子贡“终身耻其言之过”，亦可谓知耻近勇，知过而改。

4.10 / 子曰：“君子之于天下也，无适也，无莫也，义之与比。”

解读

适：可以理解为非如此不可的意思。《古今韵会举要·锡韵》：“意所必从曰适。”莫：不可。又，适读为dí，同“敌”，抵斥。郑玄本作“敌”，《定州汉墓竹简论语》作“谪”。莫读为mù，同“慕”，向慕。“无适”“无莫”，即既没有非如此不可，也没有绝对不行；或者，既没有什么抵斥，也没有什么向慕。孔子说他“无可无不可”（18.8），即无适无莫。

义：恰当、适度。比：比照、比量。“义之与比”即以义为准。

在此，义是至关重要的。《中庸》：“君子中庸，小人反中庸。君子之中庸也，君子而时中；小人之中庸也，小人而无忌惮也。”无适无莫且义之与比是时中；没有义之与比的无适无莫是无忌惮，貌似中庸而实则反中庸。所以，对小人不能讲无适无莫。王通说“非君子不可与语变”（《中说·述史》），子思说“圣人不以权教”（《孔丛子·杂训》）。

4.11 / 子曰：“君子怀德，小人怀土；君子怀刑，小人怀惠。”

| 解读 |

怀：怀中所抱。引申为关注、重视。

刑：害处。

惠：好处。

君子重视德行，小人重视田土；君子关注避免害处，小人关注得到好处。《荀子·修身》：“君子之求利也略，其远害也早。”朱熹：“大抵君子便思量苦底，小人便思量甜底。”（《朱子语类》卷第二十六）

4.12 / 子曰：“放于利而行，多怨。”

| 解读 |

放（fǎng）：依据。“放于利而行”，指凡事都依据是否对自己有利而行，而不管是否正当。

多怨：既有人对己之多怨，也有己对人之多怨，还有己对己之多怨，人对人之多怨。人各有其正当利益，追求正当利益是义。追求不正当利益必然损害他人之正当利益，故取怨于他人；损害他人正当利益必遭他人反抗，使逐利的目的受阻，因此而生对他人的仇怨；人之生，身之能力有限而心之贪利无穷，以有限之身逐无穷之利则长恨自身力不足；如果人人皆如此，则怨怨相缠，了无止息。

司马迁说："余读《孟子》书，至梁惠王问'何以利吾国'，未尝不废书而叹也。曰：嗟乎，利诚乱之始也！夫子罕言利者，常防其原也。故曰'放于利而行，多怨'。自天子至于庶人，好利之弊何以异哉！"（《史记·孟子荀卿列传》）

4.13 / 子曰："能以礼让为国乎，何有？不能以礼让为国，如礼何！"

| 解读 |

礼让：守礼谦让。为：治。

何有：有什么，意思是不难。

如礼何：要礼干什么。

《荀子·礼论》讲："礼起于何也？曰：人生而有欲，欲而不得，则不能无求；求而无度量分界，则不能不争；争则乱，乱则穷。先王恶其乱也，故制礼义以分之，以养人之欲，给人之求，使欲必不穷乎物，物必不屈于欲，两者相持而长，是礼之所起也。"没有度量分界的欲求会导致争夺，争夺导致群体局面混乱，最后使得混乱局面无法收拾，所以要通过礼来规范人的欲求，消解争夺及其所带来的不良后果。

与争相对的是让，所以孔子说要"以礼让为国"。《礼记·祭义》："致让，以去争也。"《礼记·乡饮酒义》："先礼而后财，则民作敬让而不争矣。"让是"礼之主"（《左传·襄公十三年》），是"礼之实"（朱熹《论语集注》），不能以礼让治国，礼也就失去了它的作用和存在的意义。

《荀子·礼论》讲："礼者，断长续短，损有余，益不足。"

就群体的自然状态来说，总是争有余而让不足，所以也就总是需要损争补让。由于争根于本能，而让生于修养，所以即使倡导损争补让，也不会在群体中出现让有余而争不足的局面，所以不必担心群体的争不足和让有余。

就个体而言，在群体争有余而让不足的境况中践履让之德，虽然不可能改变群体争有余而让不足的局面，但总能或多或少地起到纠偏救弊的作用，因此对“志于道”者来说，践履让之德是个体修养的重要内容，让是“德之基”（《左传·文公元年》）。

4.14 / 子曰：“不患无位，患所以立；不患莫己知，求为可知也。”

┃解读┃

位：地位。在这里指高的地位。立：通位，所以立即所以位。

莫己知：没有人知道自己，没有声望。求：择求。

不担心没有高位，而担心怎样获得高位。孔子说“富与贵，是人之所欲也，不以其道得之，不处也”（4.5）。获得高位要合乎道义，“不义而富且贵，于我如浮云”（7.16）。

不担心没有声望，而要选择怎样获得声望。孔子对“闻”和“达”做了区别（参见12.20），获得声望要达而不要闻。

不合道义之位谓之窃位，不合道义之誉谓之盗名，岂能不担忧?

4.15 / 子曰：“参乎！吾道一以贯之。”曾子曰：“唯。”

子出。
门人问曰：“何谓也？”
曾子曰：“夫子之道，忠恕而已矣。”

丨解读丨

参：曾参。古人以尊临卑，称呼名。

唯（wěi）：应答声。

道：学说、主张。贯：从毌从贝。《说文解字》：“毌，穿物持之也。”贯是钱贝之毌，指穿钱贝的绳索，也指用绳子穿起来。孔子说“吾道一以贯之”，意思是他的学说可以用一条主线穿起来。孔子对子贡也说过他的学问并不只是由多学多记所得的一堆零散知识，而是一以贯之的整体（参见15.3）。朱熹说：“尝譬之，一便如一条索，那贯底物事便如许多散钱，须是积得这许多散钱了，却将那一条索来一串穿，这便是一贯。”（《朱子语类》卷第二十七）刘节说在孔子以前还没有发现注意到“一以贯之”的思想家（参见《孔子的“唯仁论”》，《近四十年来孔子研究论文选编》，齐鲁书社，1987年，第173页），这需要进一步考证，但至少可以说孔子是较早注意到“一以贯之”的思想家。黑格尔说“孔子和他的弟子们的谈话里面所讲的是一种常识道德”（《哲学史讲演录》第一卷，商务印书馆，1959年，第119页），没有注意到孔子学说中“一以贯之”的意义。

这条一以贯之的主线是什么？孔子没有说，曾子将其归结于“忠恕”。忠在这里是“考中度衷”（《国语·周语上》）的意思，即省察自己内心以推知他人内心，真心实意地替别人着想，如“己欲立而立人，己欲达而达人”（6.30），就是由“己欲”推知他人之欲。恕是“以己量人”（《新书·道术》）、“以身为度”（《尸子·卷上》），如“己所不欲，勿施于人”（12.2、15.24），就是以“己所不欲”为尺度来衡量如何对待他人。朱熹说：“主于内为忠，见于外为恕。”（《朱子语类》卷第二十七）

忠恕是孔子以及儒家学说的重要内容，历代儒家思想家都非常重视。如：《大学》讲“所恶于上，毋以使下；所恶于下，毋以事上；所恶于前，毋以先后；所恶于后，毋以从前；所恶于右，毋以交于左；所恶于左，毋以交于右。此之谓絜矩之道”。《中庸》讲“忠恕违道不远，施诸己而不愿，亦勿施于人”。孟子讲“强恕而行，求仁莫近焉”（《孟子·尽心上》）。荀子讲“君子有三恕：有君不能事，有臣而求其使，非恕也；有亲不能报，有子而求其孝，非恕也；有兄不能敬，有弟而求其听令，非恕也。士明于此三恕，则可以端身矣”（《荀子·法行》）。可以看出忠恕在儒家学说中的重要性。

孔子学说涉及范围广泛，内容丰富，忠恕固然重要，但是如果要以此为一以贯之的主线把孔子学说的内容贯穿起来，恐怕难以做到。事实上，孔子学说中的任何一个具体内容都难以胜任“主线”的功能。孔子学说一以贯之的主线不应该是某一具体内容，诸如仁、礼、忠恕、中庸等等，而是诸多内容所围绕的中心问题，只有找出这个中心问题，才能把握这条主线，否则很难将孔子学说一以贯之。苏东坡以为“一以贯之难言”（参见《论语集释》，中华书局，1990年，第266页），原因即在于此。

孔子学说的中心问题是情和理的关系问题，如果转换成孔子的术语，可以等价地说是欲和矩的关系问题。仁、礼、忠恕、中庸等等都是围绕这个中心问题讲述的。张甄陶《四书翼注论文》：“一以贯之非他，从心所欲不逾矩也。”（见《论语集释》）虽然“从心所欲不逾矩”这一命题不是“欲——矩”问题的全部，但张甄陶之说毕竟触到了这条主线。

尽管忠恕并非贯穿孔子学说的主线，但是如果以其作为待人处世的一个通则，也可以说是“一贯”。子贡曾问孔子有没有一个可以终身按着去做的字，孔子回答说“恕”（15.24）。儒家重视实现仁的境界，行忠恕是重要的方法和途径。对曾子之说要在这个意义上理解。

4.16 / 子曰："君子喻于义，小人喻于利。"

解读

喻：《定州汉墓竹简论语》作“踰”。

根据对“喻”的不同解释，这段话的意思也有所区别。以往人们多训喻为晓，这样的话，此章的意思是：君子可以晓之以义，小人只能晓之以利。

喻又通“愉”，这样的话，此章的意思是：君子可以通过义得到欢愉，小人只能通过利得到欢愉。

如果作“踰”，踰有“越而进”的意思，这段话的意思就是：君子依据义而进，小人依据利而进，即“放于利而行”（4.12）。

不论怎样理解，都是强调君子与小人的对立。

义即宜，宜则正，所以说正义。凡适当、合适之事皆为义，包括适当的利，也就是说在义中包含着人们常讲的正当利益。当“利”与“义”作为一对范畴相对而言时，“利”包含有不适当或不合宜的意思。所以，董仲舒说“正其谊（义）不谋其利”（《汉书·董仲舒传》），只要正其“义”，其中自有正当之“利”，无须另“谋”。君子小人之别不在于利之有无，而在于是否“中节”，即是否能把握适当的“度”。

4.17 / 子曰：“见贤思齐焉，见不贤而内自省也。”

| 解读 |

朱熹：“思齐者，冀己亦有是善；内自省者，恐己亦有是恶。”（《论语集注》）《荀子·修身》：“见善，修然必以自存也；见不善，愀然必以自省也。”但是，要存善去恶先要知善知恶。程颐说“贤者惟知义而已”（《近思录》卷七），程颢说“谓之恶者非本恶，但或过或不及便如此”（《河南程氏遗书》卷第二上），所以，“思齐”只是齐义（宜），“内自省”只是省过或不及。

4.18 / 子曰：“事父母几谏，见志不从，又敬不违，劳而不怨。”

| 解读 |

几（jī）：微。“几谏”即微谏，婉言规劝。

志：指父母之志。

又：更。《定州汉墓竹简论语》作“有”。违：违逆。

劳：有忧愁的意思，也有疲倦的意思。

这一章讲的问题又是儒家的一个难题。前面讲到过“三年无改于父之道”（1.11），是说子（女）如何处理与过世父（母）之志的关系，这一章则是说子女如何处理与在世父母之志的关系。

儒家重视尊卑之序，位卑者要服从位尊者，又强调“择其善者而从”（7.22），“义之与比”（4.10），“惟义所在”（《孟子·离娄下》）。如果两者一致，那好处理，既从尊又从善即可。如果两者不一致，那就不好处理了。尊、卑和善、不善的组合有四种：尊而善，尊而不善，卑而善，卑而不善。这四种情况又可以形成四种尊卑之序：（一）尊而善对卑而善（为了便于分析，我们假定在对同一件事的价值判断上善是没有矛盾的）。这种情况表明尊与卑价值判断一致，不存在从善的问题。（二）尊而善对卑而不善。在这种情况下，卑从尊和不善从善一致。（三）尊而不善对卑而不善。在这种情况下，虽然尊卑彼此的不善之间也可能不一致，但不存在从善的问题，只需卑从尊即可。以上三种情况都不难处理。难处理的是——（四）尊而不善对卑而善。这时从尊与从善矛盾。在这种情况下，儒家一般主张卑的一方要对尊的一方婉言规劝。

尊卑之序最主要的是君臣关系和父（母）子（女）关系。《白虎通义》说，“臣谏君以义”，“子谏父以恩”（《谏诤》）。恩是爱的意思，子对父之谏要以爱为重，以情为主。《礼记·曲礼下》：“为人臣之礼，不显谏，三谏而不听，则逃之。子之事亲也，三谏而不听，则号泣而随之。”对君臣关系来说，如果臣对君经过多次婉言规劝而君依然不从善，那么臣可以离去；而对父子关系来说，即使子对父经过多次婉言规劝而父依然不从善，子也不能放弃，既要“谏而不逆”（《礼记·祭义》），又要“微谏不倦”（《礼记·坊记》）。子女对父母要更孝敬，对其不善忧心忡忡，却不能有埋怨。《大戴礼记·曾子事父母》：“父母之行，若中道则从，若不中道则谏。谏而不用，行之如由己。从而不谏，非孝也；谏而不从，亦非孝也。”中道即善，不中道即不善。子女对父母之不善，不能从而不谏，如果不能使父母改变其不善，那就如同自己不善一样；但是，如果父母决意不做改变，那也不能谏而不从，子女只好“号泣而随之”，从尊而不从善。这样，一方面将子女置于既反对不善又服从不善的困境；另一方面，更重要的是将会使父母陷于不义，使从祖先开始的大生命受损。父母陷于不义而不救挽是不孝，这又使子女陷入既孝又不孝的矛盾中。

之所以如此，是由于把孝看成“合取”式的，即把孝看成一系列必要条件的统一体，如对父母既要有真诚的敬爱，又要顺从父母之志，又要力避父母不义，又要……要避免这种矛盾困境，需要把“合取”式的孝转变为“析取”式的孝。

其实，孝的前提只是对父母（祖先）的发自内心的敬爱之情，只有这种情是孝的必要条件，其他如顺从父母之志、力避父母不义等等都不是必要条件。这样就形成一个孝的“族群”，其中有各种各样的孝，各种各样的孝之间可以是一致的，如上述（二），也会出现不一致，如上述（四）。出于对父母的真诚敬爱的顺从（无论从善还是从不善）是孝，出于对父母的真诚敬爱的不从不善也是孝。《荀子·子道》：“孝子所以不从命有三：从命则亲危，不从命则亲安，孝子不从命乃衷（善）；从命则亲辱，不从命则亲荣，孝子不从命乃义；从命则禽兽，不从命则修饰，孝子不从命乃敬。故可以从而不从，是不子也；未可以从而从，是不衷也。明于从不从之义，而能致恭敬、忠信、端悫以慎行之，则可谓大孝矣。《传》曰：‘从道不从君，从义不从父。’此之谓也。”荀子所讲的就是不从不善的孝。《孝经》讲：“父有争子，则身不陷于不义。故当不义，则子不可以不争于父……当不义则争之，从父之令，又焉得为孝乎！”

司马光说："若以父母之命为非，而直行己志，虽所执皆是，犹为不顺之子。"（《居家杂议》）按"合取"式的孝的标准，不顺即不孝；按"析取"式的孝的标准，顺固然是孝，不顺未必不孝。不顺父母之非，直行所执之是也是孝。当然，无论是谏而不逆还是争而不从，都要尽量避免触怒父母、伤害亲情。朱熹说，子女规劝父母，"若见父母之不从，恐触其怒，遂止而不谏者，非也；欲必谏，遂至触其怒，亦非也"（《朱子语类》卷二十七）。这就需要在各种不可通约的孝之间做权衡，并非事无巨细都要论个是非曲直，"大德不逾闲，小德出入可也"（19.11）。

孝是情的表现，并不必然正义，合情未必合理。《荀子·大略》："推恩而不理，不成仁。"只有在孝的基础上推己及人、克己复礼，才能做到合情合理，实现仁的境界。否则，孝也可能成为助恶的动力。孝不必就是善，当在社会中倡导孝时，一定要理性分析，不能盲目。

4.19 / 子曰："父母在，不远游。游必有方。"

解读

方：常居之所。

就父母之情而言，常言道"儿行千里母担忧"。古代通讯、交通都不便捷，为了减少父母担忧，儿女所以尽量不远游。如果有事非得出游，必告以常居之所，不随意变更。《礼记·玉藻》："亲老，出不易方，复不过时。"

就儿女之情而言，《韩诗外传》载臬鱼之言："往而不可追者，年也；去而不可得见者，亲也。"孔子以此诫其弟子，"于是门人辞归而养亲者十有三人”。

孝是儿女在与父母的相处过程中生养出来的情，不是通过说教教出来的。今天的社会存在体正逐渐失去“不远游”的条件，这需要人们探索在现有条件下养出孝的途径，而不是泥于古板的说教。

4.20 / 子曰：“三年无改于父之道，可谓孝矣。”

| 解读 |

与1.11部分重复。

4.21 / 子曰：“父母之年，不可不知也。一则以喜，一则以惧。”

| 解读 |

年：年纪。
知：记忆。
惧：忧虑。

古人计时不像后人那样方便和精细，尤其是非贵族人家，常需要自己根据某些现象如时令、节气等等来推记。所以“父母之年，不可不知”也就不只是简单地记住父母的年纪多大，而是心中常挂念着父母年纪这档事。随着父母年纪的增长，喜父母之长寿，惧父母之体衰（在佛教教义中，老也是一苦），所以“一则以喜，一则以惧”。

4.22 / 子曰："古者言之不出，耻躬之不逮也。"

解读

言之不出实谓言不妄出。

躬：自身，在此指自身的行动。逮（dài）：及，达到。"不逮"指达不到。

孔子说"巧言令色，鲜矣仁"（1.3）。"真"是仁的基础，巧言令色之所以难以成仁，就是因为其失去了"真"。所以孔门非常重视养护人之真，强调要表里一致、言行一致。言行一致的难点在于行，所以孔子反复地讲要"先行"（2.13），要"讷于言"（4.24），要"其言也讱"（12.3），要"言顾行，行顾言"（《中庸》），这样才能言行一致。孔子认为需要通过树立羞耻感来促进人们言行一致，所以他说要"耻躬之不逮"，要"耻其言而过其行"（14.27）。朱熹说"此章要紧在耻字上"（《朱子语类》卷第二十七）。

孔子是"复古式"的救世主义者，其所说的"古"都是针对"今"的随时补救。

4.23 / 子曰："以约失之者鲜矣。"

解读

约：约束、检束。鲜：少。

孔门以仁为人生修养的最高目标。仁是情和理的融通，即合情合理、通情达理。在情和理这两方面，情偏向发散、放纵，理的作用即在于对情的检点、约束。礼是理的外在形式，是用以“制中”（《礼记·仲尼燕居》）的，所以孔子反复讲要“约之以礼”（6.27、12.15），要“克己复礼”（12.1），这样才能使情的发抒适度、中节，才能避免过失，做到“从心所欲不逾矩”。王阳明说“精神、道德、言动，大率以收敛为主”（《传习录·上》）。收敛即约。

4.24 / 子曰：“君子欲讷于言而敏于行。”

| 解读 |

讷（nè）：出言迟钝，忍而少言。敏：勤勉，敏捷。

《论语集注》引谢氏曰：“放言易，故欲讷；力行难，故欲敏。”由于言行一致的难点在行，所以孔子强调要“敏于事而慎于言”（1.14），行动要勤快，言语要迟钝，这样才能“近仁”（13.27）。行重于言是孔子的一贯主张。

4.25 / 子曰：“德不孤，必有邻。”

| 解读 |

德：在这里用作动词，指提升德行。

世人多怕孤独，在“知德者鲜矣”（15.4）的环境中修德、崇德会倍感孤独。孔子激励人提升自己的道德境界，所以说只要努力修德、崇德，就会有志同道合者相应，也就不会孤独了。在这里的“邻”不必拘泥于时空的亲近或靠近，而可以理解为志向的呼应。志向呼应则千年存知己，万里若比邻。

陈子昂之《登幽州台歌》：“前不见古人，后不见来者，念天地之悠悠，独怆然而涕下。”极尽孤独之状。相对于陈子昂，张载提出：“为天地立志，为生民立道，为去圣继绝学，为万世开太平。”（《张载集》，中华书局，1978年。）有这样的境界，还会感到孤独吗？

4.26 / 子游曰：“事君数，斯辱矣；朋友数，斯疏矣。”

| 解读 |

数（shuò）：亲密，烦数。

在君臣、父子、夫妇、兄弟、朋友这五伦中，父子、兄弟关系是自然的，君臣、朋友关系是人为的，夫妇关系兼有二者。自然的血缘关系需要强化恩情，所以不厌亲密；人为的君臣、朋友关系重在讲求道义，所以不能烦数。就君臣关系讲，“以道事君，不可则止”（11.24）；就朋友关系讲，“忠告而善道之，不可则止”（12.23）。这样才能避免辱和疏。

公 冶 长 第 五

5.1 / 子谓公冶长："可妻也。虽在缧绁之中，非其罪也。"

以其子妻之。

| 解读 |

谓：评论。公冶长：孔子弟子，姓公冶，字子长。

妻：读 qì，在这里用作动词。

缧绁（léi xiè）：用以捆绑犯人的绳索，引申为牢狱。

子：古代兼指儿女，这里指女儿。

公冶长虽有牢狱之事，但孔子认为并不是他的罪过，仍然把自己的女儿嫁给他。《孔子家语》："（公冶长）为人能忍耻，孔子以女妻之。"朱熹："有罪无罪在我而已，岂以自外至者为荣辱哉？"（《论语集注》）

5.2 / 子谓南容："邦有道，不废；邦无道，免于刑戮。"

以其兄之子妻之。

| 解读 |

谓：评论。南容：孔子弟子，姓南宫，名适（kuò），字子容。

废：黜免。

刑戮：受刑罚或被处死。

孔子兄叫孟皮。妻：读qì。

儒家之“道”可以解释为系统整体的协调与平衡。邦有道指国家是一个和谐社会，邦无道则相反。由于现实中的社会不可能实现完全的和谐，所以，为人处世的基线是远害，故“君子怀刑”（4.11）。

5.3 / 子谓子贱：“君子哉若人！鲁无君子者，斯焉取斯？”

| 解读 |

谓：评论。子贱：孔子弟子，姓宓（旧读fú，今读mì）名不齐，字子贱。

若：这个。

斯：前一个斯指子贱其人，后一个斯指子贱之德。

子贱是鲁国人，孔子对他评价甚高，并认为他的君子之德和鲁国的环境有关，说如果鲁国没有君子之类的人，那子贱的君子之德是从哪里学来的？既重视个体的努力，也重视环境对人的影响。

5.4 / 子贡问曰：“赐也何如？”

子曰：“女器也。”

曰："何器也？"

曰："瑚琏也。"

| 解读 |

瑚琏：一种贵重的食器。

孔子主张"君子不器"（2.12），即君子不被某种模式化的"器"所限定，而是要"学以致其道"（19.7），即根据"致其道"的境遇来调整自己的行为。如孟子说大禹、后稷和颜回"易地则皆然"（《孟子·离娄下》），就是说大禹他们能根据具体处境实现其"使用价值"。子贡善辞令，属孔门四科中言语一科，但孔子认为他还有泥于"器"的不足，所以戏云其为"瑚琏"。当然，其中也流露出孔子对子贡的欣赏。

5.5 / 或曰："雍也仁而不佞。"

子曰："焉用佞？御人以口给，屡憎于人。不知其仁。焉用佞？"

| 解读 |

雍：孔子弟子冉雍，字仲弓。在孔门四科中属德行科。

佞：善辩，口才好。

御人：与人口头应对交锋。口给（jǐ）：口才敏捷，能言善辩。

屡憎于人：常常被人讨厌。

实现仁主要是行的问题，不是言的问题，所以孔子主张"讷"（4.24）、"讱"（12.3），而厌恶"佞"（11.25）。在当时有人以善辩为贤，说冉雍有仁德没口才，孔子却说，能言善辩常常取憎于人。他说虽然不知道冉雍的仁的修养怎样，但是可以断定的是，实现仁并不需要好口才。

在《论语》中，孔子常用“不知”表示否定或不满。

5.6 / 子使漆彫开仕。

对曰：“吾斯之未能信。”

子说。

| 解读 |

漆彫开：孔子弟子，姓漆彫，名开，字子开。《韩非子·显学》中说，自孔子死后儒家分为八派，漆彫氏之儒是其中之一。《孔子家语》中说他“不乐仕”，这也许是漆彫氏之儒的特点之一。

《左传·文公元年》“信，德之固也”，《大戴礼记·卫将军文子》“信，德之厚也”，《孟子·尽心下》“有诸已之谓信”，由此，“未能信”的意思是说自己的德行修养还没有笃厚牢固、没有内化于己，还需要进一步修行。孔子本来有“是亦为政”（2.21）的感慨，所以对漆彫开的选择表示认同和欣赏。

说：同“悦”。

5.7 / 子曰：“道不行，乘桴浮于海。从我者，其由与？”

子路闻之喜。

子曰："由也好勇、过我，无所取材。"

| 解读 |

桴（fú）：小木筏。

过我：过于自以为是。"过我"之"我"即"毋我"（9.4）之"我"，即自以为是。

材：通"裁"。"取材"即裁度取用。

孔子毕生志于仁、志于道。就志于仁而言，经过几十年的修养，孔子达到"从心所欲不逾矩"的境界，可谓仁矣。就志于道而言，现实使孔子很失望。所以，孔子在"知其不可而为之"（14.38）的努力中，也时有无奈和悲观的感叹，如"乘桴浮于海""归于""归于"（5.22）、"欲居九夷"（9.14）等等。这种矛盾的心态成为儒家之士的传统。

在"天下熙熙，皆为利来；天下攘攘，皆为利往"（《史记·货殖列传》）的环境中，要"乘桴浮于海"绝非轻易之事，需要有坚强的意志和足够的勇气。在孔子的弟子中，子路以勇著闻，所以孔子以"从我者，其由与"来表达这个意思。子路未能领会孔子的深意，误以为受到老师的表扬而沾沾自喜。

孔子虽然重视勇，将勇视为"三达德"之一（《中庸》），但他又强调勇要适度，认为"勇而无礼则乱"（8.2），表明"恶勇而无礼者"（17.24）。当他看到子路以勇沾沾自喜时，便对子路进行"敲打"，说子路好勇，但过于自以为是，不能很好地裁取使勇适度。

5.8 / 孟武伯问："子路仁乎？"

子曰："不知也。"

又问。

子曰：“由也，千乘之国，可使治其赋也，不知其仁也。”

“求也何如？”

子曰：“求也，千室之邑，百乘之家，可使为之宰也，不知其仁也。”

“赤也何如？”

子曰：“赤也，束带立于朝，可使与宾客言也，不知其仁也。”

解读

孟武伯：见2.6。

千乘之国：见1.5。

赋：指兵赋，即以军事需要征发的赋役。子路的特长和才能是执掌军政。

邑：人所居之处。千室之邑是比较大的都城。

家：卿大夫的采地食邑。

宰：这里指都城的主管或卿大夫的管家。冉求的特长和才能是从事管理。

赤：孔子弟子，姓公西，名赤，字子华。

束带：整饰衣服。公西赤的特长和才能是接待宾客。

作为理想境界的“仁”是一种“全德”，难以完全实现，所以孔子不轻易许人以“仁”。当孟武伯向孔子询问子路、冉求、公西赤是否达到仁的境界时，孔子讲了三个弟子的特长和才能，说明他们都是很有才华的人，而以不知道他们的仁的修养怎样来表明“仁之难成”（《礼记·表记》）。

5.9 / 子谓子贡曰：“女与回也孰愈？”

对曰：“赐也何敢望回？回也闻一以知十，赐也闻一以知二。”

子曰：“弗如也，吾与女弗如也。”

| 解读 |

愈：贤，胜出。

望：比量，比视。

这一章由于对“吾与女弗如”中“与”的理解不同而有不同的解释。

一种解释以“与”为赞许、认可，这样，“吾与女弗如”便是孔子对子贡所言的认同，即子贡比不上颜回。另一种解释以“与”为连词，这样，这句话就不仅针对子贡，而且孔子认为他自己也比不上颜回。《论语集注》主前说，《论语集解》主后说。《论衡·问孔篇》引述《论语》为“吾与汝俱不如也”，如是，后说既赞赏了颜回，又表扬了子贡，同时也表现出孔子的谦虚。

5.10 / 宰予昼寝。

子曰：“朽木不可雕也，粪土之墙不可杇也。于予与何诛？”

子曰：“始吾于人也，听其言而信其

行；今吾于人也，听其言而观其行。于予与改是。”

|解读|

昼寝：白天睡觉。古人的作息时间是日出而作、日入而息，如果没有疾病，在白天睡觉被认为是懒惰或不求上进。

粪土之墙：不是说用秽土筑的墙，而是指墙面上生了秽土。旧时用土筑墙，时间长了，表面的土便会虚粉脱落，虚粉脱落之土可以粪田，所以叫粪土。收集这些土叫扫粪，直到二十世纪七十年代，在北方一些农村还有这样的农活。杇（wū）：泥瓦工人用的抹子，在这里用作动词，指涂抹墙皮。墙面虚粉则不能抹泥上灰，所以说“粪土之墙不可杇也”。

“于予与何诛”之“与”在这里是表示句中停歇的语气词。“于予与改是”同。诛：谴责，责备。

宰予是孔子弟子中比较有灵性的一个，在孔门四科中属言语科。以宰予的聪明才华，如果加之以勤勉，其成就会更大。但是宰予却比较懒散，居然在大白天睡觉，因此受到孔子的严厉责备，说他是朽木粪墙，最后以至于都不想责备了，可见其严厉程度。儒家乃至中国文化重视勤勉大于重视灵性，尤其是人生修养，讲究重在“功夫”。

宰予更严重的过失是，他似乎向孔子做过检讨，不再白天睡觉，但后来却重犯旧错。看到宰予言行不一，孔子说他不再像以往那样“听其言而信其行”了，而是要“听其言而观其行”，是宰予使他改变了态度。这可以说是对宰予的更大的失望。当然，即使如此，宰予也还是很出色的，孔子如此责备他，也是在因材施教。

5.11 / 子曰："吾未见刚者。"

或对曰："申枨。"

子曰："枨也欲，焉得刚？"

| 解读 |

刚：有刚直的意思，也有倔强的意思，二者是有区别的。

申枨（chéng）：孔子弟子，《史记·仲尼弟子列传》中为申党，字周。

孔子说"吾未见刚者"指的是刚直的人，而"对曰"的人则把"刚"理解为"倔强"，并举出申枨来说明有"刚"者。刚直和贪欲是对立的，《论语义疏》："刚，谓性无欲者也。"《论语集注》引程子曰："人有欲则无刚，刚则不屈于欲。"而倔强则并不必然排斥贪欲，倔强的人也可能因为贪欲而不刚直。所以，当有人讲申枨是"刚"者时，孔子说申枨有贪欲，怎么能做到刚直呢？

5.12 / 子贡曰："我不欲人之加诸我也；吾亦欲无加诸人。"

子曰："赐也，非尔所及也。"

| 解读 |

加：强加。

子贡曾问孔子有没有一个可以让人一辈子按照它去做的字，孔子回答说，恕！即"己所不欲，勿施于人"（15.24）。

对于孔子的回答，子贡似乎并不满足。

“己所不欲，勿施于人”没有涉及“己所欲”该怎样，是“施于人”还是“勿施于人”？如果“己所欲”也“勿施于人”，那就不必强调“己所不欲”，直接讲“勿施于人”就行了；如果“己所欲”而“施于人”，那怎么能保证“己所欲”也是“人所欲”呢？如果“己所欲”正是“人所不欲”，那么将“己所欲而施于人”，就成了“人所不欲，而施于人”了。

对此，子贡态度非常直截，即“无加诸人”：不管是己所不欲，还是己所欲，都不加诸人，无加诸人是无条件的。子贡的这种态度才是彻底的恕。

子贡还讲到“不欲人之加诸我”，即不愿意别人强加于我。子贡的这种态度表现出人格的独立，有“匹夫不可夺志”（9.26）的气魄。

对子贡的态度，孔子是认可的，只是说这并非子贡所能做到。因为，一方面“人之加诸我”并非我所能制止，《论语集解》引孔安国曰：“言不能止人使不加非义于己也。”另一方面，无条件的“无加诸人”比“己所不欲，勿施于人”更难。

在以往的解释中，有人将子贡的这句话看作条件句，把它等同于“己所不欲，勿施于人”。如朱熹说：“子贡言我所不欲人加于我之事，我亦不欲以此加之于人。”（《论语集注》）而子贡这句话应该看作并列句，即讲两个并列的事，一个是我不欲，一个是我欲。

5.13 / **子贡曰：“夫子之文章，可得而闻也；夫子之言性与天道，不可得而闻也。”**

| 解读 |

文章：诗、书、礼、乐等经典。《史记·孔子世家》载“孔子以诗、书、礼、乐教”，《汉书·艺文志》说儒家“游文于六经之中”，“夫子之文章”即指孔子所传授的这些经典。

性与天道：指关于宇宙人生的大道理。

孔子很少直接讲性与天道，因为以思辨和语言，难以说清这些问题。但是并不能由此以为孔子学说不涉及这些内容。孔子对宇宙人生的思考寓之于对日常生活的理解中，蕴涵在对诗、书、礼、乐的解读中。章学诚说“六经皆器也”，“夫子曰‘下学而上达’，盖言学于形下之器，而自达于形上之道也”。所以子贡不是说“性与天道，不可得而闻也”，而是说“言性与天道，不可得而闻也”。（参见《文史通义》卷二）理解这句话时，一定要注意这个“言”字。（参见17.19）

5.14 / 子路有闻，未之能行，唯恐有闻。

| 解读 |

有：读yòu。

孔门重视言行一致，也重视知行一致。言行一致的难点在行，知行一致的难点也在行。《左传·昭公十年》：“非知之实难，将在行之。”《书·说命中》：“非知之艰，行之惟艰。”子路是知行一致的典范，当他知晓了某种道理后，便立即付诸践行，在未能践行之前，唯恐再有新知，可能他顾忌自己的行为能力不足以同时践行多种道理。子路的做法固然有些急躁和呆板，以至于孔子都劝他不必过于急着要行（参见11.22），但这也正是子路的质朴和实诚之处。比起世上诸多知而不行的人来，子路的表现要可爱、可贵得多。李二曲说读《论语》读到这里不由得感到羞愧（参见《论语集释》，中华书局，1990年，第325页）。

5.15 / 子贡问曰："孔文子何以谓之文也？"

子曰："敏而好学，不耻下问，是以谓之文也。"

| 解读 |

孔文子：卫国大夫孔圉（yǔ），"文"是谥号。

孔子在卫国时曾与孔圉有过接触。据《左传》记载，按当时的行为规范看，孔圉这个人的品行有瑕疵，所以子贡对孔圉得"文"的谥号提出疑问。孔子认为，孔圉虽然有不少毛病，但是他也有"敏而好学，不耻下问"的优点。按照《谥法》（见《逸周书》），"学勤好问曰文"，孔圉得"文"的谥号还是恰当的。孔子对人的评价，既不因其功绩而否定其缺点，如对管仲；也不因其缺点而否定其长处，如对孔圉。

5.16 / 子谓子产："有君子之道四焉：其行己也恭，其事上也敬，其养民也惠，其使民也义。"

| 解读 |

谓：评论。子产：郑国大夫公孙侨，字子产。孔子对他评价甚高，没有微词，以师礼相待（参见《史记·仲尼弟子列传》）。《左传·襄公三十一年》载孔子语，“人谓子产不仁，吾不信也”。《左传·昭公二十年》载，孔子听到子产去世的消息，流着眼泪说：“古之遗爱也。”

行己：立身行事。恭：谦逊。

敬：尊重。

惠：施恩惠。

义：合理。

养和使都有居高临下的含义。

5.17 / 子曰：“晏平仲善与人交，久而敬之。”

| 解读 |

晏平仲：齐国大夫晏婴。《史记·仲尼弟子列传》记载孔子对他以师礼相待。

孔子非常重视敬在为人处事中的意义，主张“居敬”（6.2）、“执事敬”（13.19）、“修己以敬”（14.42）、“行笃敬”（15.6）、“事思敬”（16.10），在朋友相交中，也要始终贯穿着敬。世人彼此相交，刚开始不很熟悉，尚能表现出相敬，及至交往相熟，相敬的成分随之递减，或不逊、或抱怨（参见17.25）。晏婴高于常人之处在于，他在与人相交的过程中始终贯穿着敬，一方面保持自己的“修己以敬”，另一方面自己也越来越受他人敬重。在孔子看来，这才是有益的交往之道。

5.18 / 子曰："臧文仲居蔡，山节藻棁，何如其知也？"

| 解读 |

臧文仲：鲁国大夫臧孙辰，"文"是谥号，"仲"是排行。

蔡：占卜用的大龟，"居蔡"是为这大龟建居处。

节：柱子上的斗拱。"山节"是把斗拱雕成山形。棁（zhuō）：梁上的短柱。"藻棁"是在短柱上画藻为饰。

知：读zhì。"何如其知"即其知如何？在这里是用疑问语气表达否定。

臧孙氏世为鲁国守蔡之大夫，当长于占卜，时人以为智。孔子认为，臧文仲为了一个占卜用的龟建如此豪华的房子，为占卜费如此大的力量，实在说不上智。孔子对占筮的态度是理性的，虽然他晚年也重视《易》，"读《易》，韦编三绝"（《史记·孔子世家》），但是他研究《易》的重点不在占筮，而是要"观其德义"，所以他说自己"与史巫同涂而殊归"。孔子说："君子德行焉求福，故祭祀而寡也；仁义焉求吉，故卜筮而希也。祝巫卜筮其后乎？"（《马王堆汉墓帛书·要》）这成为儒家对待卜筮的基本态度。荀子说"以贤易不肖，不待卜而后知吉"，所以"善为《易》者不占"（《荀子·大略》）。

5.19 / 子张问曰："令尹子文三仕为令尹，无喜色；三已之，无愠色。旧令尹之政，

必以告新令尹。何如？”

子曰：“忠矣。”

曰：“仁矣乎？”

曰：“未知，焉得仁！”

“崔子弑齐君，陈文子有马十乘，弃而违之。至于他邦，则曰：‘犹吾大夫崔子也。’违之。之一邦，则又曰：‘犹吾大夫崔子也。’违之。何如？”

子曰：“清矣。”

曰：“仁矣乎？”

曰：“未知，焉得仁？”

解读

令尹：楚国执政官官名，相当于其他国家的相。子文：姓斗（dǒu），名彀於菟（gòu wū tú）。

已之：被免官。

知：读zhì。

崔子：齐国大夫崔杼，主谋弑齐庄公。

陈文子：齐国大夫，名须无。

违之：离开那个地方。

令尹子文三起三落，喜怒不形于色，忠于职守，孔子许之以忠；陈文子三至三违，不惜捐弃家产，洁身去乱，孔子许之以清。孔子虽然对令尹子文之忠和陈文子之清皆有所肯定，但皆未许之以仁，原因在于二者皆“未知”。当然，这并不是说“忠且知”“清且知”就可以是仁了，而是说作为“全德”的仁须是包含知的。孔子有时把仁、知并列讲，但是对于作为“全德”的仁没有并列之德。

5.20 / 季文子三思而后行。子闻之，曰：“再，斯可矣。”

| 解读 |

季文子：鲁国大夫季孙行父，名如意，“文”是谥号。鲁国自鲁僖公以下由孟孙、叔孙、季孙三家执政，季文子是季氏的第一代。

再：两次。

孔子以中庸为最高之德（参见6.29），所以，对其他德行都不抽象地论说好坏，而总是针对具体的人和事做具体的评价。或许季文子为人世故谨慎，所以孔子认为对季文子来讲，“再思”就可以了。如果是对子路这样的人，想必孔子一定会要他多想想再付诸行动。所以，无论是“三思而后行”，还是“再，斯可矣”，都不能抽象地说哪个更好。

5.21 / 子曰：“宁武子邦有道则知，邦无道则愚。其知可及也，其愚不可及也。”

| 解读 |

宁武子：卫国大夫，名俞，“武”是谥号。《谥法》：“刚强直理曰武”。

邦有道、邦无道：见5.2。

贾谊说：“深知祸福谓之知，反知为愚。”（《新书·道术》）所谓“反智”也就是不“深知祸福”。由于人的认识能力的有限性，“智不能尽谋”（《管子·心术上》），所以，人很难“深知祸福”。正如《老子》所言：“祸兮福之所倚，福兮祸之所伏。孰知其极？”（第五十八章）所以，人之智的背景是愚，人只是在愚的背景下表演一些小智，在不深知祸福复杂关系的背景下对祸福做一番区别。如果说，在“邦有道”的社会局面中人还可能通过一些小智在相对较大的时空范围对祸福稍有把握的话，那么在“邦无道”的社会局面中要把握祸福就更加困难。因此，在“邦无道”的局面中，大智者能自觉地淡化对祸福的“深知”而表现为一种愚。这种愚不同于一无所知的愚，而是深知祸福不可深知而不去深知的愚。要达到这种境界是很难的，所以说“愚不可及”。在中国文化对于智慧的讨论中，最高的境界不是“智”而是“愚”，如《诗·大雅·抑》讲“靡哲不愚”，《荀子·宥坐》讲“聪明圣知，守之以愚”，如此等等。

5.22 / 子在陈，曰：“归与！归与！吾党之小子狂简，斐然成章，不知所以裁之。”

解读

陈：古国名，有河南东部和安徽一部分。

吾党之小子：指在鲁国的弟子。孔子周游列国期间，有部分弟子随行，其余则留在鲁国。狂简：志向远大而处事尚不周密。

斐然成章：本意为富有文采，这里指其弟子群体在鲁国已成一定规模。

裁：裁制，规划安排。

孔子于鲁定公十三年始周游列国，推行自己的政治主张，历时多年难见成效，而留在鲁国的弟子志向高远，在不少方面已成一定规模，正不知怎样规划，孔子因此有“归与”之叹，试图为弟子们做些规划安排，把自己的政治主张贯彻在弟子们的活动中。孔子的感叹中交织着失望和希望。

5.23 / 子曰：“伯夷、叔齐不念旧恶，怨是用希。”

| 解读 |

伯夷、叔齐：商朝孤竹君的两个儿子。据说伯夷年龄大，但是庶出；叔齐年龄小，却是正出。起初，孤竹君以叔齐为继承人，孤竹君死后，叔齐让位于伯夷，伯夷不受。后来兄弟二人都投奔到周。到周后，反对周武王进军讨伐商纣王。武王灭商后，他们又逃避到首阳山，不食周粟，采薇而食，最后饿死。孔子对他们二人的评价很高。

旧：久。恶：在此不应解释为“过失”，而是指生活之不好，如“恶衣恶食”（4.9）之恶。“不念旧恶”指不在意长久的困厄生活，有不耻恶衣恶食的意思。

是用：因此。希：少。

人们多把“不念旧恶”解释为不记宿怨、不计较他人旧时的过失等，恐怕有失孔子之意。按照孟子的说法，伯夷是“圣之清者”，不仅“目不视恶色，耳不听恶声”，“非其君不事，非其友不友，不立于恶人之朝，不与恶人言”，而且还“推恶恶之心”，想到“与乡人处”，都会觉得好像穿朝衣戴朝冠坐在泥路或者炭灰之上，所以不屑一顾地离去，生怕被污染似的。（参见《孟子·万章下》《孟子·公孙丑上》）由此而言，至少伯夷不会是不记宿怨。孔子说伯夷、叔齐“求仁而得仁，又何怨？”（7.15）求仁得仁，既不耻恶衣恶食，也不怨生活困厄，所以“怨是用希”。

5.24 / 子曰：“孰谓微生高直？或乞醯焉，乞诸其邻而与之。”

| 解读 |

微生高：姓微生，名高。有的说即尾生高。传说尾生高与一女子相约于桥下，女子未来，他一直等候，以至于洪水到来都坚持不离开，最后抱着桥柱子被水淹死。

醯（xī）：醋。

直即不曲。既有率直、不掩饰的意思——这样的直是真，也有僵直、不变通的意思——这样的直是死。

按“尾生抱柱”的传说，微生高大概不善变通，有人会认为微生高直，而孔子则认为微生高不直。孔子说有人向微生高要点醋，微生高自己没有，便转而向邻居要了点给了来借的人。这中间就有“弯曲”之意了。

《论语集注》引范氏曰：“有谓有，无谓无，曰直。”有谓无不直，无谓有——即从邻居家要来而不说自家没有——也不直。那么，如果自家没有，向邻居求得而付与乞醯者，并且明确告诉他是向别人要来的，是否可以说是直呢？关于这一点，朱熹讲道：“这个便是自家要做一面人情，盖谓是我为你乞得……凡人欲恩由己出，皆是偏曲之私。”（《朱子语类》卷二十九）从孔子所讲，我们不能知道微生高“乞诸其邻而与之”属于哪种情况，但无论怎样也是“用意委曲”了。

5.25 / 子曰：“巧言、令色、足恭，左丘明耻之，丘亦耻之。匿怨而友其人，左丘明耻之，丘亦耻之。”

| 解读 |

巧言、令色：见1.3。足（jù）恭：过分地恭顺。

左丘明：鲁国人，相传他著《左传》，是孔子称道的贤人。

匿怨：把怨恨隐匿起来。

孔子学说的重点是使人达到仁的境界，而仁的根基是真，所以，儒家特别重视培养人的真实情感，重视做人要表里一致、言行一致。巧言、令色、足恭、匿怨而友其人都是表里不一的表现，所以孔子耻之。

5.26 / 颜渊、季路侍。

子曰：“盍各言尔志？”

子路曰：“愿车马衣轻裘与朋友共，敝之而无憾。”

颜渊曰：“愿无伐善，无施劳。”

子路曰："愿闻子之志。"

子曰："老者安之，朋友信之，少者怀之。"

| 解读 |

侍：卑在尊旁曰侍。单言侍指站立，侍坐才指坐，参见11.26。

盍（hé）：何不。

轻裘：裘以轻者为美。或谓"轻"字衍。敝：破旧。

无伐善：不夸耀自己的长处。无施劳：不以劳事置施于人（《论语集解》）。陈天祥《四书辨疑》："既无伐善，又无施劳，内以修己，外以安人，成己成物之道不偏废也。"也有将"施劳"解释为"表白自己的功劳"。

安：安乐。《大戴礼记·曾子事父母》"故父母安之"，王聘珍解诂："安，乐也。"信：《国语·晋语二》"定身以行事谓之信"，韦昭注："行事以求安其身谓之信。"怀：安。《左传·僖公二十七年》"民怀生矣"，俞樾《群经平议》："怀，安也。言民安其生也。"安之、信之、怀之，可以解释为使年老者都能安逸快乐、使志同道合的人都能安身立命、使年少者都能生活安定。

从三个人的表述看，这一章对话的语境可能是讨论怎样与人相处。

5.27 / 子曰："已矣乎！吾未见能见其过而内自讼者也。"

| 解读 |

讼：责备。

内自讼不是指在人前做自我批评，而是发自内心的自责，其重心在“内”字上。朱熹说：“内自讼者，口不言而心自咎也。”（《论语集注》）孔子还讲“内自省”（4.17），同样重在“内”。

魏环溪《寒松堂集》说：“天下有四种人，吾夫子皆叹未见……好仁恶不仁一种人……隐居求志行义达道一种人……见过内自讼一种人……好德如好色一种人……学者不必侈谈高远，但求为夫子所欲见之人足矣。”（见《论语集释》）还应该再加“刚者”（5.11）一种人。

5.28 / **子曰：“十室之邑，必有忠信如丘者焉，不如丘之好学也。”**

| 解读 |

室：房屋，宅舍，人家。邑：人聚居的地方。

孔子“十有五而志于学”（2.4），终生“发愤忘食”（7.19），“学而不厌”（7.2），故以“好学”自陈。孔子说“性相近也，习相远也”（17.2），孟子说“出于其类，拔乎其萃，自生民以来，未有盛于孔子也”（《孟子·公孙丑上》）。可以说，正是“好学”使孔子出类拔萃，远超常人。

雍 也 第 六

6.1 / 子曰："雍也可使南面。"

| 解读 |

雍：冉雍。

南面：古代以坐北面南为尊位，所以帝王、诸侯见群臣，或卿、大夫见僚属，都面向南而坐，因此，南面用以指居帝王或诸侯、卿、大夫之位。

所以，对这一章的解释至少有三种：一是说冉雍的德才可以胜任天子之职（参见《说苑·修文》）；二是说冉雍的德才可以胜任诸侯之职（参见《论语集解》）；三是说冉雍的德才可以胜任卿大夫之职（参见《经义述闻》）。在孔门四科中，仲弓居德行科，而且他又做过"季氏宰"（13.2），在孔门弟子中属于德才兼备型人才，所以孔子这样说。

6.2 / 仲弓问子桑伯子。

子曰："可也，简。"

仲弓曰："居敬而行简，以临其民，

不亦可乎？居简而行简，无乃大简乎？”

子曰：“雍之言然。”

解读

子桑伯子：前面的“子”是尊称，后面的“子”是称谓男子，桑是姓氏，伯是字。子桑伯子可能是当时一位有些名声的人，所以以“子”尊称。

可也：表示一定程度的认可。

简：简单、简易、简朴。《史记·太史公自序》说道家“指约而易操，事少而功多”。子桑伯子似乎是道家类型的人。

居敬：持身恭肃警慎。朱熹：“敬……只是有所畏谨，不敢放纵。如此则身心收敛，如有所畏。”（《朱子语类》卷第十二）

临其民：治理民众。

居简：持身疏略。

无乃：莫非。大：读tài。

儒家也主张简，《礼记·乐记》讲“大乐必易，大礼必简”，《易传·系辞上》讲“乾以易知，坤以简能”。孔门之“简”与子桑伯子之“简”的区别不在于“行”，而在于“居”，即是“居敬”还是“居简”。孔门之简是行事原则，子桑伯子之简是生存方式。

《说苑·修文》：“孔子见子桑伯子，子桑伯子不衣冠而处。弟子曰：‘夫子何为见此人乎？’曰：‘其质美而无文，吾欲说而文之。’孔子去，子桑伯子门人不说，曰：‘何为见孔子乎？’曰：‘其质美而文繁，吾欲说而去其文。’”孔子和子桑伯子都欣赏对方的“质美”，其区别在于对质美的态度。质美有如璞玉，子桑伯子有“法自然”的心态，所以“质美”足矣；孔子有“赞化育”的精神，所以要进而“文之”。因此，从冉雍（和孔子）来看子桑伯子则太简，从子桑伯子来看孔子则不够简。但是孔子（及儒家）的“文之”并不是要对璞玉进行妆饰或更换，而是要通过一番琢、磨的功夫（参见1.15），使璞中之玉显现出来。所以，除了“修己以敬”（14.42）、“约之以礼”（6.27）的功夫外，孔门行事并没有比子桑伯子多出什么，都是“简”。

孔子说：“无为而治者，其舜也与？夫何为哉？恭己正南面而已矣。”（15.5）“恭己正南面”也就是冉雍所讲的“居敬而行简，以临其民”，这是孔门“无为而治”的特点。

6.3 / 哀公问：“弟子孰为好学？”

孔子对曰：“有颜回者好学，不迁怒，不贰过。不幸短命死矣。今也则亡，未闻好学者也。”

| 解读 |

贰：重复，再次。

短命：古人以五十岁之前去世为短命，颜渊四十岁去世。

儒家关注的中心问题是情和理的关系问题，所以其“学”的目的也就是要力使情理中节，能够在这方面努力践行，则可谓之好学。因此，当鲁哀公问孔子哪个弟子好学时，孔子针对世人重视记诵闻见、才能事功的看法，答以颜回之不迁怒，不贰过为好学，表明孔门对学的态度。

程颢说：“圣人之喜，以物之当喜；圣人之怒，以物之当怒。

是圣人之喜怒，不系于心而系于物也。”（《河南程氏文集》卷第二）情“系于心”是情而感，情“系于物”是感而情。不迁怒不是没有怒，而是怒从事上起，不从心中生。从事上起，事过则怒消，所以不迁怒；从心中生，则会把怒迁移到其他人和事上，即迁怒。

《中庸》讲“发而皆中节，谓之和”，所谓发而中节，就是要使感情既不压抑，也不放纵。事情当怒而不怒是情之不及，事情不当怒而怒是情之过分，迁怒就是把怒之情迁移到不当怒的事情上面。《中庸》中引孔子说颜回“择乎中庸，得一善则拳拳服膺而弗失之矣”。颜回与他人之别在于能中庸（“中庸”之义见6.29解读），喜怒哀乐皆无过无不及，所以不迁怒。《论语集解》：“凡人任情，喜怒违理；颜渊任道，怒不过分。”

程颢说：“谓之恶者非本恶，但或过或不及便如此。”（《河南程氏遗书》卷第二上）反过来讲，则无过无不及乃善，颜回能“择乎中庸”而无过无不及即“得一善”，“拳拳服膺而弗失之”也就是“不贰过”。《易传·系辞下》引孔子说颜回“有不善未尝不知，知之未尝复行”。

6.4 / 子华使于齐，冉子为其母请粟。

子曰：“与之釜。”

请益。

曰：“与之庾。”

冉子与之粟五秉。

子曰：“赤之适齐也，乘肥马，衣轻裘。吾闻之也：君子周急不继富。”

| 解读 |

子华：公西赤字子华。

使：在这里是被派遣的意思。公西赤擅长外交，所以被派遣去齐国办事。

冉子：冉求的弟子对冉求的尊称。

釜：古容量单位，等于当时的六斗四升。

庾（yǔ）：古容量单位，等于当时的二斗四升。“与之庾”即再加一庾。

秉：古容量单位，等于当时的十六斛（一斛等于十斗）。

衣：读yì。

周急：周济困难的。继富：增益富裕的。周急是雪中送炭，继富是锦上添花。

6.5 / **原思为之宰，与之粟九百，辞。子曰：“毋！以与尔邻里乡党乎！”**

| 解读 |

原思：孔子弟子原宪，字子思。曾做过孔子的家宰。

九百：没有量词，不可考。可能是九百斗。当时一斗大约相当于明清后的五分之一斗。

辞：不要这么多。

乡党：在这里指乡亲。

也许在孔子看来，自家家宰的工作和九百粟的报酬是相宜的。如果原宪觉得自己不需要这么多，那么可以将多余的给左邻右舍中那些欠缺的人。这样做也是合宜的。如果原宪不要这么多，那么也就没有这两个合宜之事了。

这一章结合上一章看，说明无论辞、受、取、与都要合宜。

6.6 / 子谓仲弓曰：“犁牛之子骍且角，虽欲勿用，山川其舍诸？”

| 解读 |

犁牛：耕牛，或者指杂色牛，在此意喻平常。骍（xīng）：本指赤色马，也用于指赤色牛等。《礼记·郊特牲》：“牲用骍，尚赤也。”角：指牛角长得周正，符合做牺牲的要求。“骍且角”在此意喻高贵。

山川：指山川之神。其：同岂。诸：之乎。

在孔门弟子中，仲弓属德行科，做过季氏宰，属于德才兼备型人才。他曾向孔子问政，涉及举贤才的话题（参见13.2）。在孔子的时代，如果一个人出身微贱，则难以在贵族体制中被委以重任。孔子不主张这样，他认为只要一个人有才德，即使出身微贱，也可担当大任。在这一章的对话中，他告诉仲弓，如果耕牛所生的小牛符合牺牲的标准，那么，即使想不用它做祭品，难道山川之神会舍弃它吗？结合孔子“奚其为为政”（2.21）之说，可以进一步加深对“其舍诸”的理解。

6.7 / 子曰：“回也，其心三月不违仁，其余则日月至焉而已矣。”

解读

三月：泛指较长的时间。违：背离。

日月：某一日某一月，意指偶然。

仁是孔门人生修养的理想境界，要达到这种境界不仅要“志于仁”（4.4），更需要坚持不懈地“用其力于仁”（4.6），而不是只求偶然符合仁的标准。在孔子的诸多弟子中，颜回在这方面做得比其他的弟子要好，所以，孔子虽然并不认为颜回已经达到仁的境界，但还是称赞他的心志能长时间不背离仁的标准。《礼记·表记》讲“仁之难成久矣，惟君子能之”。这句话或可理解为仁之难成在于“久”，所以颜回“三月不违”与他人“日月至焉”的区别不在“事”而在“时”，不是提“高”的问题，而是持“久”的问题。

6.8 / 季康子问：“仲由可使从政也与？”
子曰：“由也果，于从政乎何有？”
曰：“赐也可使从政也与？”
曰：“赐也达，于从政乎何有？”
曰：“求也可使从政也与？”
曰：“求也艺，于从政乎何有？”

解读

从政：管理政务。

果：处事果断。何有：有什么呢。意思是不难。

达：通晓事理。

艺：有才干。

上一章以颜渊讲为仁之难，这一章以子路、子贡、冉求讲从政不难。虽然孔子对子路、子贡、冉求的评价都不低，但他们与颜渊相比依然有差距。由此也可以看出孔门之学的侧重点：为仁是做人，从政是做事。

6.9 /

季氏使闵子骞为费宰。

闵子骞曰："善为我辞焉。如有复我者，则吾必在汶上矣。"

| 解读 |

季氏：季桓子或季康子。

闵子骞：孔子弟子闵损，字子骞。在孔门四科中属德行科。

费（bì）：季氏之邑，在今山东费县西北。

汶：大汶河。上：北面，泛指侧畔。

在孔门弟子中，闵子骞以孝著称（参见11.5），不太热衷于从政，《史记·仲尼弟子列传》说他"不仕大夫，不食污君之禄"。这也合乎孔子"是亦为政"（2.21）的说法。

6.10 /

伯牛有疾，子问之，自牖执其手，曰："亡之。命矣夫！斯人也而有斯疾也！斯人也而有斯疾也！"

| 解读 |

伯牛：孔子弟子冉耕，字伯牛。在孔门四科中属德行科。

问：探视。

亡（wú）之：《定州汉墓竹简论语》作“末之”，意思似乎是没办法了。

命是人力所不可主宰者，凡是通过人力能够改变的都不是命，所以孔门并不把德行修养与命运连起来，而是分而论之。德行修养所改变的是人生境界，而不是人的命运，君子对命的态度是“俟命”（参见《中庸》《孟子·尽心下》）。冉伯牛德行修养好，并不能改变其得恶疾之命；反过来，其虽得恶疾，也不影响其道德境界之高。孔子虽然哀叹伯牛“斯人也而有斯疾”，但并没有把德行与命运挂钩。因此，有子夏所听到的“死生有命”（12.5）之论，而不说善恶有命。

6.11 / **子曰：“贤哉，回也！一箪食，一瓢饮，在陋巷，人不堪其忧，回也不改其乐。贤哉，回也！”**

| 解读 |

贤：德才均好。

箪（dān）：盛饭的圆形竹器。

陋巷：陋室。

陶渊明有诗曰：“人生归有道，衣食固其端；孰是都不营，而以求自安？”（《庚戌岁九月中于西田获早稻》）人生在世，必须首先解决吃喝住穿等需求才能生存，然后才能从事其他活动。颜回之乐离不开诸如箪食、瓢饮、陋巷等条件，在饥寒交迫的情况下，人很难有乐，但是，并非所有的人生活在箪食、瓢饮、陋巷的状况中都能乐，更多的人会“不堪其忧”。为什么在相同的生存状况下会有“人不堪其忧”与“回也不改其乐”的差异呢?

宋儒将这一章和7.16章合在一起讲“孔颜之乐”。程颢说：“昔受学于周茂叔，每令寻仲尼、颜子乐处，所乐何事。”（《河南程氏遗书》卷第二上）时至今日，虽然人们所拥有的物质财富远非孔子、颜回所能及，但人们并没有能摆脱“不堪其忧”的窘境，因此，仍然有必要思考宋儒所提的问题。

读这一章时要注意玩味“改”字。如果其乐是由于外部原因——如占有相对较多的财富——导致的，那么当导致其乐的外部原因不存在时，其乐会随之丧失。如果其乐是由于自身原因——如提升人生境界——产生的，那么，在解决吃喝住穿等需求的前提下，其乐就不会因为外部原因的变化而改变。孔门以仁为人生修养的理想境界，能够致力于实现仁的境界，则能“不戚戚于贫贱，不汲汲于富贵”（陶渊明《五柳先生传》），其乐不会因积财多少、地位高低的变化而改变。

6.12 / 冉求曰：“非不说子之道，力不足也。”

子曰：“力不足者，中道而废。今女画。”

解读

说：读yuè。

废：停止、中止。

画："如画地以自限"（《论语集注》）。

孔门之学其志在仁，"仁以为己任"（8.7）。作为终极理想境界的仁，任何人都没有能力完全实现它，但是，能不能实现是一回事，要不要追求是另一回事，志士仁人的精神和情怀正在于"知其不可而为之"（14.38）。所以，一方面孔子不认为哪个人能完全实现仁的境界，即使对颜回也只是称许"其心三月不违仁"（6.7），另一方面又说"仁远乎哉？我欲仁，斯仁至矣"（7.30），说"有能一日用其力于仁矣乎？我未见力不足者"（4.6）。孔子所重视的不是终极的状态，而是"志于仁"的过程，是实现仁的行动。这个过程是终生的，"死而后已"（8.7），即使如此，相对于终极状态仍然是"中道而废"，在这个意义上也可以说是"力不足"。

冉求在行的方面本有不足（参见11.22），当他意识到作为终极状态的仁难以实现，就流露出知难而退之情，欲以终极状态之"力不足"为由放弃行动过程的"自强不息"。对此，孔子批评他是"画地自限"，说明"力不足"是相对于终极状态的"中道而废"，而不是相对于追求过程的止步不前。

6.13 / 子谓子夏曰："女为君子儒，无为小人儒。"

丨解读丨

对“君子儒”“小人儒”历来众说纷纭。《论语集解》引孔安国曰：“君子为儒，将以明道；小人为儒，则矜其名。”《论语集注》引程子曰：“君子儒为己，小人儒为人。”朱熹说：“君子儒上达，小人儒下达。”（《朱子语类》卷第三十二）虽然解释不同，但在《论语》中皆有其本。孔氏所本或是“君子学以致其道”（19.7）一语；程子所本是“古之学者为己，今之学者为人”（14.24）一语；朱子所本是“君子上达，小人下达”（14.23）一语。

有学者认为，儒的前身是古代专为贵族服务的巫、史、祝、卜一类的人，在春秋社会动荡时期，儒逐渐失去了原有的地位。由于他们熟悉礼仪，便在民间以相礼为生。这类儒可以叫作“职业儒”。孔子早年曾以相礼为业，后来聚徒讲学，借以提高人们的精神境界，进而对社会产生影响，由此逐渐形成以孔子为宗师的儒家流派。这种儒可以称之为“事业儒”。在这一章中孔子对子夏所言，就是告诫子夏不要把学习目的只局限于职业，而是要上升到事业的高度，这也就是所谓“下学而上达”（14.35）。子夏也能牢记孔子的告诫，并阐述孔子的思想，说“百工居肆以成其事，君子学以致其道”（19.7）。

6.14 / 子游为武城宰。

子曰：“女得人焉尔乎？”

曰：“有澹台灭明者，行不由径，非公事，未尝至于偃之室也。”

| 解读 |

武城：鲁国的公邑，在今山东费县西南。

得人：发现人才。

澹（tán）台灭明：孔子弟子，姓澹台，名灭明，字子羽。

径："路之小而捷者"（《论语集注》）。"行不由径"即不抄小道。可以引申为做事不走捷径。

非公事，未尝至于偃之室：指不以私事见邑宰，即不走后门。

不走后门示其公，不走捷径示其正。

6.15 / **子曰："孟之反不伐，奔而殿，将入门，策其马，曰：'非敢后也，马不进也。'"**

| 解读 |

孟之反：名侧，字之反，鲁国大夫，出孟氏。

伐：注家多解释为自夸。"不伐"即不自夸。《汉书·高帝纪上》"非有功伐"颜师古注："积功曰伐。"这里的"伐"应该是"积功"的意思。奔：战败逃跑。殿：行军走在最后。策：鞭打。孟之反"奔而殿"，别人夸奖他，他以"非敢后也，马不进也"推辞，不因此而积功。

6.16 / **子曰："不有祝鮀之佞，而有宋朝之美，难乎免于今之世矣。"**

| 解读 |

不有……而有……：以一个“不”字统两个“有”字的句式，即，不有……与不有……。而，与。

祝鮀（tuó）：卫国大夫，字子鱼。佞：口才。祝鮀以佞谄受宠于卫灵公。

宋朝：宋公子朝，以美貌见爱于卫灵公夫人南子。

免：避免祸患。

祝鮀之佞是巧言，宋朝之美是令色，都是孔子非常讨厌的，然而在当时的社会中，却只有这样才能免于祸患，所以孔子发出无奈的慨叹。

6.17 / 子曰：“谁能出不由户？何莫由斯道也？”

| 解读 |

谁：什么人。

何：什么事。

什么人都要由门出入，什么事都要依道而行。行事不依道，犹如出入穿窬。

6.18 / 子曰：“质胜文则野，文胜质则史。文质彬彬，然后君子。”

| 解读 |

质：先天素质。

文：后天教化。

野：不拘礼节，鄙俗。《礼记·仲尼燕居》："敬而不中礼谓之野"。

史：虚饰浮夸，啰唆。《仪礼·聘礼》："辞多则史"。《韩非子·难言》："捷敏辩给，繁于文采，则见以为史。"

彬彬："物相杂而适均"（《论语集注》）。相杂强调要有质有文，体现了多样性；适均强调须恰到好处，体现了适度性。

质犹如人的自然性，文犹如人的社会性，当人的自然性与社会性适度地结合，人便在自身修养方面实现了"和"，也就成为君子。

质属天，文属人，实现文质彬彬关键在于对文的操持，人生修养的功夫全在这里，所谓"性相近也，习相远也"（17.2）。儒家的"天人合一"绝不只是讲天人相合相通，更强调天人相杂适均，所以讲"人能弘道"（15.29），讲"修道"，"赞天地之化育"（《中庸》）。

6.19 / **子曰："人之生也直，罔之生也幸而免。"**

| 解读 |

直：不弯曲，不歪斜。

罔：枉曲不直。幸：侥幸。免：逃脱灾祸。

人要正直，才能坦然生存于世间，然而现实中多有以枉曲不直立世者，孔子说那是侥幸。《中庸》讲“君子居易以俟命，小人行险以徼（侥）幸”。直则居易俟命，罔则行险侥幸。直则“坦荡荡”，罔则“长戚戚”（7.37）。

6.20 / 子曰：“知之者不如好之者，好之者不如乐之者。”

| 解读 |

没有好、乐，知之者是可以知“之”的，如有些人从事学术研究；没有知、乐，好之者也可以好“之”，如不少人的宗教信仰；没有知、好，乐之者也可以乐“之”，如艺术欣赏。知、好、乐相对“之”来讲，没有递进关系。所以，这里的“不如”不是就知、好、乐相对于“之”来讲，而是就在知之、好之、乐之这三种行为中，人与“之”的关系讲。知之自不必说，即使好之，其重点也还在“之”这个“客体”上，而乐之的重点则转到“主体”，成为人的存在方式。程颢：“好之者，如游他人园圃；乐之者，则己物尔。”（《河南程氏遗书》卷第十一）

6.21 / 子曰：“中人以上，可以语上也；中人以下，不可以语上也。”

| 解读 |

中人以上、中人以下：“中人”指常人。“以”是“而”的意思。上、下在这里都用做动词，向上、向下的意思。黄式三《论语后案》：“中人以上是中人而能上进者，中人以下是中人而下流者。”（见《论语集释》）

语（yù）上：告知怎样向上。

孔子认为，人的先天的性质区别并不大，所谓“性相近也”，即大家都是常人，后来道德境界的差异是由后天的道德修养导致的，即“习相远也”（17.2）。对于道德修养来说，没有人能力不够，所以说“有能一日用其力于仁矣乎？我未见力不足者”（4.6）。关键在于一个人是否有志于向上，即提升自己的道德境界。有志于向上即成君子，自甘于下流则成小人（参见14.23）。

只有当一个人有志于向上，如孔子所讲“志于仁”（4.4）、“志于道”（7.6），那告知他怎样向上才是有意义的，所以说“中人以上，可以语上也”；如果一个人自甘下流，那告知他怎样提升自己的道德境界毫无意义，所以说“中人以下，不可以语上也”。孟子说士“尚志”（《孟子·尽心上》），王阳明说“志立而学半”（《王阳明全集》，上海古籍出版社，1992年，第228页），对于学来说，立志是非常重要的。

6.22 / 樊迟问知。

子曰：“务民之义，敬鬼神而远之，可谓知矣。”

问仁。

曰：“仁者先难而后获，可谓仁矣。”

解读

知：读zhì。远：读yuàn。

务：致力于。民：民众。义：适宜、恰当。务民之义即致力于做好人世间的事情。朱熹："此则人之所宜为者，不可不务也。"（《朱子语类》卷第三十二）

《礼记·表记》："夏道尊命，事鬼敬神而远之……殷人尊神，率民以事神，先鬼而后礼……周人尊礼尚施，事鬼敬神而远之。"对待鬼神，在孔子之前就有"事鬼敬神而远之"的态度，孔子也是这样。在孔子看来，最主要的是致力于做好人世间的事情，至于对鬼神则是敬而远之。

《论语集注》引程子曰："人多信鬼神，惑也。而不信者，又不能敬。能敬能远，可谓知矣。"之所以敬鬼神，是因为由此培养人们的敬畏之情，所以讲"祭如在，祭神如神在"（3.12）。之所以远鬼神，是因为对鬼神的存在与否并不很关心，所关心的是人世间的事，所以说"未能事人，焉能事鬼"（11.12）。人世间的事情做好了，鬼神也就疏远了，所以说"君子德行焉求福，故祭祀而寡也；仁义焉求吉，故卜筮而希也"（《马王堆汉墓帛书·要》）。

"先难而后获"是说，只有先难，才有后获；但并不是说，只要先难，就有后获。它所强调的是付出艰辛，而不是着眼有所获得。朱熹讲："先难后获，只是无期必心。""只是我合做底事，便自做将去，更无下面一截。才有计获之心，便不是了。"（《朱子语类》卷第三十二）冉求之"画"（6.12），便是由"期必"而畏难。所以，仁者不问获不获，只问当不当。

6.23 / 子曰："知者乐水，仁者乐山。知者动，仁者静。知者乐，仁者寿。”

| 解读 |

知：读zhì。“乐水”“乐山”之“乐”读yào，喜欢的意思。“知者乐”之“乐”读lè。

知者乐水，仁者乐山，是通过山水的特性描述仁、知；知者动，仁者静，讲乐水、乐山的原因；知者乐，仁者寿，讲动、静的修养效果。

《论语》中常见仁、知对举，除本章外，还有“仁者安仁，知者利仁”（4.2）；“仁者不忧，知者不惑”（14.28）等，其区别皆由动、静而来。仁之静是心志之静，不随外物而迁，犹如山之岿然不动；知之动是智虑之动，不为外物所滞，犹如水之应变无穷。由心志静，故能不忧；由智虑动，故能不惑。仁之静与知之动并不矛盾，而且可以相兼，如子贡说孔子就是“仁且智”（《孟子·公孙丑上》）。与智相对而言的仁不是“全德”之仁。

寿不是单纯地指生命时间长。长是与外在时间刻度的比较，寿则是内在生命过程的充分实现。《老子》：“死而不亡者，寿也。”（第三十三章）《大戴礼记·本命》：“化尽数穷谓之死。”化尽数穷即使短命也是寿，否则，没有化尽数穷，即使长命也谈不上寿。

6.24 / 子曰：“齐一变，至于鲁；鲁一变，至于道。”

| 解读 |

齐国是姜太公的封地，鲁国是周公旦的封地，齐、鲁两国的治国理念一开始就有所不同。齐国姜太公的治国理念是“尊贤，先疏后亲，先义后仁”；鲁国由周公之子伯禽治理，其理念是“亲亲者先内后外，先仁后义”。（参见《说苑·政理》）后来，齐桓公在管仲的辅佐下创建霸业，九合诸侯，对此孔子评价甚高（参见14.16、14.17）。鲁国由于周公之勋，可以郊祭周文王，有天子礼乐，保存了较多的周礼，以致晋国韩宣子说“周礼尽在鲁矣”（《左传·昭公二年》）。对周礼，孔子赞叹不已，说“周监于二代，郁郁乎文哉！吾从周”（3.14）。

《管子·治国》讲“凡治国之道，必先富民”，孔子主张“富之”“教之”（13.9），所以他并不完全反对齐国的那一套治理方式。孔子不满齐国的是其不太遵守周礼，如管仲就“不知礼”（3.22）。孔子希望能在“齐国式”的“富之”的基础上加上“鲁国式”的“教之”，即礼乐教化，所以说“齐一变，至于鲁”。

鲁国虽然保存了较多的礼乐制度，但是，礼乐并不只是“玉帛”“钟鼓”（17.11）的形式，更重要的是要以仁为实质（参见3.3），否则仍然不能实现“道”。孔子希望在以鲁国为代表的礼乐形式中充实以仁的内容，所以说“鲁一变，至于道”。

孔子在这里讲的齐、鲁是指两种治国理念，有如“道之以政，齐之以刑”“道之以德，齐之以礼”（2.3），而不是齐、鲁当时的社会现状，所以，无须以当时的现状来附会。

6.25 / 子曰：“觚不觚！觚哉！觚哉！”

| 解读 |

觚（gū）是古代一种酒器，也许孔子看到觚的形制或用途发生了变化，所以有此感叹。孔子主张“正名”（13.3），认为无论什么事物，都应该符合它的规定，否则，就不能称之为该事物了，所以他强调“君君，臣臣，父父，子子”（12.11），同样，要“觚觚”，不能“觚不觚”，要追问怎样才可谓之觚。当然，这并不是说完全排斥“觚”的境遇性功用，所以孔子既讲“正名”，也讲“权”（9.30），其中的分寸是“义之与比”（4.10）。

李零以为“觚”也许是“沽”的借字，如是，“觚哉！觚哉！”就如同“沽之哉！沽之哉！”（9.13）。又以为或者“觚”通“孤”，如是，则这句话表达了孔子的孤独感，“莫我知也夫”（14.35）！

6.26 / 宰我问曰：“仁者，虽告之曰‘井有仁焉’，其从之也？”

子曰：“何为其然也？君子可逝也，不可陷也；可欺也，不可罔也。”

| 解读 |

“仁者”之“仁”为动词，追求仁、实现仁的意思。

逝：前往。陷：陷阱。

欺：欺骗。罔：愚弄。

孔门之学以仁为最高人格境界，要求终生追求仁、实现仁，“仁以为己任”，“死而后已”（8.7），为此不惜付出生命，

"有杀身以成仁"（15.9）。宰我意识到"仁"对"人"的珍贵，他提出一个很尖刻的问题，假设井中有"仁"，那么，为了追求"仁"，也要跳下井吗？在这里，宰我把"仁"设喻为某种"珍贵之物"一类的对象，而"井"则是一种险恶之境，意思是说，为了追求"仁"这个"珍贵之物"，任何险恶之境也要毫无顾忌地投身其中吗？人们不理解宰我这一提问的设喻性，认为"井"中不可能有"仁"，所以把"仁"解释为"人"，据此做出各种迂曲的解释。

孔子的回答是，对君子来说，你可以利用他所追求的对象使之前往，但不能够以此来陷害他；你可以利用他的追求来欺骗他，但不能够以此而愚弄他。君子固然"有杀身以成仁"，但是不会盲目地"奋不顾身"。

6.27 / 子曰："君子博学于文，约之以礼，亦可以弗畔矣夫！"

| 解读 |

文：诗、书、礼、乐等。《史记·孔子世家》："孔子以诗、书、礼、乐教。"

约：根据"约"的对象不同，含义也有区别。9.11有"博我以文，约我以礼"，如是，则"约"的对象是人，"约"是约束、检束的意思，"约之以礼"也就是以礼来约束人的言行，"非礼勿视，非礼勿听，非礼勿言，非礼勿动"（12.1）。毛奇龄说这儿的"约"是"以礼约文"（《论语稽求篇》），这样，"约"就是简约、简要的意思，"约之以礼"即依据礼来抓住所博学之文的要领，有如韩愈所讲的“提要钩玄”。

畔：有违背、背离的意思，也有侧、偏的意思。孔子说礼是用来“制中”的（参见《礼记·仲尼燕居》），如是，把“畔”解释为“偏”更好。博满足多样性，约满足适度性，这样才能“彬彬”（6.18）。

6.28 / 子见南子，子路不说。夫子矢之曰：“予所否者，天厌之！天厌之！”

解读

说：读yuè。

南子：卫灵公夫人，在当时对卫国的朝政有影响。史载她有姿色，性淫乱，与宋公子朝通（参见6.16），名声不好。孔子到卫国，出于某种原因，见过南子，由此遭到子路的不满。

矢：发誓。

所：连词，表示假设，相当于“如果”，古代常用于盟誓中。否：副词，表示否定，谓语常省略。孔子在这里所讲“予所否者”可以解释为如果我不对（或者不当、不正等等）。

厌：厌弃、憎恶。

对这一章历代有各种迂曲解释，不必细究。惟其中所体现的孔子“无可无不可（18.8）”的灵活、生动的表情，以及子路的率直等等，更值得玩味。

6.29 / 子曰："中庸之为德也，其至矣乎！民鲜久矣。"

| 解读 |

"中庸"一词在《论语》中只出现过一次，但它却是孔子乃至儒家思想中最重要的内容，被认为是最高的德。在孔子之前多有言"中"者，把"中"和"庸"合成一个词始于孔子。后来有据说是子思所撰的《中庸》，对"中庸"的思想做了进一步的阐述。

"中庸"由两个概念构成，一个是"中"，一个是"庸"。"中"指无过无不及，恰到好处。对于"庸"，主要有两种解释：一训为"用"。郑玄《礼记注·中庸目录》："名曰《中庸》者，以其记中和之为用也。庸，用也。"（见《礼记正义》卷第五十二）一训为"常"，又可分两解：一为"经常"，如《论语集解》："庸，常也。中和可常行之德。"一为"平常"，如《论语集注》："庸，平常也。"

"庸"是一个会意字。《说文解字》："庸，用也。从庚，从用。庚，更事也。""庸"有"用"的意思，但不能简单地理解为"用"，还应注意到"庚"的意义。"庚"有替代、变换的意思，《广雅·释诂三》："庚，更也。"《白虎通义·五行》："庚，物更也。"更替意味着继续，所以"庚"又有"续"的意思，《毛诗正义·小雅·大东》"西有长庚"注："庚，续也。""庸"字中应该体现出这种既更替又持续的意思。朱骏声《说文解字通训定声》："庸，事可施行谓之用，行而有继谓之庸。"《易传·文言》"庸言之信，庸行之谨"，焦循："庸，用也；常也，以更代而有常也。"（《易章句》）《中庸》中有"庸德之行，庸言之谨”，其“庸”亦当作如是解，即“更代而有常”。

这样，中庸应该包含三层意思：一、这是一种无过无不及、恰到好处的状态；二、这种状态要在操持（即“用”）中实现；三、这种操持（即“用”）要在不断地更替变换中持续。这样，便由状态过渡为过程，即不断地致力于“中”的过程。这意味着绝不是要把某种“中”的状态形式化、模式化地延续下去，而是要在具体的境遇中操持营为。孔子又把这称之为“允执其中”（20.1），即恰当地操持那个“中”。《中庸》：“君子之中庸也，君子而时中。”朱熹在解释“时中”时说“中无定体，随时而在”，君子能“随时以处中”。“随时以处中”即在具体的境遇中使之“中”，也就是“允执其中”，就是“中庸”。

如果说常人在某个具体境遇中使之“中”或许还有可能的话，那么要在任何境遇中都使之“中”则是非常困难以至于不可能的事，所以孔子说“民鲜久矣”。“中庸”之为最高的德，关键在于持续地操持，这只有“极高明”者才可能做到，所以，《中庸》讲“极高明而道中庸”。

在孔子学说体系中，仁是“全德”，中庸是至德，“全”包括“至”，“至”贯穿“全”。孔门之志在仁在道，修身之中和为仁，治世之中和为道，所以中庸是仁和道之魂。孔子学说根于操作（行），在这个意义上或者可以说是“以行为本”，因此，中庸是孔门最重要的思想。在中庸这里，操作与境界统一了。

“中庸”是一种持续性的致力于“中”的过程，就“持续”而言，也可以说是一种“经常”性的活动，是一种“可常行之德”（《论语集解》）。在这个意思上把“庸”解释为“常”，也未尝不可。但是这种解释容易失去“庸”字中所包含的操持的灵性。朱熹《中庸章句》引程子曰：“不偏之谓中，不易之谓庸。

中者天下之正道，庸者天下之定理。”《程氏经说》：“中庸，天下之定理。德合中庸，可谓至矣。”（卷六）程颐的解释就使得“庸”由操作性的“允执”变成概念化的“定理”。其实，“庸”既有“常”意，也有“易”意。《广韵》：“庸，常也，易也。”“常”是在“易”中的“常”，无“易”也就无“常”。

至于朱熹训“庸”为平常，离“中庸”原意又远一层。然而这种解释对后世影响颇大，时至今日人们仍多从朱解。

孔子把他之前历史上人们关于“中”的思想提升为“中庸”，对中国文化产生了深远的影响。正确地理解“中庸”是正确地把握中国传统文化精神的关键，至关重要。遗憾的是，千百年来，人们对“中庸”的理解总不很到位，因此，对中国传统文化精神的把握难免会在理论上误解，在实践上偏离。

6.30 / 子贡曰：“如有博施于民而能济众，何如？可谓仁乎？”

子曰：“何事于仁！必也圣乎！尧、舜其犹病诸！夫仁者，己欲立而立人，己欲达而达人。能近取譬，可谓仁之方也已。”

| 解读 |

施：恩惠。“博施于民”也就是“泛爱众”（1.6）。

济：补益。“济众”即补益众所不足。

事（zì）：立。“何事于仁”意即哪里只是立在仁的位置。

病：难，不易。

譬：比较，对照。

仁是孔门的理想人格境界，所以孔子讲要“志于仁”。就个人修养来说，能达到仁的境界就是无以复加了，仁是“修己”的极限。然而孔门所关注的不只是针对个体的“修己”，还要进一步关注针对群体的“安百姓”（14.42），圣便是“安百姓”的典范。

圣与仁的区别在于，圣不仅要“修己”，还要能“济众”。“修己”完全是个人的事，只要自己努力去做就行，所以孔子说“有能一日用其力于仁矣乎？我未见力不足者”（4.6），又说“仁远乎哉？我欲仁，斯仁至矣”（7.30）。“济众”或“安百姓”则不完全是个人的事，它除了个人的努力外，还有才能、机遇等因素的影响。机遇几乎是个人不可主宰的，才能中也有个人不可主宰的成分。所以，虽然孔子非常推崇圣，但又认为这连尧、舜也不容易做到（参见14.42）。

因此，孔子还是把话题转到“仁”上面来，说追求仁、实现仁就要“能近取譬”，即以自己为比照的尺度。“己欲立而立人，己欲达而达人”，“己所不欲，勿施于人”（12.2、15.24），都是这样的尺度。

“己欲”之说并不是要把“己”之“欲”强加到“人”头上，不是说要“积极”地去立人、达人，而是说要由“己欲”而推到“人”，自己想立得住，也要让人立得住；自己想行得通，也要让人行得通。至于他人是否愿意立得住、行得通，那是他自己的事，但从己的角度讲，不能妨碍人的立与达。（参见5.12）

述而第七

7.1 / 子曰："述而不作，信而好古，窃比于我老彭。"

| 解读 |

述：传述旧章。作：创制新作。《礼记·乐记》："作者之谓圣，述者之谓明。"

信而好古：信古而且好古。

窃：私自。老彭：说法不一。有说是商大夫彭祖，有说是老聃，有说是老聃、彭祖二人。"于我老彭"，《定州汉墓竹简论语》作"我于老彭"。

在政治学中，保守主义重视历史的"积淀"性，反对割断历史。在保守主义看来，每一代人都只是一个不间断的历史过程的暂时所有人，是中间环节，任何一代人都无权割断历史，任何一代人都无权以自己一时的"理性"去否定漫长的历史中人们的理性，而这些理性是经过历史的"浪淘沙"积淀下来的。

孔子的"述而不作"正体现了对传统中所积累、储存的理性的尊重。但是，孔子的"述"又绝非对"古"的原封不动的照搬，如果只是原封不动的照搬，那也就没有再"述"的必要了。每一代人的“述”实际上都离不开当时人们的境遇，以及“述者”个人的“背景”。根据解释学的观点，每一代人都是从自己的“视域”去解读历史（传统）这个文本，将自己的关心和问题注入试图理解的那个对象，所以，理解（解释、述）是一个不断地将过去和现在加以贯通的传递过程。史载孔子删诗书、定礼乐，其中都带有孔子的“视域”，从形式上说是叙述旧文，从整理的准绳和经义的阐明说是创作新意，述与作是不可分的一件事。萧公权：“孔子之功，大致在熔铸旧观念以成新思想。”（《中国政治思想史》，辽宁教育出版社，1998年，第829页。）

7.2 / 子曰：“默而识之，学而不厌，诲人不倦，何有于我哉？”

| 解读 |

识（zhì）：记。

厌、倦：都有厌烦、倦怠的意思，指对某种活动失去兴趣，不愿意继续做。

何有：有什么。“何有于我”即于我何有，对我来说不算什么。

孔子并不认为自己做事的重点在“多学而识之”（15.3）。

在上一章孔子讲他是“述而不作，信而好古”，正因为如此，所以他所做的一件事，就是学习、记住以往的知识，再把这些知识传授给他人。在孔子看来，这就是他本分的事，算不了什么。孔子所言也是告知他人，做到这些并不难。

7.3 / 子曰："德之不修，学之不讲，闻义不能徙，不善不能改，是吾忧也。"

| 解读 |

讲：考校、比较。

徙：移从。

在上一章中孔子说"默而识之，学而不厌，诲人不倦"对他来说不算什么，在这一章中孔子说"德之不修，学之不讲，闻义不能徙，不善不能改"才是他所关切的。

孔门之学旨在修德，要修德须要"志于学"（2.4），这是为什么学的问题。除了为什么学的问题，还需要考校学什么，即"讲学"。在孔子看来，最重要的就是学"义"，要"闻义而徙"。义即宜，是适宜、无过无不及。程颢说"谓之恶者非本恶，但或过或不及便如此"（《河南程氏遗书》卷第二上），反过来讲，无过无不及即善。所以，学"义"也就是"从善"。那么，怎样"从善"，即怎样学呢？无非是"见贤思齐焉，见不贤而内自省"（4.17），"择其善者而从之，其不善者而改之"（7.22），等等。这样的话，可以说孔子所忧的是为什么学、学什么和怎样学的问题。

孔子曾讲"乐以忘忧"（7.19）、"仁者不忧"（9.29）、"君子不忧"（12.4）等等，而在这一章中讲"是吾忧也"，这些表述并不矛盾。前述的"忧"是患得患失的烦恼，而后述的"忧"是对自身修养和社会治理的关切。孔子还讲过"君子忧道不忧贫"（15.32），前面的"忧"是关切，后面的"忧"是烦恼。后来，孟子对此做了区别，将烦恼称之为"患"，认为"君子有终身之忧，无一朝之患”（《孟子·离娄下》）。

7.4 / 子之燕居，申申如也，夭夭如也。

| 解读 |

燕居：闲居，退朝而处。

申申、夭夭：都是和愉、舒畅的意思。《论语义疏》：“申申者，心和也；夭夭者，貌舒也。”《论语集注》引杨氏曰：“申申，其容舒也；夭夭，其色愉也。”

孟子说孔子是“圣之时者”（《孟子·万章下》）。在不同的境遇中，孔子表现出不同的情态，如“子于是日哭，则不歌”（7.10）；如遭子路误解情急发誓（参见6.28）；如《乡党》篇中讲的在各种场合的表情神态等等，展现在人们眼前的是一个活灵活现的孔子。后世儒家很重视人的“气象”，孔子的气象如此。

7.5 / 子曰：“甚矣吾衰也！久矣吾不复梦见周公！”

| 解读 |

周公：姓姬，名旦，又称为周公旦。周文王之子，武王之弟，鲁国的始封之君。在西周初年，周公制礼作乐，为西周社会的治理奠定了基础。

孔子认为周公时代的西周就是其心目中理想社会的状态，因此自觉选择“从周”（3.14），也许因为这个缘故，在其往时梦中曾经出现过周公。及至晚年，精衰力竭，而社会现状离周公之道却越来越远，不免有所灰心，因此有“甚矣吾衰”“吾已矣夫”（9.9）之哀叹，而“不复梦”之言则是以梦境的变化表达自己的哀情。《孔丛子·记问》载，孔子曾谱琴曲抒发自己的感情，歌词中唱道“周道衰微，礼乐陵迟……周游天下，靡邦可依……伤予道穷，哀彼无辜……从吾所好，其乐只且（jū）”。这表明孔子有抱负，也有哀叹；有理想，也有牢骚。

7.6 / 子曰：“志于道，据于德；依于仁，游于艺。”

| 解读 |

据：执守。《郭店楚墓竹简·语丛三》有“狎于德”，狎，熟悉。

依：依归。《孟子·离娄上》：“仁，人之安宅也。”“依于仁”即以仁为归宿。

游：出入往来。

仁和道是孔门的两个理想境界，仁是修身的极限，道是治世的极限。孔子讲“志于学”（2.4），就修身讲，志于学也就是“志于仁”（4.4）；就治世讲，志于学也就是“志于道”（4.9）。依于仁类似志于仁。

作为极限的仁和道都具有“全”的性质，仁是“全德”（参见1.2），道是“全和”（参见4.8），要实现这理想境界，需要从具体方面入手，所以孔子又讲“据于德”“游于艺”。

《文子·精诚》讲：“道散而为德。”与道相对，德是整体的某一方面，或者说，是全的某一偏。在这里，可以把德理解为一件件有益于实现道的具体事情。朱熹说："德只是做这一件事底意思，据而勿失。"又说："德是行来行去，行得熟，已成个物事了。"（《朱子语类》卷第三十四）将一件件有益于实现道的事行来行去，据而勿失，这样，"道方有归著"（同上）。没有志道，据德无目的；没有据德，志道无着落。

艺在这里主要指"六艺"等知识和技能，但不限于这些内容。《大学》讲"修身"从"格物"开始，所谓"格物"是要在诸多事物扞格汇集、错综交感中，斟酌权衡，求得中正。孔门以"六艺"为主要教学内容，意在培养这种权衡操持的能力，在"游于艺"的过程中实现"从心所欲不逾矩"。依仁须在游艺中体现，否则为虚；游艺亦应有依仁的情怀，否则会隘。程颢讲"君子之学，莫若廓然而大公，物来而顺应"（《河南程氏文集》卷第二），依于仁始能"廓然而大公"，游于艺始能"物来而顺应"。

7.7 / 子曰："自行束脩以上，吾未尝无诲焉。"

｜解读｜

束脩：有几种不同的解释，第一，认为指十条干肉（也许"十条干肉"是一种等价标准），是入学时带的敬师礼物；第二，认为指15岁以上，是束带修饰的年龄；第三，认为是约束修养的意思。第一、第二种解释都是硬杠杠。孔子讲"有教无类"（15.39），而硬杠杠正是一种划类的界限。

孔子曾说"中人以上，可以语上也；中人以下，不可以语上也”（6.21），在这一章中讲“自行束脩以上，吾未尝无诲焉”，这两处所讲的意思相近。在孔子那里，无论是谁，只要你为上进而向他求教，他没有不教的，至于你是否带见面礼，是否够年龄，都无关紧要。如对于“互乡难与言童子”（7.29），孔子未必会问他多大年纪和是否有见面礼。如果你不上进，那么即使你有丰厚的礼物，孔子也不教，如“卫灵公问陈于孔子”（15.1），孔子便推辞并且离开。

7.8 / 子曰：“不愤不启，不悱不发，举一隅不以三隅反，则不复也。”

| 解读 |

愤：思虑郁结于心。悱：想说而说不出。启、发都有开导的意思。

复：答复。

孔子不主张或者说不看重记问之学，强调教学过程中学生的思考、领悟以及表达，所以，不到“愤”“悱”的地步，不急于去启、发；在启、发过程中如果学生不能“举一反三”，说明学生还没有到“愤”“悱”，这时就不再进一步答复解释。不再答复解释不是说不再教诲，孔子“有教无类”（15.39）、“诲人不倦”（7.2），除了不求上进者，不会因为其他原因而不教不诲。

7.9 / 子食于有丧者之侧，未尝饱也。

7.10 / 子于是日哭，则不歌。

| 解读 |

以上两章描述孔子感情的表达。

孔子及儒家关注的是情—理关系问题。情—理关系的起点是情，通过理（礼）的规范，情的表达得以适度，即“从心所欲不逾矩”（2.4）。所以，其学说的形式是情—理—情。所谓适度，不是说刻意地按某种固定的标准表达感情，而是说在具体境遇中自然而恰当地流露感情。这需要经过长期的礼乐教化和陶冶，“兴于诗，立于礼，成于乐”（8.8），才能做到。《论语》中对孔子诸多情态的描述皆意在说明这一点。

7.11 / 子谓颜渊曰：“用之则行，舍之则藏，惟我与尔有是夫。”

子路曰：“子行三军，则谁与？”

子曰：“暴虎冯河，死而无悔者，吾不与也。必也临事而惧，好谋而成者也。”

| 解读 |

用之则行：如果被任用，就出去做事。

舍之则藏：如果被舍弃，就隐退在家。

行三军：行军是用兵、调兵遣将的意思。三军指大国的军队。与（yǔ）：随从。

暴虎冯（píng）河：空手打虎，不借助渡河的工具而渡河。

孔子所志，在仁在道。实现仁是个人修养的事，这件事完全由个人所主宰，其所要求的条件只有一个，就是个体的努力，所以说“仁远乎哉？我欲仁，斯仁至矣”（7.30）；说“有能一日用其力于仁矣乎？我未见力不足者”（4.6）。实现道则除了个体的努力外，还需要具备其他的条件，比如说要有适当的境遇。王安石有一首《浪淘沙》：“伊吕两衰翁，历遍穷通，一为钓叟一耕佣。若使当时身不遇，老了英雄。汤武遇相逢，风虎云龙，兴王只在笑谈中。直至如今千载后，谁与争功。”伊尹、吕尚与商汤、周武相逢，才能充分施展自己的抱负，没有适当的境遇，他们也就只能是“一为钓叟一耕佣”了。实现道也与此类似，所以孔子“用之则行，舍之则藏”的谈论中包含着一种无奈，将道之行与废归之于命（参见14.36）。

当然，“舍之则藏”并不是隐退无所事，在“舍之”的环境中仍然要“用其力于仁”。《孔子家语·在厄》：“芝兰生于深林，不以无人而不芳；君子修道立德，不谓穷困而改节。”孟子说：“得志，泽加于民；不得志，修身见于世。穷则独善其身，达则兼善天下。”（《孟子·尽心上》）按孔子“是亦为政”（2.21）的说法，“修身见于世”“独善其身”是在“舍之”的环境中致力于道。

子路的特点是勇，当他听到孔子对颜渊说他们二人都有“用之则行，舍之则藏”的特点时，便想在勇这一点上得到孔子的认同，所以他对孔子说，当您统率三军时，谁和您在一起？孔子深知子路“好勇、过我”（5.7），争强好胜（参见11.22），所以经常要抑制一下他。当他听到子路上述话时，便说即使率军作战，也不会选择同有勇无谋的人在一起。这体现出孔子因材施教的特点。

7.12 / 子曰："富而可求也，虽执鞭之士，吾亦为之。如不可求，从吾所好。"

| 解读 |

执鞭之士：有两种解释，一是王公出入时的开路者，一是市场的守门人，这里代指地位低下的职位。

孔子曾说"富与贵，是人之所欲也，不以其道得之，不处也"（4.5）。孔子并不排斥富，但是要能以其道富之才可以去求，不能为了富而不择手段。如果能富之以道，无论什么样的职事都可以去做，不必在意地位高低；如果不能富之以道，那么就还是"从吾所好"了。孔子所好是什么？义！所以说要"义之与比"（4.10），说要"见得思义"（16.10），说"不义而富且贵，于我如浮云"（7.16）。

7.13 / 子之所慎：齐，战，疾。

| 解读 |

慎：在这里有慎重的意思，也有忧惧的意思。

齐（zhāi）：即斋，是祭祀前整洁身心的行为。孔子讲"祭如在，祭神如神在"（3.12），强调以真实感情参与到祭祀活动中，所以对祭祀前斋戒之事非常慎重。

孟子说："春秋无义战。"（《孟子·尽心下》）孔子身处战争频仍的春秋，虽然也主张一个国家需要"足兵"（12.7），但对战争总是充满忧惧，因此即使对武王克殷之举也稍有微词，认为

《武》乐“未尽善”（3.25）。所以，当卫灵公向他询问作战的阵法时，他便以“军旅之事，未之学也”（15.1）为借口而辞别。

疾既指个人的疾病，也指瘟疫之类的事情。

7.14 / 子在齐闻《韶》，三月不知肉味，曰：“不图为乐之至于斯也。”

| 解读 |

韶：参见3.25。

三月：参见6.7。“三月不知肉味”只是一种比喻，意谓沉浸于高雅的艺术生活，可以在某种程度上消解对物质欲望的过分追求。

图：料想。

孔子35岁到过齐国，在齐闻《韶》就在这个时期。（参见钱穆《孔子传》，三联书店，2002年，李零《丧家狗》，山西人民出版社，2007年。）

《史记·孔子世家》载“孔子以诗、书、礼、乐教”，乐是孔子教学的重要内容，他自己对乐理很精通（参见3.23），演奏的水平也很高（参见11.15），当他在齐国听到演奏《韶》乐，久久沉浸于其中，获得比口腹之欲更为深刻的幸福感以及内心世界的丰富感，因而“肉味”自然被推到其次的位置以至于“不知”了。

7.15 / 冉有曰：“夫子为卫君乎？”

子贡曰：“诺。吾将问之。”

入，曰：“伯夷、叔齐何人也？”

曰："古之贤人也。"

曰："怨乎？"

曰："求仁而得仁，又何怨？"

出，曰："夫子不为也。"

| 解读 |

为：帮助。卫君：指卫出公辄。

"求仁而得仁"即"我欲仁，斯仁至矣"（7.30）的意思。

卫出公辄是卫灵公之孙、太子蒯聩之子。太子蒯聩因得罪灵公夫人南子而逃亡晋国。灵公死，立辄为君，而晋国赵简子却把蒯聩送回卫国，形成了父子争夺君权的局面。那时孔子正在卫国，弟子们不知道孔子对这件事的态度，所以有冉有之问子贡。子贡见孔子后，没有直接问这件事，而是以伯夷、叔齐之事（参见5.23）来试探孔子的态度。因为伯夷、叔齐兄弟让国与蒯聩、辄父子争国形成鲜明对比，所以当子贡听到孔子称赞伯夷、叔齐"求仁而得仁"，便知道孔子不会参与卫国父子争权的事，不会帮助卫出公辄。

7.16 / 子曰："饭疏食饮水，曲肱而枕之，乐亦在其中矣。不义而富且贵，于我如浮云。"

| 解读 |

饭：用作动词。疏食：粗饭。水：冷水。肱（gōng）：臂。

浮云：飘动的云。“于我如浮云”意谓如同天上飘动的云一样与我无关。

在4.5、7.12，已知孔子对富贵贫贱的态度，在这一章孔子又表明“不义而富且贵，于我如浮云”。综合而言，孔子并不反对富贵，也不能说他就喜欢贫贱，但是他强调求富贵必须要合乎义，要“义之与比”（4.10）。当行为合乎义，便会生出发自内心的愉悦，即使处于相对贫贱的状态。

宋儒将这一章和6.11合在一起讲“孔颜之乐”。

7.17 / 子曰：“加我数年，五十以学《易》，可以无大过矣。”

| 解读 |

加：通“假”，《史记·孔子世家》中即作“假”，给予的意思。加我数年即倒退几年的意思。

《史记·孔子世家》中讲“孔子晚而喜《易》”，“读《易》韦编三绝”。《马王堆汉墓帛书·要》讲“夫子老而好《易》，居则在席，行则在橐”。按“晚”“老”之说，孔子喜好《易》当在50岁以后。孔子51岁到54岁曾短暂出仕，做过中都宰、司空、大司寇等（参见钱穆《孔子传》，三联书店，2002年；李零《丧家狗》，山西人民出版社，2007年），期间也许有孔子自己所认为的“大过”，所以他说如果倒退几年，在50岁时学《易》的话，也许就没有那些“大过”了。

《易》本来是巫史祝卜用来占筮的书，但孔子所重视的是其中所蕴含的关于德义的道理，所以他说：“易，我复其祝卜矣，我观其德义耳也……吾与史巫同涂而殊归者也。”（《马王堆汉墓帛书·要》）复即翻转过来的意思，同涂而殊归是说虽然都是读《易》，但旨趣大不相同。司马迁说孔子曾写过《彖》《系》《象》《说卦》《文言》，今传《易传》中有很多“子曰”，所言未必都是孔子的话，但《易传》中无疑有孔子的思想，不能以定本的晚出否认《易传》与孔子的关系。

7.18 / 子所雅言：《诗》《书》执礼，皆雅言也。

| 解读 |

雅言：通行的标准语，犹如今日的普通话。

执礼：主持礼仪。

讲读《诗》《书》，主持礼仪，都是公众场合，并非所有在场的人都能听懂孔子的方言，所以在这些场合孔子都说普通话。

7.19 / 叶公问孔子于子路，子路不对。

子曰：“女奚不曰，其为人也，发愤忘食，乐以忘忧，不知老之将至云尔。”

| 解读 |

叶公：楚国叶的县尹沈诸梁，僭称为“公”。叶旧读shè。

食：谷，俸禄。

云尔：如此而已。

孔子志仁志道，决心致力于仁和道的实现，以至于无暇顾及俸禄收入问题；他以志为趣，乐此不疲，丢弃了烦恼；他无意于年岁的增长，一直行走在追求理想的路上，一生如此而已。《礼记·表记》：“乡（向）道而行，中道而废，忘身之老也，不知年数之不足也。俛（努力、勤勉）焉日有孳孳，毙而后已。”

7.20 / 子曰：“我非生而知之者，好古，敏以求之者也。”

| 解读 |

敏：勤勉。

孔子把知的过程分为四等：“生而知之”，“学而知之”，“困而学之”，“困而不学”。（16.9）又说：“唯上知与下愚不移。”（17.3）上智和下愚是两头的极限，所以“不移（动）”，“中人”（6.21）则游移于两端之间。“中人以上”（6.21）指由下而上，其指向为上智，学而知之、困而学之都是“中人以上”，只不过一个是主动地上，一个是被动地上。“中人以下”（6.21）的指向是下愚，困而不学就是中人以下。

孔子“十有五而志于学”（2.4），一生勤勉好学，拥有许多知识和技能，人们认为他很伟大（参见9.2），以至于有人认为孔子是

“圣者”（9.6），而孔子则说他的知识都是勤勉学习所得，并不是生而知之。孔子认为他的一个特点就是“好学”（5.28），他所重视的是后天的志向和努力。

7.21 / 子不语怪、力、乱、神。

| 解读 |

语：议论。
怪：怪异之事。
力：威力、权势。
乱：不合常情之事。
神：鬼神之事。
孔子所议论的都是人间的事，重视人的努力。

7.22 / 子曰：“三人行，必有我师焉。择其善者而从之，其不善者而改之。”

| 解读 |

“三人”不必泥于确指，“行”也不必泥于出行。有版本作“我三人行”。

孔子虚心好学，学无“常师”（19.22），“见贤思齐焉，见不贤而内自省”（4.17），择善从之，不善改之，无论在什么情况下，都可以找到自己的“师”。

7.23 / 子曰："天生德于予，桓魋其如予何？"

| 解读 |

桓魋（tuí）：宋国贵族司马桓魋，孔子弟子司马牛之兄。

《史记·孔子世家》载，孔子去曹适宋，与弟子习礼大树下，宋司马桓魋欲杀孔子，拔其树。这是孔子周游列国时，在宋国遭遇的一次厄难。孔子因此离开宋国，弟子们催促快点，孔子说：天生德在我身上，桓魋能把我怎么样呢？表现出一种淡然和勇气。

孔子这话并不是说自己有"天"护佑，而是说自己有"德"在身，重点在"德"不在"天"。有德则无所畏惧，表现出一种自信。

7.24 / 子曰："二三子以我为隐乎？吾无隐乎尔。吾无行而不与二三子者，是丘也。"

| 解读 |

二三子：参见3.24。

与（yù）：在其中。"吾无行而不与二三子者"意思是我没有什么行为是背着诸位的。

孔子教学内容丰富、形式多样、方法灵活，他把教学活动贯穿在生活中，言传身教，启发弟子，要求弟子们能举一反三（参见7.8）。也许有弟子未能"反三"，反而以为孔子隐藏着什么而不传授，甚至于打听孔子会不会给自己儿子"吃偏饭"（参见16.13）。

因此，孔子说：我对你们没有隐藏，我的教学活动没有背着诸位的，这就是我的为人。朱熹："要紧意思，都在'吾无行而不与二三子'处，须去仔细认圣人无不与二三子处在哪里。凡日用饮食居处之间，认得圣人是如何，自家今当如何。"（《朱子语类》卷第三十四）

7.25 / 子以四教：文、行、忠、信。

| 解读 |

文：诗、书、礼、乐等文献。

行：德行。

忠：真心实意。

信：言实无欺。

四教即在11.3中所讲德行、言语、政事、文学四科。刘敞《公是弟子记》："文，所谓文学也；行，所谓德行也。政事主忠，言语主信。"（见《论语集释》）德行、文学所指明确，政事、言语则有忠、信与否的区别，所以从"教"的角度讲则强调忠、信。当然，忠、信并不只针对政事、言语，只是说对政事、言语要求更切。也不是说四科分别各学一"教"，而是各有一长。

7.26 / 子曰："圣人，吾不得而见之矣；得见君子者，斯可矣。"

子曰："善人，吾不得而见之矣；得见有恒者，斯可矣。亡而为有，虚而为盈，约而为泰，难乎有恒矣。”

| 解读 |

在6.30中比较了圣和仁，其区别在于，作为“全德”之仁是“修己”的极限，而圣则不仅要“修己”，还要能“济众”，是“修己”加“治世”的极限。圣（和仁）作为极限，即使像尧、舜那样孔子很推崇的人也很难达到（6.30），因此在现实中就难以得见，历史上所谓的圣人都是后人出于对已逝先贤的推崇而称呼的。

君子是指志于仁、志于道并努力实现自己志向的人，这样的人虽然不可能达到最终的极限，但是却在不断地趋向那个极限。孔子教育的目的之一就是想培养出这样的人。对此似乎孔子也并非信心十足，所以说能够见到这样的人也就满意了。

孔子说“善人之道”是“不践迹，亦不入于室”（11.20）。不践迹即不踩着已有的脚印走，不入于室即不终止行走（参见11.20）。善有宜（义）的意思，即无过无不及。善人指不受“旧迹”和“尽头”的束缚，能根据具体境遇不断地调整“路子”把问题处理恰当的人，也就是能“道中庸”的人。孔子说：“中庸之为德也，其至矣乎！民鲜久矣。”（6.29）所以这样的人也是难以得见的。程颢讲“君子之学，莫若廓然而大公，物来而顺应”（《河南程氏文集》卷第二），圣人的表现是廓然大公，善人的表现是物来顺应。

孔子说：“君子之中庸也，君子而时中；小人之中庸也，小人而无忌惮也。”（《中庸》）时中是在具体的境遇中操持营为以求达到无过无不及。其操持营为要不断随境遇的变化做调整，故曰“庸”（参见6.29），具有很强的灵活性，但其灵活性是以“中”

为目的的。小人之“无忌惮”也有很强的灵活性，但其灵活性不是以“中”为目的的，貌似“中庸”，实则“反中庸”。如果这样的话，那还不如守着成规旧法一直走下去，所以王通说“非君子不可与语变”（《中说·述史》）。

有恒者就是那种能守成规旧法的人。但即使守成规旧法也不是轻易能做到的，必须要以实诚为基础，即实实在在地守成规旧法。所以孔子说“亡而为有，虚而为盈，约而为泰，难乎有恒矣”。亡而为有、虚而为盈、约而为泰都是虚夸之事，以无装有、以空虚装充实、以穷困装奢华，讲形式，顾面子，图好看。也可以解释为借成规旧法之名，行谋取私利之实，从无到有，从虚到满，从抠抠搜搜到大手大脚（李零解）。无论哪种情况，都不可能真正地守成规旧法。也许孔子看到太多这样的现象，所以说能见到真正的“有恒者”也就不错了。

7.27 / 子钓而不纲，弋不射宿。

解读

纲：在大绳上系以小钩横在水流上来捕鱼。

弋（yì）：带丝绳的箭。此用作动词。宿：此指还巢的鸟。

人要生存，必须从大自然中获取生活资料，但无论做什么事，都要有节。钓而不纲、弋不射宿体现出孔子的取物态度。《新书·礼》：“不合围，不掩群，不射宿，不涸泽……取之有时，用之有节，则物蕃多。”只有取用有节，才“可持续”，才能使从祖先到子孙的“大生命”不断延续，才是孝（参见1.9）。

7.28 / 子曰："盖有不知而作之者，我无是也。多闻，择其善者而从之；多见而识之，知之次也。"

解读

不知而作：不去多闻多见而妄自创制。孔子说他自己"述而不作，信而好古"（7.1），所以没有"不知而作"的毛病。

识（zhì）：记住。

次：顺序。

"闻"大多是间接之知，所以要辨别信息，择善而从；"见"是直接之知，所以记住即可。这就是知的顺序和过程。

7.29 / 互乡难与言童子见，门人惑。

子曰："与其进也，不与其退也，唯何甚？人洁己以进，与其洁也，不保其往也。"

解读

互乡：地名。难与言：难说话，难打交道。互乡、难与言都是"童子"的定语。"互乡难与言童子见"人们多断句为"互乡难与言，童子见"，说一个地方的人都难说话或难打交道，牵涉面太宽。

与（yǔ）：赞许。进：即"中人以上"中的上。退：即"中人以下"中的下。（参见6.21）

唯：语词。何甚：何必过分。

保：守，不放过。

孔子“有教无类”（15.39），无论是谁，只要他上进并向孔子求教，孔子没有不教的。无论一个人以前有怎样的过失，只要他从现在开始洁己以进，孔子都会赞许，不会抓住他的过去不放，“存往者，在来者，朝有过夕改则与之，夕有过朝改则与之”（《大戴礼记·曾子立事》）。

7.30 / 子曰：“仁远乎哉？我欲仁，斯仁至矣。”

┃解读┃

作为“全德”的仁是人生修养的理想境界，任何人都不可能完全实现它，就此而言，仁是一个极限点，人不可能到达。但是，能不能到达终点是一回事，要不要坚持追求是另一回事。所以，一方面孔子不认为哪个人能完全实现仁的境界，不轻许人以仁；另一方面又说，我追求仁，那么就达到了仁。

“斯仁至矣”也可以说是“至此仁矣”，此“仁”非彼“仁”。就终极状态讲，彼“仁”离人很远，是人毕生追求的目标，“死而后已，不亦远乎”（8.7）？就坚持追求讲，此“仁”又离人不远，就在人的追求过程中，晏婴说“为者常成，行者常至”（《晏子春秋》卷六），用宋儒的话讲，即“行处是”（《河南程氏外书》卷第十二）。

7.31 / 陈司败问："昭公知礼乎？"

孔子曰："知礼。"

孔子退，揖巫马期而进之，曰："吾闻君子不党，君子亦党乎？君取于吴，为同姓，谓之吴孟子。君而知礼，孰不知礼？"

巫马期以告。

子曰："丘也幸，苟有过，人必知之。"

| 解读 |

司败：陈国官名，相当于别国司寇。

昭公：鲁昭公，公元前541年至公元前510年在位。

巫马期：孔子弟子，姓巫马，名施，字子期。"揖巫马期而进之"，向巫马期作揖请他进前。

党：偏私。

君取于吴：鲁昭公娶吴国女子为妻。取同娶。

同姓：鲁国为周公之后，吴国为泰伯之后（参见8.1），都姓姬。按周代礼制，娶妻不娶同姓，所以鲁昭公娶吴国女子不合礼制。

谓之吴孟子：按当时惯例，国君夫人的称谓一般是所生长国的国名加自己的姓，因此鲁昭公所娶吴国女子应该称为吴姬。鲁昭公自知娶同姓违礼，所以不称吴姬，而称吴孟子。

对于鲁昭公这件违礼的事，孔子肯定知道，但出于维护自己国家领导的面子，在与陈司败对话时，还是袒护了鲁昭公，说昭公

“知礼”。因此陈司败说，难道君子也偏私吗？鲁君如果知礼，还有谁不知礼？听到陈司败的批评，孔子并没有辩解，而是说自己很幸运，如果有过错，别人一定会指出来。子夏说：“小人之过也，必文。”（19.8）子贡说：“君子之过也，如日月之食焉：过也人皆见之，更也人皆仰之。”（19.21）

7.32 / 子与人歌而善，必使反之，而后和之。

| 解读 |

和：读hè。

孔子多才多艺，理论与实践兼长，即使如此，他还是“学而不厌”（7.2），无论在什么场合，一旦发现他人的长处，就立即学习。在一起唱歌时，发现有人唱得好，一定请他再唱，然后自己跟着唱。

7.33 / 子曰：“文，莫吾犹人也。躬行君子，则吾未之有得。”

| 解读 |

莫：疑词。或许、大约。

未之有得：还没有达到目标。

文、行既是孔子的教学内容，也是孔子自己的事业，这一章就是孔子反省自己在这两方面做得怎么样。

在文这一方面，虽然孔子对诗、书、礼、乐等文献的精熟程度不是常人所可比，但他仍然很谦逊地说他或许和别人差不多。在做君子这一方面，孔子说他还没有达到目标。君子的目标指向是仁、道，这是不可能达到的极限，躬行君子就是不断地向着这目标行进，一直在途中，死而后已，“中道而废”（6.12）。

或谓“文莫”通“忞慔（mín mù）”，勉力的意思。

7.34 / 子曰：“若圣与仁，则吾岂敢？抑为之不厌，诲人不倦，则可谓云尔已矣。”公西华曰：“正唯弟子不能学也。”

| 解读 |

抑：如果。

公西华：公西赤。（参见5.8）

由于孔子的道德学问都达到很高的境界，又多才多艺，所以有人便推崇孔子为圣（参见9.6）。但是在孔子那里，圣和仁都是人生修养无以复加的境界，所以孔子说自己断不敢当圣和仁的称号。孔子认为他所能做到的是毫不厌倦地实现自己的志向，即向圣和仁趋进；毫不厌倦地从事教育工作，即培养君子型人才。所以说他“为之不厌，诲人不倦”，还是可以的。

在7.2章中讲“学而不厌”，这一章则讲“为之不厌”，两处之区别是细微而重要的。孔子说“吾十有五而志于学”（2.4），他所说的“学”并不是单纯地学知识和技能，更重要的是要“下学而上达”（14.35），将“志于学”上达到“志于仁”“志于道”，学仁学圣。尽管“默而识之”之类的记诵之学也是孔子“志于学”的部分，但在这一章，孔子还是做了些区别，讲“为之不厌”，突出了

“上达”的意义。

在公西华看来，为之不厌、诲人不倦正是弟子们难以学到的。

7.35 / 子疾病。子路请祷。

子曰：“有诸？”

子路对曰：“有之。诔曰：‘祷尔于上下神祇。’”

子曰：“丘之祷久矣。”

| 解读 |

疾病：病重。

祷：向神祝告祈求福寿。

有诸：有这必要吗？

诔：同“讄”，祷辞。神祇：天神为神，地神为祇。

祷是向神求福，而孔子对神的态度是敬而远之（参见6.22），所以他不主张祈祷。当子路执意要祈祷时，孔子说他已经祈祷很久了。之所以这样说，是因为孔子强调“德行焉求福”（《马王堆汉墓帛书·要》），如果非要把福看作祈祷所得，那么进行德行修养也就是一种“祷”。孔子“十有五而志于学”，一直都在提升自己的道德境界，也就是一直在“祷”。王充：“圣人修身正行，素祷之日久，天地鬼神知其无罪，故曰祷久矣。”（《论衡·感虚篇》）

7.36 / 子曰：“奢则不孙，俭则固。与其不孙也，宁固。”

| 解读 |

孙（xùn）：通“逊”，恭顺、谦让。

固：固陋。

奢、俭都不适度，但是因为“由俭入奢易，由奢入俭难”（司马光《训俭示康》），进而也可以说由俭适度易，由奢适度难，因此，如果难以把握得恰到好处，宁可偏于俭的一面，“与其奢也，宁俭”（3.4）。中国古代思想家们多不主张奢，而对俭则颇有好感，认为“有德者皆由俭来”（司马光《训俭示康》），“自古及今，未有亡于俭者也”（谭峭《化书·俭化》）。

7.37 / 子曰：“君子坦荡荡，小人长戚戚。”

| 解读 |

坦荡：从容坦然，平易宽广。

戚戚：心怀忧惧。

孔子说“君子不忧不惧”，“内省不疚，夫何忧何惧”？（12.4）这正是“君子坦荡荡，小人长戚戚”的原因。君子“仰不愧于天，俯不怍于人”（《孟子·尽心上》），心胸宽广，无论什么境遇，都能坦然应对。如孔子“畏于匡”（9.5），过宋遇桓魋（参见7.23），“在陈绝粮”（15.2），都表现出从容坦然；如孔子“饭疏食饮水”（7.16），颜回箪食、瓢饮、在陋巷（参见6.11），都能够宽宏宁静以乐。小人患得患失，故常怀忧惧，或卜筮祷告，或迷从禁忌，如此等等，始终不得安宁，所以说“长戚戚”。《孔子家语·在厄》载子路问孔子：“君子亦有忧乎？”孔子说：“无也。君子之修行也，其未得之，则乐其意，既得之，又乐其治，是以有终身之乐，无一日之忧。小人则不然，其未得也，患弗得之，既得之，又恐失之，是以有终身之忧，无一日之乐也。”

7.38 / 子温而厉，威而不猛，恭而安。

| 解读 |

温：温和。厉：严厉。

威：威仪。猛：凶猛。

恭：庄肃。安：安适。

孔门以至中国传统文化重视“和”，“和”是多样性与适度性的统一。孔子讲“文质彬彬”（6.18），彬彬的意思是“相杂而适均”，相杂满足多样性的要求，适均满足适度性的要求。温而厉、威而不猛、恭而安都是“彬彬”，体现出孔子“和”的气象。

泰 伯 第 八

8.1 / 子曰："泰伯，其可谓至德也已矣。三以天下让，民无得而称焉。"

| 解读 |

泰伯：吴太伯，周太王古公亶父的长子。相传周太王有三个儿子，长子太伯，次子仲雍，三子季历。太王觉得季历的儿子昌能使周兴旺，就想通过传位给季历，再传位给昌。太伯和仲雍得知太王的意愿后，就出走到荆蛮之地，自号勾吴，文身断发，以随其俗，表示不再为周所用，成为吴国始祖。季历继承王位，再传位昌，即周文王。

春秋时期，人们为了争夺王位，父子兄弟互相残杀，"弑君三十六，亡国五十二，诸侯奔走不得保其社稷者不可胜数"（《史记》卷一百三十），因此，伯夷、叔齐，泰伯、仲雍的故事传为美谈。孔子对吴太伯极力夸赞，说他的德高到了无法用语言表达的程度。

"三以天下让"的说法，迂曲解释很多，少有根据，不必深究。"无得而称"指无法用言语来称赞。

8.2 / 子曰："恭而无礼则劳，慎而无礼则葸，勇而无礼则乱，直而无礼则绞。君子笃于亲，则民兴于仁；故旧不遗，则民不偷。"

| 解读 |

劳：烦劳，麻烦。

葸（xǐ）：畏惧，胆怯。

乱：盲动，作乱。

绞：急躁，伤人。

笃：深情，厚道。

遗：忽略，遗忘。

故旧：旧交，旧友。偷：刻薄，不厚道。

孔门对任何事情都不做抽象的评价，而总是要把它放在具体的关系中来考量，看是否适度、中节，适度就好，不适度就不好。礼的作用正在于"制中"（《礼记·仲尼燕居》），防止和纠正过或不及，所以任何时候都不能没有"礼"。

君子指有德之人，孔子的教育活动就是想培养出一个道德贵族阶层，在社会群体中起催化作用。有德有位固然影响面宽，但有德无位也能在一定的范围产生影响，所以孔子有"是亦为政"（2.21）之论。

8.3 / 曾子有疾，召门弟子，曰："启予足！启予手！《诗》云：'战战兢兢，如临深渊，如履薄冰。’而今而后，吾知免夫！小子！”

解读

启：视。《论语集解》引郑玄曰：“使弟子开衾而视之也。”

“战战兢兢，如临深渊，如履薄冰”出于《诗·小雅·小旻》。

儒家将每一个人的生命都看作是从祖先到后代的一个中间环节，每一个人都是其祖先生命的延续，是后代生命的开端，因此，每一个人都有义务把这个大生命保护好，其中自然也包含自己的小生命。在孔门弟子中，曾参以孝著称，其就这个问题的论述很多。在相传由曾参所著的《孝经》中有“身体发肤，受之父母，不敢毁伤”。《大戴礼记·曾子大孝》中有“父母全而生之，子全而归之，可谓孝矣。不亏其体，可谓全矣”。《礼记·祭义》也有曾子说“身也者，父母之遗体也。行父母之遗体，敢不敬乎”？正因为这样，曾子对自己的身体有一种敬畏感，小心翼翼地保护，“战战兢兢，如临深渊，如履薄冰”，直到觉得临终时，才如释重负地讲“而今而后，吾知免夫”。免即免于毁伤。

当然这不是说由于“不敢毁伤”就可以苟且偷生。曾子还讲过“辱可避，避之而已矣；及其不可避也，君子视死若归”（《大戴礼记·曾子制言上》）。要综合起来看。

8.4 / 曾子有疾，孟敬子问之。

曾子言曰：“鸟之将死，其鸣也哀；

人之将死，其言也善。君子所贵乎道者三：动容貌，斯远暴慢矣；正颜色，斯近信矣；出辞气，斯远鄙倍矣。笾豆之事，则有司存。”

丨解读丨

孟敬子：孟武伯之子仲孙捷。

问：探视。

动容貌：诚于中而形于外。远暴慢：避免粗暴和怠慢。

正颜色：端正神态和表情。近信：增益信实。近，益。朱熹：“多有人见于颜色自恁地，而中却不恁地者……须是里面正后，颜色自恁地正，方是近信。”（《朱子语类》卷第三十五）

出辞气：说话要有底气。远（yuàn）鄙倍：避免轻忽和背离。倍，背。朱熹：“出辞气，斯远鄙倍，是修辞立其诚意思。”（同上）

笾（biān）豆：古代祭祀和宴会时常用的两种礼器，笾用以盛果实等食品，豆用以盛有汁的食品。在这里借指礼的仪式。有司：专门的负责人。设官分职，各有专司。

信是孔门所强调待人接物的原则，曾子“一日三省”中有“与朋友交而不信乎”（1.4）一项。在这里，动容貌、正颜色、出辞气都是要取信于人。取信于人的前提是真诚，所以要“动容貌”。《大戴礼记·曾子立事》：“故目者，心之浮也……作于中则播于外也。”诚于中而形于外，神态表情才能正，说话才有底气。曾子说这些才是君子所应重视的，至于仪式之类的事，那是专业人员就能做的（参见6.13）。

8.5 / 曾子曰："以能问于不能，以多问于寡，有若无，实若虚，犯而不校，昔者吾友尝从事于斯矣。"

| 解读 |

吾友：《论语集解》引马融说指颜渊。

"以能问于不能，以多问于寡"是说颜渊能"不耻下问"（5.15）。《孔子家语·颜渊》："耻学而羞不能，小人也。"

"有若无，实若虚"是说颜渊谦虚、不自满，这样才能虚心以"问"。《易传·象传·咸》："君子以虚受人。"这与7.26讲的"亡而为有，虚而为盈"形成鲜明对比。

犯而不校（jiào）：犯有触犯、冒犯，伤害、损害等等意思。校有计较的意思，也有抗争的意思。在这里，不校不是不抗争，而是不计较。孔子讲"以直报怨"（14.34），抗争还是需要的，但不必非得以牙还牙，以眼还眼。

8.6 / 曾子曰："可以托六尺之孤，可以寄百里之命，临大节而不可夺也，君子人与？君子人也。"

| 解读 |

六尺之孤：春秋战国时的一尺约合23.1厘米，六尺约138.6厘米，正是当时15岁左右少年的身高。六尺之孤指少年孤主。

百里：古时诸侯封地范围。百里之命指诸侯国的政令。

大节：重大关头。夺：用强力使之动摇、改变。

8.4章讲信，这一章讲忠。孔门非常重视忠信，常忠信并举（见1.8、5.28、12.10、15.6）。

8.7 / **曾子曰："士不可以不弘毅，任重而道远。仁以为己任，不亦重乎？死而后已，不亦远乎？"**

| 解读 |

弘：大。毅：刚。孟子讲浩然之气"至大至刚"（《孟子·公孙丑上》）。

《礼记·表记》载孔子曰："仁之为器重，其为道远，举者莫能胜也，行者莫能致也……夫勉于仁者，不亦难乎？"孔门以仁为人生修养的理想境界，这个理想境界是"全德"，毕其一生难以完全实现，立志于仁就是要终生行走在求仁的路上，这是一个很重的担子、很远的路程，需要有至大至刚的气度和意志，才能坚持下来，所以说"士不可以不弘毅"。

从8.3到8.7这几章都是记述曾子之言，由"战战兢兢""临深履薄"到"任重道远""死而后已"，从中可以看出曾子一系的为学路径。

8.8 / **子曰："兴于诗，立于礼，成于乐。"**

解读

兴于诗：

《书·尧典》："诗言志，歌永言，声依永，律和声。"《礼记·乐记》："诗言其志也，歌咏其声也，舞动其容也，三者本于心……"《毛诗序》："诗者，志之所之也。在心为志，发言为诗。情动于中而形于言，言之不足，故嗟叹之，嗟叹之不足，故永歌之，永歌之不足，不知手之舞之、足之蹈之也。"诗（歌、舞）源自人们在生活中所兴发的情感，是人们表达情感、交流情感的产物。孔子主张人生修养要建立在真实情感的基础上，因而，很重视通过"诗"以兴发人的情感。

立于礼：

真实情感是人的个体心理，而每个人都不仅仅是一个个体，还是社会的一个成员，这就必然要涉及与他人、与社会整体的关系。由于每个人的生活背景、境遇、志向等等的差异，其个体心理会有不同。如果人们都完全凭自己的感情用事，难免会导致彼此之间的冲突，导致社会的无秩序。所以，需要有一定的规范来协调和制约人的行为。在传统社会中，礼便起这样的规范作用。《礼记·礼运》："夫礼，先王以承天之道，以治人之情。"又："圣王修义之柄、礼之序，以治人情。"礼是对情的"品节"（《礼记·檀弓下》），经过礼的规范，人的行为才能合情合理，不仅"发乎情"，而且"止乎礼义"（《毛诗序》）。

成于乐：

通过礼的规范，人可以做到合情合理，但是，礼作为外在规范，与人的内在情感还是可能会处于相互对立的状态，使人感到受束缚，不自由。要解除这种束缚，就需要在"止乎礼义"的基础上，经过乐的陶冶，使内在情感与外在规范相和谐。《礼记·文王世子》："乐，所以修内也；礼，所以修外也。"《礼记·乐记》："乐也者，动于内者也；礼也者，动于外者也。"修外、动于外指从外规范行为，修内、动于内指陶冶性情，使外在规范内在化。朱熹说乐"可以养人之性情，而荡涤其邪秽，消融其渣滓"。（《论语集注》）"邪秽""渣滓"正是外在规范约束的对象，通过乐的陶冶将其"荡涤""消融"之后，外在规范也就失去了约束作用。《河南程氏遗书·卷第一》："兴于诗、立于礼，自然见有着力处；至成于乐，自然见无所用力。""无所用力"即不勉强、不刻意，情理融贯，达到"从心所欲不逾矩"的境界。

《礼记·仲尼燕居》说礼是"所以制中"的，《礼记·乐记》说乐是"中和之纪"。只有能真正起"制中"作用的规范才称之为"礼"，只有能真正起"中和"作用的音乐才称之为"乐"。所以，立于礼、成于乐的前提是，礼的制定、乐的制作要"以义起"（《礼记·礼运》）。王阳明："制礼作乐，必具中和之德。"（《传习录·中》）

兴于诗、立于礼、成于乐并非截然分离的三个阶段，而是交错在一起的。

8.9 / 子曰："民可使由之，不可使知之。"

解读

由：从。知（zhì）：明辨于事。

这一章经常引起争议，现代人更是对其多有诟病，认为孔子主张愚民。之所以这样，是因为人们多从政治治理的角度来理解这句话，而这句话讲的其实是一个社会心理的问题。

由即跟从、盲从，知和由相对，则是不（跟、盲）从，是“不惑”（9.29）于事。“民”不是一个普遍概念，不是指一个“类”，而是指群体。任何社会，至少到目前为止，还没有一种特别有效的方法能使作为群体的“民”知起来，因此，任何社会都普遍存在跟从、盲从，否则就不会有“看不见的手”，不会有“经济危机”，不会有各种各样的“时髦”“流行”，不会有各种各样的“热”了。这不是知不知情的政治学问题，而是一个群众心理学问题。《论语集注》引程子曰：“圣人设教，非不欲人家喻户晓也，然不能使之知，但能使之由之尔。”虽然程子仍然是在知（zhī）的意义来讲，但其解释还是有道理的。

因此，一方面，虽然不可能使民知，但仍需要尽力使民知；另一方面，更需要辨明使民由（从）什么，因此，引导的意义就非常重要。《郭店楚墓竹简·尊德义》：“民可使道（dǎo）之，而不可使知之。”从跟的角度讲是“由”，从引的角度讲是“道”。

章学诚说：“世俗风尚，必有所偏，达人显贵之所主持，聪明才俊之所奔赴，其中流弊必不在小……苟欲有所救挽，则必逆于时趋。”（《上钱辛楣宫詹书》）又说：“风尚所趋，必有其弊。君子立言以救弊，归之中正而已矣。”（《文史通义·说林》）孔子力图培养一批君子型人才，就是要使之“逆于时趋”，起到为各种各样的“热”降温的引导作用，使社会系统归之中正。

8.10 / 子曰：“好勇疾贫，乱也。人而不仁，疾之已甚，乱也。”

解读

疾：憎恶。

已、甚都是过分的意思。《孟子·离娄下》："仲尼不为已甚者。"

孔子说"贫与贱，是人之所恶也"（4.5），也就是说人都疾贫，都想脱贫。但是，脱贫必须"以其道"，不能为了脱贫而无所不为。

孔子赞赏勇，但勇又让他非常担心，因为勇这种品行如果把握不好分寸，最容易对他人造成伤害，所以，他总是强调要把勇和礼、义结合起来，讲"勇而无礼则乱"（8.2），讲"恶勇而无礼者"（17.24），讲"君子有勇而无义为乱，小人有勇而无义为盗"（17.23），讲"好勇不好学，其蔽也乱"（17.8）等等。这一章中所讲的"好勇"就是"好勇不好学"之勇，是"无礼""无义"之勇，如果将这种勇与"疾贫"结合起来，那必然会导致混乱。

孔子曾说他未见"恶不仁者"（4.6），说明孔子对"恶不仁者"的欣赏。在4.6中所讲的"恶不仁"主要是针对自己来讲，即"不使不仁者加乎其身"，而对发生在他人身上的不仁现象，孔子也是疾恶的，如说"恶紫之夺朱也，恶郑声之乱雅乐也，恶利口之覆邦家者"（17.18），说"巧言、令色、足恭，左丘明耻之，丘亦耻之。匿怨而友其人，左丘明耻之，丘亦耻之"（5.25）等等。但孔子又主张对"人而不仁"不能憎恶过分，否则也会导致混乱。

孔门以中和为价值目标，所以其好恶也围绕"致中和"而立。孔子说"唯仁者能好人，能恶人"（4.3），就是因为仁者能使好恶适度。所谓好恶适度，就是将好恶限于当好当恶的事情或现象，而不是将对事的好恶扩大到对人的好恶。如孔子对子路之处事果断、冉求之理政才干都很肯定（参见6.8），但并不因此而认为他们达到了仁的境界（参见5.8），当冉求帮着季氏聚敛时，孔子还让弟子们“鸣鼓而攻之”（11.17）。孔子对宰予（我）多有所恶（参见5.10、17.21），但并不因此而全盘否定他，宰予（我）被列入“孔门十哲”（参见11.3）就间接地说明这一点。

8.11 / 子曰："如有周公之才之美，使骄且吝，其余不足观也已。"

| 解读 |

使：假如。骄：骄傲，自负傲慢。吝：鄙吝，心胸狭窄。

司马光说：“才者，德之资也；德者，才之帅也。”（《资治通鉴》卷一）儒家重视德才兼备，但要以德为主。德不足，比如“骄且吝”，即使有周公那样的美才，也不足赞赏。

8.12 / 子曰："三年学，不至于谷，不易得也。"

| 解读 |

谷：俸禄。

孔子非常重视学，他自己“十有五而志于学”（2.4），一生“学而不厌，诲人不倦”（7.2）。但孔子的教学活动最主要的不是使自己和别人简单地学一些知识和技能，然后谋取一个职业，更重要的是要学做人，做君子，做“志士仁人”（15.9）。所以他更强调的是“为之不厌”（见7.34），强调要做“事业儒”，不要满足于做“职业儒”（见6.13）。这种主张与当时许多人所抱的学习目的不同，所以孔子说“不易得”。

8.13 / 子曰：“笃信好学守死善道。危邦不入，乱邦不居。天下有道则见，无道则隐。邦有道，贫且贱焉，耻也；邦无道，富且贵焉，耻也。”

| 解读 |

见：读xiàn。

笃信：坚信，深信。笃信、好学、守死，都是对道而言，即笃信道（参见19.2）、好学道（参见19.7）、守死道（参见8.7、15.9）。笃信进而好学，好学进而信笃，信笃才能守死。善是对道的修饰。

笃信好学守死都是一个人自己就可以做到的，但要实现道，则除了个体的努力外，还需要具备其他的条件，比如说要有适当的境遇。《晏子春秋·问上》讲“德无以安之则危，政无以和之则乱”。危乱之邦，没有实现道的环境，因此可以不入、不居，到别的地方寻求实现道的环境。

如果是天下无道，那就没有选择的余地了，只好隐了。隐并非就是只为自己“谋食”（15.32）而别无他事，“志于仁”“志于道”者在隐时仍然要“用其力于仁”（4.6），仍然是要“谋道”的。（参见7.11）

有道之邦，社会的各个方面都适度、协调，在这种社会局面中一个人表现得贫且贱，只能说明其未能发挥自己的才和力，故而耻之。无道之邦，德无以安之、政无以和之，在这种社会局面中表现得富且贵，其必有不义之举，故而耻之。完全的邦有道是理想，彻底的邦无道也难得见，社会状态经常是游移于两端之间的，所以无论富贵贫贱，尺度还是要自己把握，要“义之与比”（4.10）。《大戴礼记·曾子制言》：“夫有耻之士，富而不以道则耻之，贫而不以道则耻之。”

8.14 / 子曰：“不在其位，不谋其政。”

| 解读 |

位：职位。

谋：谋划、谋虑。政：行政事务。

各司其职是孔子理想的行政格局，但须是职事相称，不缺位，不错位，不虚位。《礼记·礼器》：“先王之制礼也，不可多也，不可寡也，唯其称也。”礼也包括职事的设定。

8.15 / 子曰：“师挚之始，《关雎》之乱，洋洋乎盈耳哉。”

| 解读 |

师挚：即鲁太师挚，孔子曾和他讨论音乐（参见3.23、18.9）。

始：乐之始。

乱：乐之终。

洋洋：美善。

古时候，乐通常为四节。第一节，人们入场时，乐工鼓瑟而歌，叫“升歌”，歌三首。第二节，笙奏乐曲，叫“笙入”，奏三首。《诗》中有“笙诗”六篇（《南陔》《白华》《华黍》《由庚》《崇丘》《由仪》），只有篇名，没有文辞，应该是笙奏之曲。第三节，歌与笙相间，叫“间歌”，歌、笙各三首。第四节，歌以及各种乐器合奏，叫“合乐”，歌《周南》三首（《关雎》《葛覃》《卷耳》），《召南》三首（《鹊巢》《采蘩》《采蘋》）。师挚之始，指“升歌”由师挚来唱。《关雎》之乱，以《关雎》概称“合乐”。

孔子对乐非常精通，听到美妙的音乐，总会陶醉其中（参见7.14、7.32），听一次高水平的音乐演奏，喜乐之情更是溢于言表，说耳中充满了美妙的歌乐声。

8.16 / 子曰：“狂而不直，侗而不愿，悾悾而不信，吾不知之矣。”

| 解读 |

狂本来包含直率的成分，狂而没有了直率，就只是放荡了（参见17.16）。

侗（tóng）是蒙昧无知，愿是老实厚道。“侗而不愿”即无知却不厚道。

悾（kōng）悾：诚恳。“悾悾而不信”即貌似诚恳实则不诚信。

知：交往。

这三种表现都是没有“真”，所以孔子说不和这样的人交往。

8.17 / 子曰：“学如不及，犹恐失之。”

| 解读 |

不及：追赶不上。

失之：失去目标。

为学就好像追赶前面的目标，要有一种怕被甩掉的心情。当然，追赶的目标的选择非常重要，“希（仰望）骥之马，亦骥之乘；希颜之徒，亦颜之伦”（《晋书·虞溥传》），所以，“贤希圣，士希贤”（《通书·志学》）。

8.18 / 子曰：“巍巍乎！舜、禹之有天下也而不与焉。”

| 解读 |

巍巍：崇高，高大。

有：为，治理。与（yù）：干预。毛奇龄《论语稽求篇》：“言任人致治，不必身预，所谓无为而治是也。”（见《论语集释》）孔子：“无为而治者，其舜也与？夫何为哉？恭己正南面而已矣。”（15.5）

8.19 / 子曰：“大哉！尧之为君也。巍巍

乎！唯天为大，唯尧则之。荡荡乎！民无能名焉。巍巍乎！其有成功也。焕乎！其有文章。”

| 解读 |

大哉：伟大。

则：效法。王充说“尧则天而行，不作功邀名，无为之化自成”（《论衡·自然篇》）。

荡荡：广大、博大。

成功：成就的事业。

焕：光辉灿烂。文章：礼乐法度。

8.20 / **舜有臣五人而天下治。**

武王曰：“予有乱臣十人。”

孔子曰：“才难，不其然乎？唐虞之际，于斯为盛。有妇人焉，九人而已。三分天下有其二，以服事殷。周之德，其可谓至德也已矣。”

| 解读 |

舜五臣：据《论语集解》引孔安国注，为禹、稷、契、皋陶、伯益。

乱臣十人：据《论语集解》引马融注，为周公、召公、太公、毕公、荣公、太颠、闳夭、散宜生、南宫适，还有文母。九男一女，所以说“有妇人焉，九人而已”。乱，治理。

才难：人才难得。

唐是尧的国号，虞是舜的国号。际是下或后的意思（参见刘宝楠《论语正义》，中华书局，1990年，第311页）。“唐虞之际”即唐尧虞舜以下或之后。

“三分天下有其二”只是形象地说周所控制的范围已经大于殷，不必迂曲解释。

8.21 / 子曰：“禹，吾无间然矣。菲饮食而致孝乎鬼神，恶衣服而致美乎黻冕，卑宫室而尽力乎沟恤。禹，吾无间然矣。”

解读

间（jiàn）然：非议，异议。

菲：微薄。致：通“至”，尽的意思。孝：祭祀。鬼神：死去的先祖。

黻（fú）：祭服的蔽膝，用熟牛皮做成的大巾。冕：礼帽。“黻冕”在这里指祭祀时穿的礼服。

卑：低矮。沟恤：田间沟渠。“尽力乎沟恤”即治水。

以上四章，孔子都是在歌颂尧、舜、禹，间及周初，但绝不能简单地认为孔子就是要复古，孔子关注的重点是要救治世间的弊端，绝不是毫无针对性地颂古。有的学说通过讲述未来救治世间病症，可以说是预言式的救世主义；孔子以及中国传统文化往往通过讲述过去救治世间病症，可以说是复古式的救世主义。

子 罕 第 九

9.1 / 子罕言利与命与仁。

解读

“利”在《论语》中共出现11次，其中有8次作为“利益”讲。虽然不能说孔子就只谈论过这几次“利”，但结合孔子对“利”的态度，如“放于利而行，多怨”（4.12），“君子喻于义，小人喻于利”（4.16），“见利思义”（14.12）等等，说孔子不多言“利”还是恰当的。

义利之辨是儒家关注的一个重要问题。在孔子以及其后许多儒者看来，过分地追逐个人利益或者以个人利益作为一切行为的出发点和归宿点，必然会导致社会的争斗和动乱（司马迁：“利诚乱之始”），所以要把“利”限定在正当、恰当的范围内，这也就是“义”。“义”中自有正当之“利”，无须在“义”之外另谋，所以对“利”也不必多言，只正“义”即可。孟子说：“何必曰利？亦有仁义而已矣。”（《孟子·梁惠王上》）董仲舒说：“正其谊不谋其利。”（《汉书·董仲舒传》）孟、董之言体现了儒家的义利观。

“命”在《论语》中共出现24次，除作为“命运”讲，还有生命、寿命、使命、命令等意思。“罕言”之“命”指命运，应该说至少按《论语》的记载，孔子谈论这个问题确实不多。

孔子之所以“罕言”命，因为：第一，命不可预测，所以“难言”。《史记·外戚世家》：“孔子罕称命，盖难言之矣。”第二，命不可主宰，凡是人力所能主宰的都不是命。既然如此，也就没有必要过多地去谈论命的问题了。《诗·大雅·文王》讲“永言配命，自求多福”。《中庸》讲“君子居易以俟命”。人只需努力做好自己所能主宰的事就行了，至于不可主宰的命，只能是听之任之。认识到这一点也就是“知天命”（参见2.4解读）。

“仁”在《论语》中的出现频率很高，为什么也说是“罕言”呢？对此，程颐的解释是“仁之道大，所以罕言”（《程氏经说·卷七》）。“仁”在孔子学说中有两种理解：一是诸德之一，如当把仁与智、勇相并列讲的时候，就是这样的意思。《中庸》以智、仁、勇为“三达德”，仁只是其中之一。二是人生道德修养的最高境界，其中包括全部的道德内容，是一种“全德”。《礼记·儒行》：“温良者，仁之本也；敬慎者，仁之地也；宽裕者，仁之作也；孙接者，仁之能也；礼节者，仁之貌也；言谈者，仁之文也；歌乐者，仁之和也；分散者，仁之施也。儒者兼而有之，犹且不敢言仁也。”《论语》中记载了许多孔子对“仁”的不同表述也可以说明这一点。这种“全德”难以通过语言来完整表述，所以，虽然孔子有许多关于“仁”的话，但都不是从“全德”的角度来讲的。

语言难以完整地表述“全德”，但是可以从不同的侧面揭示其中所包含的内容。为了使人们能够在具体的道德修养中实现“仁”的境界，孔子总是根据不同的语境、对象从不同的角度谈论如何躬行“仁”，如“克己复礼”（12.1），“先难而后获”（6.22），躬行“恭、宽、信、敏、惠”（17.6），“其言也讱”（12.3），“爱人”（12.22），“居处恭，执事敬，与人忠”（13.19），“出门如见大宾，使民如承大祭。己所不欲，勿施于人。在邦无怨，在家无怨”（12.2）等等。语言难以讲清“什么”是“仁”，但语言可以指明“怎样”行“仁”。在“仁”的问题上，罕言与多言并不矛盾。

由此可见，对利、命、仁的“罕言”是有不同的原因的：利可言但不必多言；命难言也无须多言；仁难言却必须多言，虽然多言却仍然是罕言。

有的人把这句话断句为“子罕言利，与命与仁”，把“与”解释为赞许的意思。这种解释虽然有自己的理由，但难以说明的是，为什么孔子要单单把对命和仁的“赞许”同“罕言利”联系起来讲？孔子赞许的事情很多，如智、礼、义等等，为什么在这里不讲？如果说和“利”相对的话，那最应该讲的是“义”，而不是“仁”。相比较而言，这种解释的理由不如前一种解释的理由充分。

9.2 / **达巷党人曰：“大哉孔子，博学而无所成名。”**

子闻之，谓门弟子曰：“吾何执？执御乎，执射乎？吾执御矣。”

|解读|

达巷：街巷名。党：古代的一种居民组织，五百家为一党。“达巷党人”指居住在达巷的一个居民。

子夏说："百工居肆以成其事，君子学以致其道。"（19.7）"居肆以成其事"即在某一"事"上有所成就，"致其道"则致力于事物整体的协调，尤其是"天下"的和谐。孔门之学的宗旨在"致其道"，强调修身、齐家、治国、平天下，而不是为了因一技以"知名"。所以孔子一再说"不愠不知"（参见1.1）、"不患不知"（参见1.16、4.14、14.30）、"不病不知"（参见15.19）。这既是告诫弟子，也是用以自勉。达巷党人不理解孔门之学的宗旨，以"成其事"的标准来评价孔子，所以一方面赞叹孔子的博学，另一方面又遗憾孔子没有精专一艺而成名。

对于达巷党人的评价，孔子没有做辩解，只是不无幽默地对门人弟子们说，我该从事哪一行呢？是御还是射？还是御吧。执：操持，从事。

礼、乐、射、御、书、数是古代学校的教育内容，包括五礼、六乐、五射、五御、六书、九数等。孔子精通这些内容。五射的内容是：白矢、参连、剡注、襄尺、井仪；五御的内容是：鸣和鸾、逐水曲、过君表、舞交衢、逐禽左。（参见郑玄《周礼注》）这些复杂的内容说明，无论是射还是御，都不只是一种简单的技术。比如射之"白矢"，要求不仅要射得中，而且要用力适当，矢穿鹄的而刚刚露出白色的箭头；"井仪"要求连中四矢，并且四个点要能连线成一个井字。再比如御之"鸣和鸾"，要求车走动时，挂在车上的铃铛要响得谐调；"舞交衢"要求驾车在十字路上旋转时，要合乎节拍，有如舞蹈。相比较而言，射突出个人的训练，御比射较重视整体的配合。孔子的回答隐含着儒家重视整体协调的取向。

9.3 / **子曰："麻冕，礼也，今也纯，俭，**

吾从众；拜下，礼也，今拜乎上，泰也，虽违众，吾从下。”

| 解读 |

纯：丝。

泰：骄纵。

冕是古代大夫以上的贵族所戴的礼帽，麻冕是用麻制作的，纯冕是用丝制作的。在孔子的时代，原来人们多戴麻冕，其制作工艺复杂而费时费力，后来流行起纯冕，其制作工艺相对简单而省时省力。孔子说，在这个问题上他选择“从众”。

按照“老礼”的规定，君臣宴会，臣得君赐酒，要下堂而拜谢。后来，随着臣下的势力日益强盛，气势也日益骄纵，臣得君赐酒，直接在堂上而拜，形成了新的拜谢形式。这种形式虽然还有“拜”之形，已经没有了拜之实，骄泰傲慢。孔子说，在这个问题上他选择“违众”，坚持按照“老礼”的规定，在堂下拜谢。

从孔子对“众”的态度可以看出，他做事有自己的原则性和灵活性，既不以古今定因革，也不以众寡为依违。孔子所坚持的原则是否合理，另当别论，但是无论在什么情况下，做事都不能没有原则，不能无原则地取媚于众，当从则从，不当从则不从。

9.4 / **子绝四：毋意，毋必，毋固，毋我。**

| 解读 |

意：凭空揣测。《礼记·少仪》：“毋测未至。”《管子·小问》：“君子善谋，而小人善意。”

必：绝对可否。毋必即“无可无不可”（18.8）；即无适无莫，“义之与比”（4.10）。

固：固执不通。毋固即通权达变。孟子说孔子是“可以仕则仕，可以止则止，可以久则久，可以速则速”（《孟子·公孙丑上》）。孔子说自己是“疾固也”（14.32）。

我：自以为是。李泽厚说：“‘不自以为是’应包括不自以为真理在手和不以自己的得失、利益为原则或准绳。”（《论语今读》，三联书店，2004年，第248页。）

程颢：“意者任意，必者必行，固者固执，我者私己。”（《河南程氏遗书》卷第十一）

9.5 / **子畏于匡。曰：“文王既没，文不在兹乎？天之将丧斯文也，后死者不得与于斯文也；天之未丧斯文也，匡人其如予何？”**

| 解读 |

畏：通“围”，围困。匡：地名。《史记·孔子世家》载，孔子离开卫国去陈国，路过匡这个地方，因为孔子长得像鲁国的阳虎，而阳虎曾经欺负过匡人，所以匡人把孔子当成阳虎围了起来，困了五天才放走。

文王：周文王。没：同“殁”。

文：礼乐制度等文化。兹：孔子指自己这里。

丧：读sàng。后死者：孔子指自己。与（yù）：参与。

孔子说："周监于二代，郁郁乎文哉！吾从周。"（3.14）他自认为是周文化的传承者，要把从周文王以来的周文化都汇集在他这里，然后传下去。他说，如果天不想保存周文化，那么他自己也就不能够参与周文化的传承了，而事实是他一直在从事周文化的传承，说明天不想失掉周文化。因此，当受到匡人围困时，孔子认为他有传承文化的使命在身，匡人不能把他怎么样。这并不是说孔子认为他有天在保佑，而是表现出他对自己使命的关切和自信。（参见7.23）

9.6 / **大宰问于子贡曰："夫子圣者与！何其多能也？"**

子贡曰："固天纵之将圣又多能也。"

子闻之曰："大宰知我乎？吾少也贱，故多能鄙事。君子多乎哉？不多也！"

解读

大（tài）宰：春秋时各国掌管王家内外事务的官，即太宰。这里的"大宰"不知是哪一国的。

固：本来。纵之：使之。将：大。又：而且。

鄙事：轻贱之事。

圣最初是聪敏、通晓的意思。《书·洪范》"睿作圣"孔安国传："于事无不通谓之圣。"进而扩展为"博达众务，庶事尽通"（《左传·文公十八年》孔颖达疏），太宰所谓的圣就是这个意思，他听说孔子多有才能，就向子贡打问。

子贡理解的圣已经不限于“博达众务，庶事尽通”，更扩展到“博施于民而能济众”（6.30），所以他在回答太宰的提问时，就把圣和能区分开说。但子贡在回答时又犯了一个错误，他把圣和能都归之于天，违背了孔子的思想。

对于圣，孔子明确说他不敢当（参见7.34），而且认为即使尧、舜也不容易做到（参见6.30）。对于能，孔子说那都是他从小在艰苦的生活环境中学得的，而不是生而能之或“生而知之”（7.20）。

孔子认为，对于君子来说，才能固然重要，但更重要的是德行。如果德不足，那么即使才美如周公，也“不足观”（8.11）。君子是那种无论才能多少、能力大小，都能尽己所能“志于仁”“志于道”的人。所以孔子说，君子需要有很多才能吗？不需要！“有能一日用其力于仁矣乎？我未见力不足者”（4.6）。

9.7 / 牢曰：“子云：‘吾不试，故艺。’”

| 解读 |

牢：一般认为是琴牢。据《孔子家语·弟子解》载，琴牢字子开，一字张。《史记·仲尼弟子列传》没有记载。

试：用。被举用，被任用。

上一章孔子说他之多能是由于小时候生活艰辛，这一章孔子又说他之有“艺”是由于不见用于世。“试”和“艺”也许可以兼得，但多数情况下难以两全。

9.8 / 子曰：“吾有知乎哉？无知也。有鄙

夫问于我，空空如也。我叩其两端而竭焉。”

| 解读 |

鄙夫：见识少的人。

叩：询问。

孔子教学不主张死记硬背，而重视在教学中培养人的分析问题、权衡轻重的能力。所谓“无知”“空空如也”都是讲没有滞留于胸的所谓“知识”。“叩其两端”指根据所问之事，从正反、始终、可否等等两个相互对立的方面进行探究，在不断探究的过程中彰显对所问之事的回答。

9.9 / 子曰：“凤鸟不至，河不出图，吾已矣夫！”

| 解读 |

河指黄河。《易传·系辞上》：“河出图，洛出书，圣人则之。”

古人认为如果天下太平、世间清明，就会有某种吉祥的征兆，如出现麟、凤、龙、龟等灵物。孔子不语“怪、力、乱、神”（7.21），这里讲“凤鸟不至，河不出图”，只是借以表示对“清明太平”的失望：我这一辈子就这样过去了。在7.5中孔子说“甚矣吾衰也”，两处所表现的心情一致。

9.10 / 子见齐衰者、冕衣裳者与瞽者，见之，虽少必作；过之，必趋。

| 解读 |

衰（cuī）：通缞。“齐（zī）衰”是古代丧服的一种。古时丧服分五等，分别是斩衰、齐衰、大功、小功、缌麻，以做丧服的材料、制式等区分，再结合穿服的时间，以表示服者与死者之间关系的远近。齐衰是五服中仅次于斩衰的服等，穿这一种丧服，表明服者与死者关系很亲近，感情自然更悲伤。在这里，“齐衰”当理解为重服，也包括“斩衰”。

冕衣裳者：指戴礼帽穿礼服的人。

作：起立。趋：小步快走。“虽少必作；过之，必趋”表示对这几种人的严肃心情。

9.11 / 颜渊喟然叹曰：“仰之弥高，钻之弥坚；瞻之在前，忽焉在后。夫子循循然善诱人，博我以文，约我以礼，欲罢不能。既竭吾才，如有所立卓尔，虽欲从之，末由也已！”

| 解读 |

坚：充实饱满。

卓：高远。

从、由：都是跟随行走的意思。末：没有。

孔子日常的教学内容无非诗、书、礼、乐，文、行、忠、信等等，就表面看，这些内容并非深奥难懂，但其中蕴涵着深邃的道理。孔子希望并诱导弟子们“下学而上达”（14.35），在浅显中领悟深邃。

深邃的道理不是一下子就能领悟，所以有子贡“夫子之文章，可得而闻也；夫子之言性与天道，不可得而闻也”（5.13）的感叹。朱熹说“只有两件事：理会，践行”（《朱子语类》卷第九），如果说子贡所言道出了理会孔子学说的不易，那么，颜渊之叹则不仅叹理会，更叹践行孔子学说的艰难。

首先，颜渊感叹孔子的学说崇高、充实、广泛。在对它的了解（仰之、钻之、瞻之）过程中会更加强化这些感受，弥高弥坚意味高坚不可穷尽，在前在后意味广泛不可限定。

其次，颜渊感叹孔子“循循然善诱人”。他不是一下子让人直面高远，而是博以文，约以礼，将人逐渐引入领悟并践行高远的进程中，“欲罢不能”。

第三，颜渊感叹孔子学说的高远境界难以达到尽头。虽然已经竭尽了自己的才力攀高行远，但前面好像还是那样高远。虽然想继续跟随走下去，终因“力不足”而没有能够继续，“中道而废”（6.12）。

孔子学说的理想是实现仁、实现道，而作为终极目标的仁和道几乎是不可能实现的，志士仁人的可敬之处正在于“知其不可而为之”（14.38），明知终极目标难以实现，仍然坚持行走在实现终极目标的途中，有进无止（参见9.21），“死而后已”（8.7）。颜渊的喟叹，叹出了孔门学说的特征。

9.12 / 子疾病。子路使门人为臣。

病间，曰："久矣哉，由之行诈也！无臣而为有臣。吾谁欺？欺天乎？且予与其死于臣之手也，无宁死于二三子之手乎！且予纵不得大葬，予死于道路乎？"

| 解读 |

臣：料理后事的人马班子。

病间（jiàn）：病愈。

无宁：不如。

大葬：隆重的葬礼。

死：同尸。"死于道路"即陈尸街头。

古时候只有诸侯死后才能有"臣"，当时有许多卿大夫也僭行此礼。孔子曾经做过鲁国司寇，子路觉得孔子也应该享此待遇，所以在孔子病重时就组织了一套料理后事的班子，结果是好心办了错事。孔子最痛恨僭越礼制的行为（参见3.1），所以当他病好后，听说子路"为臣"的事，便将子路痛骂一顿，说子路弄虚作假。孔子说，我本来不应该享"有臣"的待遇，而子路却这样做，我这是骗谁呢？能骗得了天吗？我与其死在你们做"臣"的手中，不如死在你们做"弟子"的手中。我纵然没有隆重的葬礼，难道就会陈尸街头吗？

9.13 / 子贡曰："有美玉于斯，韫椟而藏诸？求善贾而沽诸？”

子曰：“沽之哉！沽之哉！我待贾者也！”

| 解读 |

韫（yùn）：裹藏。椟：匣子。

贾：读gǔ，商人。又读jià，价钱。善贾或者指识货的商人，或者指好价钱，都通。沽：卖。

孔子虽然有“是亦为政”（2.21）之论，但还是希望能有更好的机会发挥自己的才能，实现自己的政治抱负，所以，一方面他有“用之则行，舍之则藏”（7.11）的无奈，一方面又表现出“沽之哉！沽之哉”的迫切。当然，要等待识货者。这种心态伴随孔子的一生，直到最后无望地慨叹“吾已矣夫”（9.9）！

9.14 / 子欲居九夷。

或曰：“陋，如之何？”

子曰：“君子居之，何陋之有！”

| 解读 |

九夷：古时指处于东部的一些文化落后的部族，参见3.5。

陋：偏僻。

孔子有“道不行，乘桴浮于海”（5.7）之叹，“欲居九夷”表现了相同的心情。

虽然孔子对“道不行”表示无奈，但对个人修行还是充满信心，所以当有人说九夷偏僻，怎么办？孔子说，对君子之居来讲，没有陋的问题。“或”者是从地理的角度讲陋，孔子是从人的角度讲陋，无论什么地方，有陋人才有陋地，无陋人则无陋地。

9.15 / 子曰：“吾自卫反鲁，然后乐正，雅、颂各得其所。”

| 解读 |

自卫反鲁：孔子返鲁在鲁哀公十一年（公元前484年）。

孔子精通乐，将乐作为重要的教学内容，晚年返回鲁国后，他订正乐谱，适配歌词，使诗乐相合而不错乱，“三百五篇”“皆弦歌之”（参见《史记·孔子世家》）。这里的雅、颂不必专指《诗》中的《雅》和《颂》。

9.16 / 子曰：“出则事公卿，入则事父兄，丧事不敢不勉，不为酒困，何有于我哉！”

| 解读 |

困：乱。“唯酒无量，不及乱。”（10.7）

何有于我：见7.2。

9.17 / 子在川上曰：“逝者如斯夫！不舍昼夜。”

| 解读 |

上：侧畔。舍：读shè。

孔子感叹时光像流水一样，一刻不停地流逝。

假如人没有衰老和死亡，或者对衰老和死亡并不关切，那么就不会有“逝者如斯”的感叹。正是因为人自觉衰老和死亡的必然，才感叹时光一去不返。这感叹是诗人的长久话题，也是哲学的重要根源。

9.18 / **子曰：“吾未见好德如好色者也。”**

| 解读 |

“好色”是本能之情，“好德”是修行之功。“好德如好色”是说能将人生修养转化成本能行为，那就达到很高的境界。遗憾的是这种转化太难了，所以孔子叹“未见”。

9.19 / **子曰：“譬如为山，未成一篑，止，吾止也；譬如平地，虽覆一篑，进，吾往也。”**

| 解读 |

篑（kuì）：盛土的筐子。

进德修业好比造山，功亏一篑是由于自己“止”，积土成山是由于自己进。“为仁由己，而由人乎哉？”（12.1）所以要“自强不息”。

9.20／　子曰："语之而不惰者，其回也与！"

｜解读｜

语（yù）：告诉。惰：懈怠。

9.21／　子谓颜渊曰："惜乎！吾见其进也，未见其止也！"

｜解读｜

谓：评价。

以上两章都是孔子夸赞颜回。

将散见于《论语》中孔子对颜回的评语整合起来，可以勾勒出颜回的面貌。

颜回在孔子的“循循善诱”下，进入孔子学说的殿堂，随着学习的不断深入，他对孔子学说更加充满敬慕之情，仰观博瞻，刻苦钻研，欲罢不能（参见9.11）。他对老师的话“无所不悦”（11.4），“退而省其私”（2.9），对照老师的话检查自己，发现有不善，就及时改正，“不贰过”（6.3）；“得一善，则拳拳服膺而弗失之”（《中庸》）。他照老师的话去做，“事斯语”（12.1），竭尽才力（参见9.11），毫不懈怠（参见9.20），使自己的道德学问不断进步，从不止息（参见9.21）。孔子称赞颜回“好学”（6.3），称赞他德行、才能都好（参见6.11），称赞他的心志能长时间不背离仁的标准（参见6.7），甚至孔子认为自己都比不上颜回（参见5.9）。而颜回却从不夸耀自己（参见5.26），在简陋的物质生活中延续着精神生活的快乐（参见6.11）。

9.22 / 子曰："苗而不秀者有矣夫！秀而不实者有矣夫！"

| 解读 |

秀：禾类植物抽穗开花。

实：结成籽粒。

对这一章有两种不同的解释。何晏《论语集解》引孔安国曰："言万物有生而不育成者，喻人亦然。"皇侃《论语义疏》、邢昺《论语注疏》都进而说这是孔子叹颜回早逝。朱熹则说："盖学而不至于成，有如此者，是以君子贵自勉也。"（《论语集注》）又说："苗须是秀，秀须是实，方成。不然，何所用？学不至实，亦何所用？"（《朱子语类》卷三十六）

按照朱熹的解释，学不至于"实"就没有什么"用"，忽视了"过程"的意义。程颢说"万物之生意最可观"（《河南程氏遗书》卷第十一），苗、秀、实都体现了"生"意，体现了生命的过程。从禾的角度讲，它不会考虑秀不秀、实不实，就那样尽其所能地生长，在生长过程中实现自己生命的意义。苗而不秀、秀而不实确实令人惋叹，但所叹的是生命进程的中断，所叹的是"中道而废"（6.12），而不是没有结"实"之"用"。如果把"学"和结"实"之"用"紧密结合，把目光聚焦于终点的"实"，就会出现冉求之"画"（6.12）。所以，何晏等人的解释要优于朱熹的解释。

9.23 / 子曰："后生可畏，焉知来者之不如今也？四十、五十而无闻焉，斯亦不足畏也已！"

| 解读 |

闻（wèn）：声望。王阳明解释为"闻（wén）道"（参见《传习录·上》）。

为什么后生可畏？因为后生有旺盛的生命力和丰富的敞开性，如果能有适宜的境遇和不懈的努力，后生便有可能超越前人。所谓"焉知"意谓并非来不如今，但也并非来必胜今，对于没有累积性的事情来讲，来和今之间没有必然的优劣。

四十、五十，生命力渐退，敞开性渐少，如果还没有什么声望，那也就不足畏了。

9.24 / 子曰："法语之言，能无从乎？改之为贵。巽与之言，能无说乎？绎之为贵。说而不绎，从而不改，吾末如之何也已矣！"

| 解读 |

语（yù）：告知。"法语"即语法，告知使之合乎礼法。

巽（xùn）：恭顺。与：附从。说：读yuè。

绎：分析，仔细琢磨。

末如之何：没有办法。

人有过失，告知他规范法度，没有人会表示不服从，关键是要按规范法度改正过失。恭顺的话谁听了也高兴，关键是要仔细琢磨这种话里面的意思。如果委婉地劝说，他只高兴不琢磨；严正地告知，他只认从不改正，对这种人真没有办法了。

9.25 / 子曰："主忠信。毋友不如己者。过则勿惮改。"

| 解读 |

与1.8的后三句基本重复。

9.26 / 子曰："三军可夺帅也，匹夫不可夺志也。"

| 解读 |

三军指大国的军队，其战斗力很强，但即使如此，也可以将其主帅擒获。匹夫乃平民百姓，但若有坚定意志，却是任何力量都夺不走的。这样，匹夫也就成为"富贵不能淫，贫贱不能移，威武不能屈"的"大丈夫"（《孟子·滕文公下》）。

9.27 / 子曰："衣敝缊袍，与衣狐貉者立，而不耻者，其由也与！"

“不忮不求，何用不臧？”子路终身诵之。

子曰：“是道也，何足以臧！”

| 解读 |

衣（yì）：动词，穿。敝：破旧。缊（yùn）袍：以乱麻为絮的袍子。狐貉（hé）：指以狐、貉的毛皮制成的袍子。

忮（zhì）：忌恨。求：贪求。李塨《论语传注》：“耻己之无而恨人之有则忮，耻己之无而羡人之有则求。”用：行。臧：善。

孔广森《经学卮言》中认为“不忮不求”以后应该别为一章。（参见《论语集释》，中华书局，1990年，第621页。）

孔子、儒家非常重视耻感，孔子说要“行己有耻”（13.20），孟子说“耻之于人大矣”，“人不可以无耻”（《孟子·尽心上》），《大戴礼记·曾子制言》讲“君子不贵兴道之士，而贵有耻之士”，《中庸》讲“知耻近乎勇”。然而，应该以什么为耻呢？孔子认为，要以表里不一为耻（参见5.25），以言行不一为耻（参见14.27），以行为不合乎道义为耻（参见8.13、14.1）等等，不应该因为对比“美衣美食”而以“恶衣恶食”为耻（参见4.9）。所以，“知耻”就不仅仅是要有耻感，而且要知以什么为耻，只有这样才可以真正地“近勇”。

“不忮不求，何用不臧”出自《诗·邶风·雄雉》，子路总是把这两句诗挂在嘴边以自勉，他能够“衣敝缊袍，与衣狐貉者立，而不耻”应该与此自勉有关。“不忮不求”固然有益于人的修养，但是要说“何用不臧”就夸大其作用了。并非只要“不忮不求”就能够把什么事都做好，否则的话，其他的修养科目就都失去意义了，所以孔子说“何足以臧”。

9.28 / 子曰：“岁寒，然后知松柏之后彫也。”

| 解读 |

后人多以松柏比喻君子的气节。《论语集解》：“喻凡人处治世亦能自修整，与君子同；在浊世，然后知君子之正不苟容也。”《论语集注》引范氏曰：“小人之在治世，或与君子无异，惟临利害，遇事变，然后君子之所守可见也。”类似的说法在传统文献中很多，如《荀子·大略》说“岁不寒无以知松柏，事不难无以知君子”。

这包含两个方面，“岁寒”是外在环境，“后彫”是内在品格。就个体讲，当然要学松柏之后彫的品格；但就社会讲，还是应该尽量避“寒”。理想状况最好是青松与众草共荣，君子与凡人无异，只是因为“岁”不可能无“寒”，松柏才不得已显出其后彫；“世”不可能无“浊”，君子才不得已显出其高洁。陶渊明：“青松在东园，众草没其姿。凝霜殄异类，卓然见高枝。连林人不觉，独树众乃奇。”（《饮酒·其八》）青松并不反感“众草没其姿”，并不刻意追求“独树众乃奇”，它宁愿没有“凝霜殄异类”，在“连林人不觉”中保持着自己后彫的品格。

9.29 / 子曰：“知者不惑，仁者不忧，勇者不惧。”

| 解读 |

知：读zhì。

这里的“仁”不是“全德”。《中庸》：“知、仁、勇三者，天下之达德也。”达德即通行之德。

孔子一方面讲“仁者不忧”，另一方面又讲“德之不修，学之不讲，闻义不能徙，不善不能改，是吾忧也”（7.3）。其所忧之“忧”指关切，不忧之“忧”指烦恼。孔子还讲“君子忧道不忧贫”（15.32），前面的“忧”是关切，后面的“忧”是烦恼。（参见李泽厚《论语今读》，三联书店，2004年，第271页。）要把这两点区别开。

9.30 / **子曰：“可与共学，未可与适道；可与适道，未可与立；可与立，未可与权。”**

| 解读 |

适：归向，依归。

孔子非常重视“学”，不仅自己“学而不厌”（7.2），而且鼓励弟子们要“好学”，以至于“学”成为儒家学说的重要内容和特征。

一般来讲，每个人在其一生中都有“学”的必要，所以，要人们重视“学”并不难，但是，学之目的和境界却会有不同。在孔门，学之目的有“为己”与“为人”之别，孔子主张“为己之学”（参见14.24）；学之境界有“上达”与“下达”之别（参见14.23），孔子主张“下学而上达”（14.35）。子夏说“百工居肆以成其事，君子学以致其道”（19.7），“下学而上达”就是要“致其道”。因此，对儒家来说，“学”之“志”显得格外重要。在孔子，“志于学”也就是“志于道”，“可与共学，未可与适道”就表现出“志”的不同。

孔子讲“志于道，据于德”（7.6）。“据于德”就是要将一件件有益之事行来行去，据而勿失，这样才能使所志之“道”落于实处（参见7.6）。这就是“立”（《庄子·天地》“德成之谓立”）。“据于德”最主要的是使人的言行适度、中节，而礼的作用就是“制中”（《礼记·仲尼燕居》），所以孔子说“立于礼”（8.8）。没有“克己复礼”（12.1）的功夫，“志于道”就是空的，“可与适道，未可与立”表现出是否有此功夫的区别。

《中庸》讲“君子之中庸也，君子而时中”。朱熹在解释“时中”时说“中无定体，随时而在”，君子能“随时以处中”。孟子说“执中无权，犹执一也”（《孟子·尽心上》），没有“权”就不能保证“随时以处中”。“权”是“学”的最高境界，只有不断地“权”，才能够实现“中庸”，所以，孔子说“可与立，未可与权”。当然，“权”要以“适道”为前提，否则将流于“无忌惮”。王通说“非君子不可与语变”（《中说·述史》）。

概言之，权是立的灵魂，立是适道的功夫，适道是学的目的。

9.31 / “唐棣之华，偏其反而。岂不尔思？室是远而。”

子曰：“未之思也，夫何远之有？”

解读

唐棣（dì）：郭璞《尔雅注》、李时珍《本草纲目》认为是白杨类的树木。华：同“花”。

偏：同“翩”。反：同“翻”。

这几句诗是逸诗，意思是：唐棣树的花在翩翩翻舞。我怎能不想念你，只是住得太远。

孔子在讲这几句诗时说，还是没有真想，要真想的话，就不存在远的问题。孔子解释诗的语境已不可知，但从孔子诗教的特点讲，应该有其发挥。

冉求曾对孔子说：“非不说子之道，力不足也。”孔子则对冉求说：“力不足者，中道而废。今女画。”（参见6.12）孔子还说过“仁远乎哉？我欲仁，斯仁至矣”（7.30）；“有能一日用其力于仁矣乎？我未见力不足者”（4.6）。结合这些话来看，孔子对这几句诗的发挥，似乎是针对冉求一类的人说的，意在反对任何托词。

乡 党 第 十

10.1 / 孔子于乡党，恂恂如也，似不能言者。

其在宗庙、朝廷，便便言，唯谨尔。

朝，与下大夫言，侃侃如也；与上大夫言，訚訚如也。

君在，踧踖如也，与与如也。

| 解 读 |

乡党：在这里指家乡。恂（xún）恂：温顺恭谨。
便（pián）便：言语明白流畅。
侃侃：和悦欢乐。訚（yín）訚：温和又明辨。
踧踖（cù jí）：恭敬局促。与（yù）与：威仪适度。
以上是在不同场合中说话的表现。

10.2 / 君召使摈，色勃如也，足躩如也。

揖所与立，左右手。衣前后，襜如也。趋进，翼如也。

宾退，必复命曰："宾不顾矣。"

| 解读 |

摈（bìn）：通“傧”，接待宾客。色勃：面容严肃庄敬。足躩（jué）：快步。

左右手：对站立在左右的人打躬作揖。襜（chān）：摆动。作揖时衣服随身体俯仰前后摆动。趋进：小步疾行，表示敬意的一种行走。翼如：轻快的样子。

退：返归。顾：回首。送客一直要等到宾客不再回头看望。

以上是接待宾客时的表现。

10.3 / 入公门，鞠躬如也，如不容。

立不中门，行不履阈。

过位，色勃如也，足躩如也，其言似不足者。

摄齐升堂，鞠躬如也，屏气似不息者。

出，降一等，逞颜色，怡怡如也。没阶，趋进，翼如也。

复其位，踧踖如也。

| 解读 |

公门：诸侯之宫的一道道门。鞠躬如也：低头哈腰的样子。如不容：好像门低矮过不去。

立不中门：不站在门中间。阈（yù）：门槛。“行不履阈”指不踩门槛而过。

过位：经过群臣的位置。其言似不足：如果说话，声音很低，好像气不足似的。

齐（zī）：长衣的下摆。“摄齐升堂”即提起衣裳的下摆，登堂朝见国君。屏（bǐng）气似不息：屏住呼吸，好像不出气。

等：台阶的级。“降一等”即每下一级台阶。逞：快意。“逞颜色”即脸色放松。怡怡：怡然自得。没（mò）：尽。“没阶”即下完台阶。

复其位：回到自己原来的位置。

以上是上朝时的注意事项。

10.4 / 执圭，鞠躬如也，如不胜。上如揖，下如授。勃如战色，足蹜蹜如有循。

享礼，有容色。

私觌，愉愉如也。

| 解读 |

圭：一种长条形玉器。《论语集解》引包咸曰：“为君使，聘问邻国，执持君之圭。”如不胜：好像拿不动，表示敬慎。

上如揖，下如授：执圭时的高度，举上时像作揖的位置，放下时像递东西的位置。

战色：敬畏的神色。足蹜（sù）蹜：小碎步倒脚。如有循：行走的路线很规范，好像顺着什么走似的。

享礼：使臣朝聘时进献礼物的仪式。有容色：有神态。

觌（dí）：相见。“私觌”即私下会见。愉愉：和悦。

以上是朝聘时的注意事项。

10.5 / 君子不以绀緅饰，红紫不以为亵服。

当暑，袗絺绤，必表而出之。

缁衣，羔裘；素衣，麑裘；黄衣，狐裘。

亵裘长，短右袂。

必有寝衣，长一身有半。

狐貉之厚以居。

去丧，无所不佩。

非帷裳，必杀之。

羔裘玄冠不以吊。

吉月，必朝服而朝。

| 解读 |

绀（gàn）：深青透红的颜色。緅（zōu）：青赤色。饰：给衣领衣袖绲边。亵服：平常在家穿的衣服。

袗（zhěn）：单衣。絺（chī）：细葛布。绤（xì）：粗葛布。表而出之：罩上外衣再出门。

缁（zī）：黑色。衣：裘皮袄外面的罩衣。羔裘：黑羊羔皮裘。素：白色。麑（ní）裘：小鹿皮裘，白色。狐裘：狐狸皮裘，黄色。

袂：袖子。关于“短右袂”，《论语集解》《论语集注》都解释为把右边的袖子做短点，便于做事（参见《论语集释》，中华书局，1990年，第672—673页），但难以自圆其说。“右袂”似乎应该是手袖，犹如后来的暖袖，以便把手筒起来。“右”有辅助的意思。

寝衣：被子。身：指头以下的部分。寝衣要一个半身长。

狐貉之厚：狐貉皮厚的地方。居：坐。用狐貉皮厚的地方做坐褥。

去丧：丧服期满。佩：系在衣带上的装饰品。在此用作动词。

帷裳：古代朝祭的服装，用整幅布制成，不加裁剪，于腰部折叠收缩，像帷幔似的。杀（shài）：递裁尺寸，以使腰部收缩，一般腰围尺寸是下摆的二分之一。

羔裘玄冠：黑皮袄、黑帽子。吊：吊丧。吊丧时不能黑衣黑帽。

吉月：众说纷纭，争论很多。王引之认为当是“告月”之误，俞樾进而认为“告月”是每月之末，有司以下月之朔告于诸侯国的国君。（参见《论语集释》，中华书局，1990年，第681—683页。）

以上是穿衣服的注意事项。

10.6 / 齐，必有明衣，布。

齐必变食，居必迁坐。

|解读|

齐（zhāi）：斋戒。明衣：浴衣。斋戒沐浴后要穿布制的浴衣。

变食：改变日常的饮食。迁坐：改变平常的居处。

以上是斋戒时的注意事项。

10.7 / 食不厌精，脍不厌细。

食饐而餲，鱼馁而肉败，不食。色恶，不食。臭恶，不食。失饪，不食。不时，不食。割不正，不食。不得其酱，不食。

肉虽多，不使胜食气。

唯酒无量，不及乱。

沽酒市脯，不食。

不撤姜食，不多食。

解读

食：六谷之饭，也指菜食，即饭和菜。厌：饱足。脍（kuài）：把鱼肉细切。食精脍细意谓美味可口，食不厌精，脍不厌细的意思是不因美味可口而吃得过多。以往人们多解释为追求越精细越好，与孔子“饭疏食饮水”（7.16）的生活态度和“耻恶衣恶食者，未足与议”（4.9）的价值观矛盾。（参见《论语集释》，中华书局，1990年，第689页。）

饐（yì）、餲（ài）：饭菜腐烂变味。馁（něi）、败：鱼腐烂叫馁，肉腐烂叫败。色恶：颜色难看。臭（xiù）恶：气味难闻。饪：煮熟。“失饪”即不熟。不时：不是吃饭的时间。割不正：肉食刀工不合规范。不得其酱：酱的搭配不合度。

食气（xì）：饭料，主食。

乱：醉，放纵。

沽：买酒。市：买。脯（fǔ）：干肉。怕买来的酒肉不新鲜，不干净，故不食。

撤：除去。姜食：用姜做的菜。姜味辛辣，有的人吃不惯，就像有人不吃辣椒。孔子不忌食姜，但不多食。

以上是吃东西的注意事项。

10.8 / 祭于公，不宿肉。祭肉不出三日。出三日，不食之矣。

| 解读 |

祭于公，不宿肉：参加国君举行的祭祀，带回来的肉要尽快分发，不过夜。因为祭肉在祭祀过程中放的时间已经不短了，若超过三天就不能吃了。

以上是关于祭肉的注意事项。

10.9 / 食不语，寝不言。

| 解读 |

吃饭、睡觉时都不说话。

10.10 / 虽疏食菜羹瓜，祭，必齐如也。

| 解读 |

疏食：粗饭。菜羹：菜汤。齐（zhāi）如：很庄重的样子。古有祭食之礼，即饮食时取出少量所吃食物，放在食器之间以作祭祀。疏食、菜羹、瓜都是比较简单粗糙的食物，这些东西都要祭，复杂精制的食物自不待言。因吃瓜时用瓜把部位祭祀叫瓜祭，所以有的人断句为“瓜祭”。也有的版本以“瓜”为“必”字，作“必祭”，也通。

10.11 / 席不正，不坐。

| 解读 |

席子铺得不合规范，不坐。

10.12 / 乡人饮酒，杖者出，斯出矣。乡人傩，朝服而立于阼阶。

| 解读 |

乡人饮酒：古有乡饮酒礼，使民知尊长养老。杖者：老者。

傩（nuó）：驱逐疫鬼的仪式。阼（zuò）阶：东面的台阶。孔子不语“怪、力、乱、神”，所以不直接参加这种活动，只是旁观。

以上是孔子在乡里的一些表现。

10.13 / 问人于他邦，再拜而送之。

| 解读 |

问：问候。“问人于他”邦即托人问候别国的人。之：受托者。再拜而送之，既拜受托的人，也拜所问候的人。《论语集注》：“拜送使者，如亲见之，敬也。”

10.14／ 康子馈药，拜而受之。曰：“丘未达，不敢尝。”

｜解读｜

康子：季康子。达：明白。季康子送给孔子一些药，孔子表示感谢。但是说，因为还不明白是否对症，所以不敢贸然尝用。陈天祥《四书辨疑》引王若虚，认为孔子的话不是对季康子讲的。（参见《论语集释》，中华书局，1990年，第712页。）

10.15／ 厩焚。子退朝，曰：“伤人乎？”不问马。

｜解读｜

这一章文字简明，但争论很多，焦点就在是否“问马”。实际上孔子之问只是体现了其在具体语境中对人的关心的急迫，无须做过度的解释。

10.16／ 君赐食，必正席先尝之。君赐腥，必熟而荐之。君赐生，必畜之。

侍食于君，君祭，先饭。

疾，君视之，东首，加朝服，拖绅。君命召，不俟驾行矣。

| 解读 |

君主赐饭食，一定要按规矩摆开先品尝。腥：生肉。荐：供献。君主赐的生肉，一定要煮熟，先供献再吃。生：活物。畜：养。君主赐的活物，一定要先养起来。

侍食于君：陪君主吃饭。君祭：君主行祭食之礼。先饭：有多种解释（参见《论语集释》，中华书局，1990年，第716—719页），反正是一种陪君吃饭时的礼节。

东首：头朝东躺着。毛奇龄说“室制尊西”，君主进入室内要背西面东，头朝东躺着表示面向君主（参见《论语集释》，中华书局，1990年，第720页）。加朝服：把朝服盖在身上。绅：系在腰间的大带子。卧病不能著衣束带，加朝服、拖绅表示是以朝服见君主。

不俟驾：等不得把车套好。君主召唤，不等把车套好，徒步先行。

以上是对待君主的表现。

10.17 / 入太庙，每事问。

| 解读 |

文字已见于3.15。

10.18 / 朋友死，无所归。曰："于我殡。"

朋友之馈，虽车马，非祭肉，不拜。

| 解读 |

无所归：没有归属的亲人。殡：在这里指料理后事。

之所以拜谢朋友馈赠的"祭肉"是因为它带有"祭"的神圣性。其他的礼物，即使贵重如车马，也不拜谢。

以上是对待朋友的表现。

10.19 / 寝不尸，居不客。

| 解读 |

尸：仰卧，似死尸。居：平素家居。睡觉时不仰面朝天，像挺尸似的；平素在家比较随便，不像会客似的。客：或作"容"。

10.20 / 见齐衰者，虽狎必变。见冕者与瞽者，虽亵必以貌。

凶服者式之。式负版者。

有盛馔，必变色而作。

迅雷风烈，必变。

丨解读丨

齐衰：读zī cuī。狎：熟悉。变：改变容色。表示同情。亵：亲近。貌：礼貌。表示尊重。以上可参见9.10。

凶服：丧服。式：通“轼”，以手扶轼，是古人表示敬意的一种礼节。负版：有多种解释（参见《论语集释》，中华书局，1990年，第726页）。《论语集解》和《论语集注》都解为持邦国之图籍，可疑。

作：起。别人盛宴款待，要改变容色，起身示敬。

迅雷风烈必改变容色，表示对天的敬畏。

以上是几种改变容色、表示敬意的情况。

10.21 / **升车，必正立，执绥。车中不内顾，不疾言，不亲指。**

丨解读丨

绥：用来挽住登车的绳带。内顾：回头看。疾：快而高。亲指：用手指指点点。刘宝楠怀疑“亲”是“妄”之误，引《礼记·曲礼》“车上不妄指”证之（参见《论语正义》，中华书局，1990年，第433页）。

以上是乘车的表现。

10.22 / **色斯举矣，翔而后集。**
曰：“山梁雌雉，时哉时哉！”
子路共之，三嗅而作。

解读

色：惊惧。王引之《经传释词》："色斯犹色然，惊飞貌也。"举：飞起。翔：回旋高飞。集：落在树上。

山梁：山涧上的桥。雉：野鸡。时哉时哉：对当时情景的赞叹。

共：通"供"，在这里意指喂食。作：起。

山鸡受惊飞起，回旋一会又落下。这种情景引起人（孔子、子路或他人）的赞叹：涧水上的桥梁，飞翔起落的雌雉，多美好的时光。子路喂食山鸡，山鸡嗅了嗅，又飞走了。

对这一章有各种解释，有的认为有阙文，有的认为文字前后倒置，还有其他说法（参见《论语集释》，中华书局，1990年，第730页）。其实，这只是描述孔子一行在山间的一种形象，大不同于前面所讲的各种严肃场合，也不同于在家闲居，有类似"浴乎沂，风乎舞雩，咏而归"（11.26）的悠然和放松。

先 进 第 十 一

11.1 / 子曰："先进于礼乐，野人也；后进于礼乐，君子也。如用之，则吾从先进。"

| 解读 |

先进、后进指孔门弟子学习礼乐的时间的先后。野人指没有爵禄的人。刘宝楠："先进后进皆谓弟子受夫子所施之教，进学于此也……野人者，凡民未有爵禄之称也。"（《论语正义》）与野人相对的君子指有地位的人。孔子早期弟子多出于寒门，地位低贱，他们跟从孔子学习礼乐，后来得机会出仕，有了社会地位。后期弟子中家境较好的逐渐多起来，他们在跟从孔子学习时已经有些社会地位。

用：任用。从：使跟随。孔子说，如果任用的话，还是愿意与早期弟子一起共事。

先、后也可以理解为靠近礼乐的进向。孔子说"质胜文则野，文胜质则史"（6.18），"质"具有先天性，非人力所主宰，所以，要做到"文质彬彬"，主要在把持"文"的分寸。在孔子看来，这需要领悟和把握礼乐的精神。《礼记·仲尼燕居》说礼"所以制中也"，《礼记·乐记》说乐者"中和之纪"，通过学习礼乐，做到无过无不及。

在孔子时代的传统中强调“礼不下庶人”（《礼记·曲礼上》），对于没有社会地位的“野人”来说，由于其“文”不足，所以要增加“文”的方面，这可以说是“前进”于礼乐。对于具有社会地位的“君子”来说，由于其往往繁于文采（《韩非子·难言》：“繁于文采则见以为史”），使礼乐流于“玉帛”“钟鼓”（17.11）等形式，所以要减少其“文”，即“后”“退”进礼乐的实质。

由于孔子主张“绘事后素”（3.8），所以，如果不能做到“文质彬彬”，那么他更倾向于选用“质胜文”者，因此说“如用之，则吾从先进”。

11.2 / 子曰：“从我于陈、蔡者，皆不及门也。”

解读

孔子从55岁到68岁（公元前497年到公元前484年；计虚岁）周游列国（参见钱穆《孔子传》，三联书店，2002年；李零《丧家狗》，山西人民出版社，2007年），极力推行他的思想、主张，经历了许多艰难，主要有三次大难，一是过匡被围（参见9.5）；二是在宋被司马桓魋威胁（参见7.23）；三是在陈绝粮（参见15.2）。大概在陈蔡之间这一段路上是最艰难的，以至于子路为此而发脾气。

这一章中讲的“从我于陈蔡者”就是指跟从孔子周游列国而在陈蔡间蒙难的弟子，主要有颜渊、子路、子贡、子张、宰我等人。孔子返回鲁国后，从于陈蔡的弟子们多忙于各自的事业，不能常在门下，后来更有颜渊（公元前481年卒）、子路（公元前480年卒）相继去世，引发孔子“皆不及门”的感叹。《孔子世家》载：孔子病，子贡请见。孔子方负杖逍遥于门，曰：“赐，汝来何其晚也？”孔子因叹，歌曰：“太山坏乎！梁柱摧乎！哲人萎乎！”因以涕下。后七日卒（孔子公元前479年卒）。

11.3 / 德行：颜渊、闵子骞、冉伯牛、仲弓。
言语：宰我、子贡。
政事：冉有、季路。
文学：子游、子夏。

| 解读 |

孔子的教学内容大致可以概括为德行、言语、政事、文学几个方面（参见7.25），被称为孔门四科。德行主要是个人修养，言语主要是口才和外交能力，政事主要是管理能力，文学主要是掌握经典的能力。每一科都有一些表现突出者，最具代表性的是上述10个人，人们称之为四科十哲。四科十哲后来都配享孔庙，除此之外，孔门弟子中配享孔庙的还有曾参、有若和子张。

11.4 / 子曰：“回也，非助我者也！于吾言无所不说。”

| 解读 |

说：读yuè。

颜回是孔子最得意的弟子，德才兼备，品学兼优，经常受到孔子的夸赞（参见6.11、6.3、11.7、6.7、9.20、9.21、5.9等）。颜回的特点是重视践行，不在言语上纠缠，对孔子所言不提异议，只是对照检查（参见2.9），身体力行（参见12.1），这样，使得他的道德学问不断地进步。另一方面，由于他对孔子的话“不违”“无所不说”，不能形成教学互动，像子夏之问《诗》（参见3.8）那样，所以孔子说颜回“非助我者”，在喜欢中略感遗憾，而此遗憾更衬托出喜欢。

11.5 / 子曰：“孝哉闵子骞！人不间于其父母昆弟之言。”

| 解读 |

间（jiàn）：非议。

闵子骞最突出的德是孝。据说，闵子骞早年丧母，其父再娶，又生二子。闵子骞受继母虐待，冬天穿着芦花絮成的衣服，手都冻僵了，而继母生的两个儿子却穿得很暖和。他父亲知道后要休掉继母，闵子骞劝阻父亲说，如果休了继母，不仅自己一人受冻，继母生的两个弟弟也要受冻，父亲听其劝阻，继母也很受感动，悔改前非，成为慈母。闵子骞的孝实至名归，所以孔子说人们不会非议其父母兄弟的称许：“孝哉闵子骞”。

11.6 / 南容三复白圭，孔子以其兄之子妻之。

| 解读 |

妻（qì）：用作动词。

在5.2章中讲到孔子把侄女嫁给南宫适，理由是“邦有道，不废；邦无道，免于刑戮”，在这一章中的理由是“三复白圭”。“白圭”指《诗·大雅·抑》中的诗句“白圭之玷，尚可磨也；斯言之玷，不可为也”。圭是玉器。如果白圭上面有斑点，尚可以磨去；如果言语有过失，那就没有办法了。“三复”指反复诵读。南容经常诵读这诗句，以提醒自己慎言，体现出其为人谨慎的特点。他之所以能“邦有道，不废；邦无道，免于刑戮”，与为人谨慎有关。

11.7 / 季康子问：“弟子孰为好学？”

孔子对曰：“有颜回者好学，不幸短命死矣！今也则亡。”

| 解读 |

参见6.3解读。

11.8 / 颜渊死，颜路请子之车以为之椁。

子曰：“才不才，亦各言其子也。鲤

也死，有棺而无椁。吾不徒行以为之椁。以吾从大夫之后，不可徒行也。”

| 解读 |

颜路：名无繇，字路，孔子弟子，颜渊的父亲。颜氏是孔子母亲的娘家，颜路与孔子平辈。

椁：一种葬具，与棺相配，棺殓尸，椁套在棺外，棺椁之间的空间放随葬品。古代身份高的人至少有一重椁，一般的人有棺无椁。

鲤：孔子的儿子，字伯鱼，49岁去世，其时孔子69岁。（参见钱穆《孔子传》，三联书店，2002年；李零《丧家狗》，山西人民出版社，2007年。）

从大夫之后：已经去职的大夫，排序在现职大夫之后。孔子曾做过司寇，虽已去职，仍有身份，所以说从大夫之后。

颜渊去世后，颜路想请孔子把自己的车卖掉替颜渊置办椁，孔子没有同意。原因有二：其一，孔鲤死后葬时只有棺没有椁。虽然颜渊德才兼备，品学兼优，深受孔子喜爱，但孔子还是不主张厚葬，而主张像葬孔鲤一样。其二，孔子认为自己作为具有大夫身份的人，出行不能无车而徒步，相比为颜渊置办椁而言，守礼更重要。

11.9 / 颜渊死，子曰：“噫！天丧予！天丧予！”

| 解读 |

天丧予：老天爷要了我的命了。

孔子不以车换椁，不主张厚葬，不等于说对颜渊感情不深，“天丧予”的伤叹显现出孔子对颜渊之死的极度悲痛。

11.10 / 颜渊死，子哭之恸。

从者曰：“子恸矣！”

曰：“有恸乎！非夫人之为恸而谁为！”

| 解读 |

恸：极度悲痛。

夫（fú）：指示代词。“夫人”即这个人，指颜渊。

孔子推崇中庸，以此为最高的德（参见6.29）。按《中庸》所说，中庸即时中。时中由两个命题合成，一个是中，一个是时。中是无过无不及的状态，时是具体的境遇。时中之“中”不是概念的，而是操作的，所以有“因……制宜”之说（参见6.29）。颜渊死了，孔子哭得很悲痛，随从者认为孔子太悲痛了，孔子回答说确实很悲痛，我不为这样的人极度悲痛还为谁极度悲痛呢？随从者所言“恸”是认为孔子哀过了，孔子认可“恸”是认为他在颜渊之死这样的境遇中恸即“中节”（《中庸》）。随从者之“中”是抽象的，孔子之“中”是具体的。

11.11 / 颜渊死，门人欲厚葬之，子曰：“不可。”

门人厚葬之。

子曰：“回也视予犹父也，予不得视犹子也。非我也，夫二三子也。”

| 解读 |

颜渊德才兼备，在孔门弟子中的威信很高，孔子曾说“自吾有回，门人益亲”（《史记·仲尼弟子列传》）。颜渊去世后，孔门弟子们想厚葬他，颜渊的父亲颜路也有这样的想法，但孔子不同意厚葬（参见11.8）。《礼记·檀弓上》记载子游向孔子问丧具，孔子说要“称家之有亡”。贫家自然厚葬不起，即使富家，也要“毋过礼”。从颜渊“一箪食，一瓢饮，在陋巷”（6.11）的生活状况以及颜路想以孔子之车为颜渊换椁的处境看，孔子不主张厚葬颜渊主要还是从经济状况考虑。门人们没有遵从孔子的意愿，厚葬了颜渊，孔子对此不满意，觉得颜渊把自己视同父亲，自己却不能像办理孔鲤的丧事那样办理颜渊的丧事，做不了主，只得无可奈何地说：这不是我的意愿，而是门人们的主张。

上面连续几章都讲颜渊之死这件事，从中可以看出，一方面，孔子是一个感情很丰富的人，另一方面，孔子遇事总主张按原则办，既不因原则而影响感情，也不因感情而违背原则。

11.12 / 季路问事鬼神。

子曰：“未能事人，焉能事鬼？”

“敢问死？”

曰："未知生，焉知死？"

| 解读 |

孔子对鬼神的态度是敬而远之（参见6.22）。之所以敬，主要是由此培养人们的敬畏之情，所以讲"祭如在，祭神如神在"（3.12），讲"致孝乎鬼神"（8.21）；之所以远，是因为他更关注人世间的事。所以，当子路请教怎样供奉鬼神时，孔子答以"未能事人，焉能事鬼"。如果人世间的事情做不好，那么无论怎样"事鬼神"也无济于事；反过来，如果人世间的事情做好了，那么"事鬼神"之事也就淡薄了。《马王堆汉墓帛书·要》说，"君子德行焉求福，故祭祀而寡也"。

孔子对生死的态度是关注生时怎样，而不多想死后如何。所以，当子路请教死的问题时，孔子答以"未知生，焉知死"。这种态度对中国文化的影响很大，儒家不把人生的意义和价值寄托在来世和彼岸，而是主张在有限的生命过程中活出"无限"的意义，在现世活出超现世的价值。张载《西铭》中讲"存，吾顺事；没，吾宁也"。

11.13 / 闵子侍侧，訚訚如也；子路，行行如也；冉有、子贡，侃侃如也。

子乐。

"若由也，不得其死然。"

| 解读 |

訚訚（yín）、侃侃：见10.1解读。行（hàng）行：刚强。

孟子以“得天下英才而教育之”为君子三乐之一（《孟子·尽心上》），孔门弟子中有许多英才，像闵子骞、子路、冉有、子贡皆位列孔门四科十哲，都是英才，孔子看到这几个弟子在自己身旁，气魄风度表现各异，非常高兴。

“不得其死然”是说不能死于正命，而死于非命。子路过于刚强，孔子一直抑制他（参见5.7、7.11、17.23等），虽然对子路产生了很大的影响，但是最终还是没有能使子路避免死于非命。子路后来死于卫国的一次内乱中，孔子痛呼“天祝（断绝）予”（《春秋公羊传·哀公十四年》）。

11.14 / 鲁人为长府。

闵子骞曰：“仍旧贯，如之何？何必改作？”

子曰：“夫人不言，言必有中。”

| 解读 |

为：修建。长（cháng）府：规模较大的聚藏财货的建筑。

仍旧贯：沿用旧的。

夫（fú）：指示代词。

中：读zhòng。

鲁人为什么要改建长府，虽有各种解释（参见《论语集释》，中华书局，1990年，第767—769页），但都难以证实，大概主要不是出于实用的目的，所以闵子骞才说："沿用旧的又怎样？为什么要改建？"闵子骞的"訚訚"在此可见一斑，这一追问也许就把其中诸多的"原因"给辨明出来了，所以孔子说"这个人要么不说话，一说就说到点子上了"。

推而广之，"闵子骞之问"可以成为普适之问，即无论面临什么"改作"，都应该先问一下"仍旧贯，如之何"？辨明之后再决定是否改作，这样才能既避免固执守旧，又避免刻意"创新"。

11.15 / 子曰："由之瑟，奚为于丘之门？"门人不敬子路。子曰："由也升堂矣，未入于室也！"

| 解读 |

由之瑟：古本多作"由之鼓瑟"。为：在这里即鼓的意思。

堂：正厅。室：内室。先入门，次升堂，最后入室。"入室"犹如俗语"到家"。（参见杨伯峻《论语译注》，中华书局，1980年，第114页。）

孔子以诗、书、礼、乐教，所以他的弟子们大概都得学点音乐方面的知识和技能。子路尚勇，性格刚强，在音乐上大概也比较喜欢那种慷慨激昂的调子，《说苑·修文》中就讲到子路鼓瑟有北鄙杀伐之声，加之子路的演奏技巧也不甚高明，所以弹出的声音就不那么入耳动听。有一次，可能让孔子听得很烦，便毫不客气地对其他弟子说，子路怎么在我这儿鼓瑟呢？其他弟子因此对子路不敬重。孔子进而又说，子路已经有一定的水平了，只是还没有到家。

11.16 / 子贡问："师与商也孰贤？"
子曰："师也过，商也不及。"
曰："然则师愈与？"
子曰："过犹不及。"

| 解读 |

师：子张。商：子夏。

"中"是无过无不及，过和不及都不"中"，所以不能抽象地说哪一方更胜一筹，而需要在具体的境遇中考察。就个体的中节看，要考察哪一方更近乎个体的中；就整体的和谐看，要考察哪一方更有益于整体的中。

《礼记·仲尼燕居》："子曰：'师，尔过；而商也，不及……'子贡越席而对曰：'敢问将何以为此中者也？'子曰：'礼乎礼！夫礼所以制中也。'"礼是用以"制中"的，通过"克己复礼"的功夫，消除过与不及对中的偏差，以达到无过无不及。

11.17 / 季氏富于周公，而求也为之聚敛而附益之。

子曰："非吾徒也，小子鸣鼓而攻之可也！"

| 解读 |

季氏：季康子。周公：说法不一（参见《论语集释》，中华书局，1990年，第774—777页）。

根据《左传·哀公十一年》记载，季孙想按田亩征收赋税，使冉求征求孔子的意见，孔子没有做正式的回答，而从师生关系的角度对冉求说应该“施取其厚，事举其中，敛从其薄”。冉求没有听老师的话，而是帮着季氏聚敛，孔子气得对其他弟子说，“冉求不再是我的弟子，你们要大张旗鼓地批判他”。《大学》讲“百乘之家不畜聚敛之臣，与其有聚敛之臣，宁有盗臣”。由此可见孔门对“聚敛之臣”的态度。

11.18 / 柴也愚，参也鲁，师也辟，由也喭。

| 解读 |

柴：孔子弟子高柴，字子羔。愚：愚直。“古之愚也直”（17.16）。

参：曾参。鲁：鲁钝。

师：子张。辟（pì）：偏激。

由：子路。喭（yàn）：鲁莽。

孔子重视因材施教，这就先要“知材”，所以他认真分析弟子们的长处和短处，以便有针对性地进行教诲。

11.19 / 子曰：“回也其庶乎，屡空。赐不受命而货殖焉，亿则屡中。”

解读

回：颜回。庶乎：庶几乎。《易传·系辞下》："子曰：'颜氏之子，其殆庶几乎。有不善未尝不知，知之未尝复行也。'"

屡：常常。空：没有多余的生活资料，没有积财。

赐：子贡。不受命：不听命于人，指有独立的判断。货殖：经商营利。俞樾《群经评议》："不受命而货殖自是一事"（见《论语集释》）

亿：预料，臆测。"亿则屡中"即经常预测准确。

孔子以仁、智、勇为三种君子之行（参见14.28、9.29），在其弟子中，颜渊、子贡、子路可以说分别在这三方面表现突出。在这一章中孔子所讲的，涉及颜渊之仁和子贡之智。

颜渊虽然经常没有多余的生活资料，但却能"不改其乐"（参见6.11解读），体现了"仁者不忧"的境界，所以孔子赞其"庶乎"，即其人生修养的境界已经差不多了。

子贡有"不欲人之加诸我"（5.12）的独立精神，表现在经商活动中，就是能根据自己的独立判断做预测，而不是跟从别人，常常能准确预测行情，体现了"知者不惑"的特点。《史记·太史公自序》："布衣匹夫之人，不害于政，不妨百姓，取与以时而息财富，智者有采焉。作《货殖列传》。"货殖与智者有关联，子贡以其智经商营利，是孔子弟子中"最为饶益"（《史记·货殖列传》）者。

陶渊明诗曰："人生归有道，衣食固其端；孰是都不营，而以求自安？"（《庚戌岁九月中于西田获早稻》）人生之乐必须建立在一定的物质生活资料的基础上，颜回之乐离不开箪食、瓢饮、陋巷（参见6.11）等条件，孔子之乐也需要疏食和水（参见7.16），在饥寒交迫、流离失所的情况下人很难有乐，所以，要重视物质生活资料的料理。对待物质生活资料有两种不同的态度，一种是“够了就行”，颜回之“屡空”可作如是解；另一种是“越多越好”，子贡之“饶益”可以这样看。嵇康说：“不虑而欲，性之动也；识而后感，智之用也。性动者，遇物而当，足则无余；智用者，从感而求，倦而不已。”（《答难养生论》）“足则无余”即够了就行，“倦而无已”则追求越来越多。如果说，从个体的角度讲，智者“取与以时而息财富”尚且可以“不害于政，不妨百姓”的话，那么，由“识而后感”“从感而求”所形成的追求更多财富的风气，使得人们虽然“倦而不已”，却并没有能够如愿以偿地“越好”，加大了个体快乐和整体和谐的代价和难度。所以嵇康说“世之所患，祸之所由，常在于智用，不在于性动”（同上）。

因此可以说，子贡之“饶”固然不错，颜渊之“乐”价值更高。

11.20 / 子张问善人之道。

子曰：“不践迹，亦不入于室。”

解读

善人：见7.26解读。

践迹：踩着已有的脚印走。

入于室：《论语》中两言“入于室”（另见11.15），人们将两处作同一解释。然而，两处相对者不同，一为“升堂”，一为“践迹”。与“升堂”相对，“入于室”之意是更为深入；与“践迹”相对，“入于室”之意是终止行走。且两个“入于室”之前的否定的语境不同，所以一为“未”，一为“不”。

在7.26的解读中讲，善人是不受“旧迹”和“尽头”的束缚，能根据具体境遇不断地调整“路子”把问题处理恰当的人。不践迹体现应变的敞开性，不入于室体现应变的持续性。

11.21 / 子曰：“论笃是与。君子者乎？色庄者乎？”

| 解读 |

论笃：言语厚道。与（yǔ）：赞许。

色庄：表情装作端正。

言语厚道有两种表现，一种是表里一致，这是君子者；另一种是表里不一，这是色庄者。对言语厚道的赞许需要分清这两种不同的表现。

11.22 / 子路问：“闻斯行诸？”

子曰：“有父兄在，如之何其闻斯行之？”

冉有问：“闻斯行诸？”

子曰：“闻斯行之！”

公西华曰：“由也问‘闻斯行诸’，子曰：‘有父兄在’；求也问‘闻斯行诸’，子曰：‘闻斯行之’。赤也惑，敢问？”

子曰：“求也退，故进之；由也兼人，

故退之。”

| 解读 |

闻斯行：知道了就马上行动。斯，以前有人解释是赈穷救乏之事。

兼人：超过别人。

《礼记·学记》：“教也者，长善而救其失者也。”孔子在教育活动中就是针对受教者的特点而长善救失，因此，同样的问题，针对不同的提问者其回答也不同。子路爱往前冲（参见5.7、7.11），孔子就往后拽拽他；冉求爱往后缩（参见6.12），孔子就往前推推他。《论语义疏》：“子路性进，虽抑而不患其退；冉求性退，虽引而不嫌其过也。”朱熹：“冉求之病，乃是子路底药；子路底病，乃是冉求底药。”（《朱子语类》卷第四十）王阳明：“圣贤教人，如医用药，皆因病立方，酌其虚实、温凉、阴阳、内外而时时加减之，要在去病，初无定说，若拘执一方，鲜不杀人矣。”（徐爱《传习录序》）不求“药方”的普适，只求救治的恰当，这是儒家以及中国传统文化的特点。

11.23 / 子畏于匡，颜渊后。

子曰：“吾以女为死矣！”

曰：“子在，回何敢死！”

| 解读 |

畏于匡：事见9.5。

后：落在后面。

虚惊一场之后，在师生的对话中既显露出真情，又带有些幽默，不同于死板的问答。

11.24 / 季子然问："仲由、冉求，可谓大臣与？"

子曰："吾以子为异之问，曾由与求之问。所谓大臣者，以道事君，不可则止。今由与求也，可谓具臣矣。"

曰："然则从之者与？"

子曰："弑父与君，亦不从也。"

| 解读 |

季子然：《史记·仲尼弟子列传》中作"季孙"，《论语集解》引孔安国注以为"季氏子弟"。

异之问：问别的什么问题。

曾（zēng）：乃。由与求之问：问仲由与冉求。

止：不干了。《论语正义》："止，谓去位不仕也。"

具臣：具有办事能力缺乏政治主见的臣属。

从之者：跟着走的人。

《左传·昭公二十年》记载晏婴论君臣关系应该是，"君所谓可，而有否焉，臣献其否，以成其可；君所谓否，而有可焉，臣献其可，以去其否"。这就是"以道事君"。这样才能形成"和"。如果是君所谓可，臣亦曰可，君所谓否，臣亦曰否，那就如同"以水济水”，用庄子的话叫作“益多”（《庄子·人间世》）。益多所造成的结局就是越来越偏离中和，所以有担当的臣属都应该“以道事君”，如果君不从谏，那可以辞职不干，但不能盲从益多。这可以说是儒家传统的士的精神。《礼记·内则》：“道合则服从，不可则去。”《孟子·万章下》：“君有过则谏，反覆之而不听，则去。”

子路、冉求同属孔门四科中的政事科，孔子曾多次肯定他们二人有较强的从政能力（参见5.8、6.8等）。但是他们二人都缺乏政治主见，尤其是冉求总是顺从“上级”（参见3.6、11.17、16.1等），对此孔子很不满意，甚至号召弟子们大张旗鼓地批判冉求。当然，孔子认为这两个弟子还是有底线的，在“弑父与君”这样的重大是非问题上，绝不会盲从。

11.25 / 子路使子羔为费宰。

子曰：“贼夫人之子。”

子路曰：“有民人焉，有社稷焉。何必读书，然后为学？”

子曰：“是故恶夫佞者。”

| 解读 |

子羔：高柴。费：读bì。

贼：对人伤害。

恶：读（wù）。佞：巧言善辩。

孔子在鲁国担任大司寇时曾提议“墮（huī）三都”，即鲁国三桓拆除各自邑地中的军事设施，其中季氏堕费。子路时任季氏宰，可能他是在这时推荐子羔为费宰。按子羔的性格（参见11.18），也许不适合担任费宰这一职务，而且当时还年轻，从政能力和经验也不足以胜任邑宰，所以孔子说子路是“害人家孩子”呢。

孔子一向重视实践，孔门之“学”首先重视的就是在实践中尤其是在道德实践中学，其次才是学典籍，所谓“行有余力，则以学文”（1.6）。可以设想孔子平常有关这方面的论述定然不少，弟子们也会有各自的理解，如孔子说“君子食无求饱，居无求安，敏于事而慎于言，就有道而正焉，可谓好学也已”（1.14）；子夏说“贤贤易色，事父母能竭其力，事君能致其身，与朋友交言而有信。虽曰未学，吾必谓之学矣”（1.7）等等。子路也会有自己的理解，所以当孔子批评他时，他便回答说“何必读书，然后为学”？如果单独讨论这句话，估计孔子也会认同，也许这就是孔子的意思，但是，在具体的语境中，子路说这句话就不是严肃的理解，而成了狡黠的辩解，所以孔子说不喜欢巧言善辩的人。张甄陶《四书翼注论文》：“夫子不斥其非而恶其佞，以其言本不乖谬也。”（见《论语集释》）

11.26 / 子路、曾皙、冉有、公西华侍坐。

子曰：“以吾一日长乎尔，毋吾以也。居则曰：‘不吾知也！’如或知尔，则何以哉？”

子路率尔而对，曰：“千乘之国，摄乎大国之间，加之以师旅，因之以饥馑，由也为之，比及三年，可使有勇，且知方也。”

夫子哂之。

“求，尔何如？”

对曰：“方六七十，如五六十，求也为之，比及三年，可使足民。如其礼乐，以俟君子。”

“赤，尔何如？”

对曰：“非曰能之，愿学焉。宗庙之事，如会同，端章甫，愿为小相焉。”

“点，尔何如？”

鼓瑟希，铿尔，舍瑟而作。对曰：“异乎三子者之撰。”

子曰：“何伤乎？亦各言其志也。”

曰：“莫春者，春服既成。冠者五六人，童子六七人，浴乎沂，风乎舞雩，咏而归。”

夫子喟然叹曰：“吾与点也！”

三子者出，曾皙后。曾皙曰：“夫三子者之言何如？”

子曰：“亦各言其志也已矣。”

曰：“夫子何哂由也？”

曰：“为国以礼，其言不让，是故哂之。”

“唯求则非邦也与？”

“安见方六七十如五六十而非邦也者？”

“唯赤非邦也与？”

“宗庙会同，非诸侯而何？赤也为之小，孰能为之大！”

| 解读 |

曾晳（xī）：孔子弟子，名点，字子晳。曾参的父亲。

以吾一日长乎尔：以吾长乎尔一日，我比你们年长一些。

毋吾以也：毋以吾也，不要把我的年长当回事。

居：平常，平素。

不吾知也：不知吾也。

率尔：不假思索。

摄：夹处。

加之以师旅：受到军事侵犯。

因之以饥馑：再加上收成不好。

比及：等到。

知方：知道义。《左传·哀公十六年》：“率义之谓勇。”《孔子家语·好生》：“立义以为勇。”

哂（shěn）：微笑。

方六七十：疆土纵横六七十里。

如五六十：或者五六十里。

宗庙之事：有关祭祀的事情。

如会同：或者有关外交盟会的事情。

端：古代礼服之名。章甫：古代礼帽之名。在这里都用作动词，即穿上礼服，带上礼帽。

相（xiàng）：主持礼仪的人，即司仪。

鼓瑟希：弹瑟的动作慢下来，瑟声也渐渐稀落。

铿尔：象声词。用劲弹了一下瑟，发出洪亮的声音。

舍瑟而作：放下瑟，站起来。

撰（xuǎn）：同“選”，选择。

莫（mù）：“暮”的古字。

冠：古代男子20岁举行冠礼，表示已经成人。冠者指成年人。

童子：男少年。

沂：沂水，源出曲阜东南的尼丘，西流经曲阜城南合泗水。

舞雩（yú）：古代求雨时举行的有乐舞的祭祀。在这里指舞雩台，在曲阜城南。

这是《论语》中篇幅最长而且故事情节非常完整的一章。

孔子与几个弟子坐在一起谈论个人志向，子路、冉有、公西华都表示自己要做一番事业（参见5.8），唯独曾皙讲的是生活，而孔子又恰恰赞同曾皙之志，对此，前人有各种不同的解释。

《论语集解》引周生烈曰：“善点之独知时也。”《论语义疏》：“所以与同者，当时道消世乱，驰竞者众，故诸弟子皆以仕进为心，唯点独识时变，故与之也。”这样，孔子之“喟叹”就类似于“乘桴浮于海”（5.7）、“欲居九夷”（9.14）之叹，而与“志向”问题有隔。

朱熹说：“曾点之学，盖有以见夫人欲尽处，天理流行，随处充满，无少欠缺。故其动静之际，从容如此。而其言志，则又不过即其所居之位，乐其日用之常，初无舍己为人之意。而其胸次悠然，直与天地万物上下同流，各得其所之妙，隐然自见于言外。视三子之规规于事为之末者，其气象不侔矣。”（《论语集注》）又说：“曾点所见，乃是大根大本”；“曾点见处，虽尧舜事业亦不过以此为之而已”；“三子是就事上理会，曾点是见得大意”；“曾点见处极高，只是功夫疏略”。（《朱子语类》卷第四十）朱熹对“吾与点也”这一命题的解释影响很大，但是其将论曾点之志转移为论曾点之人，大讲气象、功夫，加之其天理、人欲之论，所以多受后人诟病。其实，朱熹关于这个命题的有些说法还是有道理的，不能简单地否定。

“吾与点也”主要是讲孔子之志，而非曾点之志。孔子之志是仁和道（参见4.9），而仁和道的实现都会现象为“乐”，如“仁者不忧”（9.29、14.28）、“乐以忘忧”（7.19）、“孔颜之乐”（参见7.16、6.11），如“老者安之，朋友信之，少者怀之”（5.26）等等，都透出了“乐”。曾点所言在这一点上与孔子之志有相通之处，所以孔子喟叹“吾与点也”。朱熹讲“乐其日用之常”，讲“三子是就事上理会”等等，都很有道理。当然，不能把孔子之志简率地理解为追求“乐”。孔子也并不否认子路等人做“事”的意义，所以有后面对曾点的回答，只是不满足于仅仅“成其事”，而要“上达”到“致其道”（19.7）。

颜 渊 第 十 二

12.1 / 颜渊问仁。

子曰：“克己复礼为仁。一日克己复礼，天下归仁焉。为仁由己，而由人乎哉？”

颜渊曰：“请问其目。”

子曰：“非礼勿视，非礼勿听，非礼勿言，非礼勿动。”

颜渊曰：“回虽不敏，请事斯语矣！”

| 解读 |

问仁：问“怎么”去仁，而不是问“什么”是仁。

克：克制，约束。复：履行。《左传·昭公十二年》载，仲尼曰：“古也有志：‘克己复礼，仁也。’”

一日：如果有一日。

目：条目，要目。

前面说过，孔子学说的中心问题是情和理的关系问题，如果转换成孔子的术语，可以等价地说是欲和矩的关系问题（参见

4.15）。情和欲好像是人生乃至社会的“动力”，没有了情、欲，人生和社会就会失去活力。但是，如果只有情没有理、只有欲没有矩，人生和社会就会没有秩序。只有把情和欲纳入理和矩中，人生和社会才能是既有活力又有秩序。明代张介宾说：“造化之机，不可无生，亦不可无制。无生则发育无由，无制则亢而为害”。（《类经图翼·五行统论》）“发育无由”即无活力，“亢而为害”即无秩序。天地造化如此，人生社会也是如此。《中庸》讲“致中和，天地位焉，万物育焉”。“天地位”是有秩序，“万物育”是有活力，“致中和”就是要使活力和秩序统一起来，形成和谐的统一体，孔子之志于仁、志于道也是“致中和”。仁是个体的中和，道是群体的中和。

英国人以赛亚·伯林说：“在每一种文明人的身体之内，都有狄德罗所谓的永恒不变的自然人想要努力挣脱出来：二者无论在何处，始终处于一种内部交战的情形，这也是所有人类文化的持久不变的状况。”（《扭曲的人性之材》，译林出版社，2009年，第76页。）在情和理、欲和矩的关系中，情和欲总是想要努力挣脱理和矩的制约，所以，人生修养和社会治理的主要事情，就是对超出制约的情和欲进行克制和约束，使之合理、中矩。《礼记·仲尼燕居》说“礼也者，理也”；又说“礼，所以制中也”。礼是理的外化，是合理的矩，所以，对情和欲的克制和约束也就表现为“克己复礼”，通过“克己复礼”达到“从心所欲不逾矩”（2.4）。当然，前提是礼“必具中和之德”（王阳明《传习录·中》），要能够“因时世人情为之节文”（《史记·卷九十九》）。

对“天下归仁”的解释，《论语集解》引马融曰“一日犹见归，况终身乎”。《论语义疏》进而说“言人君若能一日克己复礼，则天下之民咸归于仁君也”。邢昺《论语注疏》也说“言人君若能一日行克己复礼，则天下皆归此仁德之君也”。这些解释可以与孔子“为政以德，譬如北辰”（2.1）的说法相通。其中的“归”是归附的意思。朱熹把“归”解释为“与”，即赞许，这样，“天下归仁”的意思就成为天下人以仁来称许那个克己复礼的人。这种解释可以与孔子“君子去仁，恶乎成名”（4.5）的说法相通。

上述两种解释，一个把“一日克己复礼”的行为主体设定为执政者，一个将其设定为不确定的某个人，虽然也能说得通，但是与孔子讲“克己复礼”的宗旨联系不紧密。前面讲到，孔子讲“克己复礼”，为的是实现仁和道，就某个个体讲，克己复礼为仁；就所有个体讲，克己复礼为道，即“天下归仁”。这里的“归”是趋向的意思。这也就是孟子所说的“仁也者，人也；合而言之，道也”（《孟子·尽心下》）。这样，“一日克己复礼”的行为主体就不是某个个体，而是所有个体，即如果一旦人们都“克己复礼”，那么就“天下归仁”了。所以《大学》讲“自天子以至于庶人，壹是皆以修身为本”。

孔子又说“为仁由己”。克己复礼是自觉地把自己的行为纳入礼的规范，只有这样，才能逐渐实现内在之欲与外在之矩的适度融合。强制性的复礼，或许可以不逾矩，但是难以做到从心所欲。所以，孔子讲要“道之以德，齐之以礼”（2.3），以增强人们裁节自身行为的自觉性。

上博楚简《君子为礼》讲“言之而不义，口勿言也；视之而不义，目勿视也；听之而不义，耳勿听也；动之而不义，身毋动焉”。（见李零《丧家狗》，山西人民出版社，2007年，第232页。）义是适度，通过礼之制中而实现，非礼则不义。

颜渊讲“事斯语”体现了孔门之学的特色，孔门之学的重点在“事”，在践行、操作，而不在“语”，不在讲说、记诵。《论语》中的各种“问”（问仁、问知、问礼、问孝等等），大多都是问“怎么样”，而不是“什么是”。

12.2 / 仲弓问仁。

子曰：“出门如见大宾，使民如承大祭。己所不欲，勿施于人。在邦无怨，在家无怨。”

仲弓曰：“雍虽不敏，请事斯语矣！”

| 解读 |

冉雍问仁，孔子从三个方面回答。

一是“出门如见大宾，使民如承大祭”，这是讲敬。《左传·僖公三十三年》载臼季的话：“敬，德之聚也……出门如宾，承事如祭，仁之则也。”孔子非常重视“敬”，认为无论修身还是做事，都要严肃慎重（参见14.42、13.19、15.6、16.10等）。

二是“己所不欲，勿施于人”，这是讲恕。《管子·小问》引语曰：“非其所欲，勿施于人，仁也。”孔子非常重视“恕”，认为是应该终身遵行的一个字（15.24）。但是“己所不欲，勿施于人”没有涉及“己所欲”该怎样，这就为“施于人”留下空子。只有无条件的“勿施于人”才是彻底的“恕”（参见5.12）。

三是“在邦无怨，在家无怨”，这是讲无怨。刘宝楠《论语正义》：“在邦谓仕于诸侯之邦，在家谓仕于卿大夫家也。”其实这里的在邦、在家可以理解为身处不同的环境中，不必泥于“仕”。无怨也不是说使别人无怨，而是自己无怨。孔子说“放于利而行，多怨”（4.12）；又说伯夷、叔齐“求仁而得仁，又何怨”（7.15）。《中庸》讲“正己而不求于人则无怨。上不怨天，下不尤人”。《荀子·荣辱》讲“自知者不怨人，知命者不怨天”。

12.3 / 司马牛问仁。

子曰：“仁者其言也讱。”

曰：“其言也讱，斯谓之仁已乎？”

子曰：“为之难，言之得无讱乎？”

| 解读 |

司马牛：孔子弟子司马耕，字子牛。宋国贵族司马桓魋的弟弟。

讱（rèn）：言语迟钝，难以出口。

仁的基础是真，其他的修养功夫都要建立在真的基础上，孔子总结为“绘事后素”（3.8）。如果失真就难以成仁，“巧言令色，鲜矣仁”（1.3），就是因为其失真。朱熹说“人不诚处多在言语上”（《朱子语类》卷第六十九），言语是最容易让人失真的地方，所以，孔子特别重视言行一致，“耻其言而过其行”（14.27）。由于言易行难，所以，孔子反复强调要“先行”（2.13），要“讷”（4.24），要“言之不出”（4.22）等等。《史记·仲尼弟子列传》中说司马牛“多言而躁”，所以，当他问怎么实现仁时，孔子便教之以“讱”。

12.4 / 司马牛问君子。

子曰："君子不忧不惧。"
曰："不忧不惧，斯谓之君子已乎？"
子曰："内省不疚，夫何忧何惧？"

| 解读 |

疚：因过失而感到内心惭愧痛苦。

不疚可以分为两种情况，一是无可疚，二是不觉疚。孔子说他自己如果早点学《易》，也许可以"无大过"（7.17），又说颜回"不贰过"（6.3），说明即使像孔、颜这样的"圣"和贤，也会有过，何况常人。有过而内心不感到惭愧痛苦，是谓不觉疚，孔、颜定然不会这样，因此也会有疚。有疚是改过的前提，只有因过失而内疚，才能勇于改过。《中庸》讲"力行近乎仁，知耻近乎勇"，在对待过失上，内疚也就是知耻，改过也就是力行。《易传》讲"君子以见善则迁，有过则改"（《象传·益》），就人生修养来说，人的一生也就是不断迁善改过的一生。朱熹在谈到"悔"时曾说："若既知悔，后次改便了，何必常常恁地悔。"（《朱子语类》卷一百一十六）对"疚"也是这样。《大戴礼记·盛德》讲"过而改之，是不过也"，改正一个过失并且不再重犯，也就不再有这个过失了，因这个过失而产生的内疚也可得以消除，这样不断地改过，不断地除疚，才能无可疚，也才能不忧不惧。如果"过而不改"（15.30），进而"文"之（参见19.8），那就会走向不觉疚。不觉疚虽然也"不疚"，但不能不忧不惧，而是"长戚戚"（7.37）。

12.5 / 司马牛忧曰："人皆有兄弟，我独亡。"

子夏曰："商闻之矣：死生有命，富贵在天。君子敬而无失，与人恭而有礼，四海之内，皆兄弟也。君子何患乎无兄弟也？"

| 解读 |

朱熹："敬……只是有所畏谨，不敢放纵。"（《朱子语类》卷第十二）失（yì）：放纵，轻忽。

司马牛不是没有兄弟，他是宋国贵族司马桓魋的弟弟，除了司马桓魋外，还有几个兄弟。司马桓魋作乱，别的兄弟都参与，司马牛虽与他们划清界限，但在心理上不免忧伤。子夏对司马牛所说的意思是，对于个人不能主宰的事无须怨尤，只要能很好地修己、待人，那么"四海之内，皆兄弟也"。

"死生有命，富贵在天"讲人力不能主宰的事。中国古人把人力所不能主宰的事归于天、命，孟子讲"莫之为而为者，天也；莫之致而至者，命也"（《孟子·万章上》），如死生富贵就属于这一类。当然，这并不是说死生富贵完全与人的行为无关。孟子说："莫非命也，顺受其正，是故知命者不立乎岩墙之下。尽其道而死者，正命也；桎梏死者，非正命也。"（《孟子·尽心上》）是"尽其道而死者"还是"桎梏死者"，就取决于人为，所以要"顺受其正"。孟子又说："求则得之，舍则失之，是求有益于得也，求在我者也。求之有道，得之有命，是求无益于得也，求在外者也。”（同上）“求在我者”无关乎天，就“求在外者”讲，也有一个“求之有道”的问题，不可妄求，只是得不得在天，求不必得。所以，孔门对待天、命的态度是“配命”（《诗·大雅·文王》）、“俟命”（《中庸》）、“顺天休命”（《易传·象传·大有》），是“乐天知命故不忧”（《易传·系辞上》）。

“敬而无失”“恭而有礼”讲人力能够主宰的事，即孟子所说的“求在我者”。对自己谨慎而不放纵，对别人恭敬而有礼节，这样，无论在什么地方都不愁没有“兄弟”。《说苑·杂言》载孔子曰：“敏其行，修其礼，千里之外亲如兄弟；若行不敏，礼不合，对门不通矣。”《大戴礼记·曾子制言》载曾子曰：“君子执仁立志，先行后言，千里之外皆为兄弟。苟是之不为，则虽汝亲，庸孰能亲汝乎？”

12.6 / 子张问明。

子曰：“浸润之谮，肤受之诉，不行焉，可谓明也已矣。浸润之谮，肤受之诉，不行焉，可谓远也已矣。”

| 解读 |

浸润：逐渐渗透。谮（zèn）：谗言。

肤受：肌肤所受，在这里指利害切身。诉：诽谤。朱熹举例说“肤受之诉”：“如被人骂，便说被人打；被人打，便说人要杀。”（《朱子语类》卷第四十二）

不行：不起作用。

明：明察。

远（yuàn）：不亲近。

铺天盖地的谗言、毫不掩饰的诽谤容易看得清；逐渐渗透的谗言、夹杂冤屈的诽谤不容易辨明。能使二者不起作用可谓明察，能使二者不起作用也就不会亲近谗害者、诽谤者。

12.7 / 子贡问政。

子曰："足食，足兵，民信之矣。"

子贡曰："必不得已而去，于斯三者何先？"

曰："去兵。"

子贡曰："必不得已而去，于斯二者何先？"

曰："去食。自古皆有死，民无信不立。"

| 解读 |

足：用作动词，使之足。足食即使粮食充足，足兵即使军备充实。去兵、去食指舍去足兵、足食的举措，不能理解为完全去除军备和食物。

民信也是使民信，有些版本在"民信"之上即有"使"字。"自古皆有死，民无信不立"，孔子的意思似乎是，生之有死是必然的，不存在"是否"的问题，政之是否成立则取决于民之是否信任，所以，对为政来说，最重要的是使民信之。

更重要的问题是，怎样才能取信于民，这其实也就关乎民怎样死。

12.8 / 棘子成曰：“君子质而已矣，何以文为？”

子贡曰：“惜乎！夫子之说君子也。驷不及舌。文犹质也，质犹文也。虎豹之鞟犹犬羊之鞟。”

| 解读 |

棘子成：卫国大夫。

驷：四马驾一车。“驷不及舌”即一言既出，驷马难追。

文犹质也、质犹文也，此处指文和质同样不可无。

鞟（kuò）：革。兽皮带毛的叫皮，去掉毛的叫革。

孔子说“质胜文则野，文胜质则史。文质彬彬，然后君子”（6.18）。棘子成似乎不同意孔子的说法，认为君子只要有质就行了，不需要文。子贡批评棘子成，说他说话不慎重。子贡所说的意思是，不能没有质，也不能没有文。如果去掉虎豹犬羊皮上的毛，虎豹犬羊之皮的区别都没有了。

12.9 / 哀公问于有若曰：“年饥，用不足，如之何？”

有若对曰：“盍彻乎？”

曰：“二，吾犹不足，如之何其彻也？”

对曰："百姓足，君孰与不足？百姓不足，君孰与足？"

｜解读｜

年饥：年成不好。

用：用度。

盍：何不。彻：抽取收成的十分之一为税。

二：抽取收成的十分之二为税。

《说苑·政理》载周文王问姜太公怎样治理天下，姜太公回答说，"王国富民，霸国富士，仅存之国富大夫，亡道之国富仓府"。

12.10 / 子张问崇德、辨惑。

子曰："主忠信，徙义，崇德也。爱之欲其生，恶之欲其死。既欲其生，又欲其死，是惑也。'诚不以富，亦只以异。'"

｜解读｜

崇德：增进德行，使德崇高。

辨惑：辨别疑惑，增强理智。

主忠信：坚守忠信。

徙义：随义而动，即"义之与比"（4.10）。

恶：读wù。

孔子讲"知者不惑"（9.29、14.28），《大学》讲格物、致知

（智），格物是权衡诸多扞格交感的事物以求得中正，致知则是要达到不惑。惑往往产生于非此即彼的思维模式，走极端的行为方式，不能斟酌权衡，因此会有“爱之欲其生，恶之欲其死”，“既欲其生，又欲其死”之类的现象。当人在处理问题时能够权衡诸多扞格交感之事，使各方面都能适度、中节，也就“不惑”了。所以《大学》说“物格而后知（智）至”。

“诚不以富，亦只以异”出自《诗·小雅·我行其野》，程颐认为是错简。《我行其野》是描写弃妇之怨的，诗中说“不思旧姻，求尔新特。成不以富，亦只以异”。意思是，你厌旧喜新，不是因为她家更富有，只是因为你变了心。李零说：“一个人好恶太深，就会像弃妇恨她的前夫，爱之深，也恨之切，完全失去理智。”（《丧家狗》，山西人民出版社，2007年，第227页。）

12.11 / 齐景公问政于孔子。

孔子对曰：“君君，臣臣，父父，子子。”

公曰：“善哉！信如君不君，臣不臣，父不父，子不子，虽有粟，吾得而食诸？”

解读

君、臣、父、子，前面的指实，后面的指名，重叠起来表示实符其名。

孔子35岁时到过齐国（参见7.14），当时齐国的执政者是齐景公（公元前547年至公元前490年在位）。

早在齐桓公十四年，陈国公子陈完因内乱出奔齐国，后来陈氏在齐国的势力逐渐强大，到齐景公时代，陈氏势力强于公室，而齐景公又多内嬖而不立太子，君臣父子之序皆乱。所以，当齐景公问政于孔子时，孔子回答说要“君君，臣臣，父父，子子”，也就是说，君臣父子要各守其分，各尽其职。

对于孔子的话，齐景公在曲解的情况下表示赞同。孔子的意思是君臣父子各尽自己的义务，齐景公却是要臣子尽义务，为自己谋权利，认为如果臣子不尽义务，他作为君父就难以享受权利，虽有粟而不得食。《管子·形势》讲“君不君，则臣不臣；父不父，则子不子”。如是，臣不臣、子不子的原因在君不君、父不父，齐景公不反省自己，终究难以使臣臣、子子。

孔子的这个表述，也就是他的“正名”理论（参见13.3）。人不是一个孤立的个体，而是诸多关系的聚焦，人在各种关系中充当不同的角色，每种角色对其权利、义务都有一定的要求，这也就是其“名”。虽然在不同的历史时期，“名”的具体内容会发生变化，有时候甚至是很大的变化，但是，无论在什么时候，都不能没有“名”，否则，人们的各种社会活动将难以进行，社会秩序将难以维系，社会也将不复存在。所以，对“名”的内容可以具体地分析，而对于“名”的形式需要抽象地讨论。事实上，孔子并没有定义君、臣、父、子的具体内容。如果抽去君臣父子的具体内容，那么，孔子的表述可以抽象为“xX”的形式。人是多重角色的复合体，所以，既有境遇性，也有“名分”性。所谓境遇性指在不同境遇中角色的变换，所谓名分性指在特定境遇中要符合特定角色的“名”，否则将会“无所措手足”（13.3）。

12.12 / 子曰："片言可以折狱者，其由也与？"

子路无宿诺。

| 解读 |

片：半，单方面。"片言"指单方面的言辞。折狱：断狱。

在古代，诉讼双方叫两造。《书·吕刑》"两造具备"孔安国传："两谓囚、证。造，至也。"断理案子要兼听原告、被告两造的诉辞，不能只听单方面的言辞。单方面的言辞叫作单辞，《书·吕刑》"明清于单辞"，孔颖达疏："单辞谓一人独言，未有与对之人。讼者多直己以曲彼，构辞以诬人……子路行直闻于天下，不肯自道己长，妄称彼短，得其单辞即可断狱者，惟子路尔。"平常人的单辞往往会"直己以曲彼，构辞以诬人"，子路诚实无欺，绝不会编造假话，所以孔子说，假如子路打官司的话，法官凭着子路单方面的言辞断案也不会有错。有人将这句话解释为子路凭片言断狱，不从。

"子路无宿诺"讲子路做事果断（参见6.8），有所承诺，绝不拖延。宿：拖延。"宿诺"指没有及时兑现的诺言。

这一章的两句话是一致的，称赞子路诚实果敢。有人把这两句话分为两章，不妥，原因是对前一句的误解。

12.13 / 子曰："听讼，吾犹人也，必也使无讼乎！"

| 解读 |

听：审察，断决。“听讼”即审理诉讼。

孔子说，对审理诉讼他没有比别人更好的办法，只有无讼才是解决诉讼的最好的办法。《大戴礼记·礼察》说“礼者禁于将然之前，而法者禁于已然之后”，所以孔子重视“道之以德，齐之以礼”（2.3），力图由此而无讼。

无讼可以是：一，不产生争执；二，如果产生争执，不必一定要诉诸打官司，通过谈判、对话、礼让等途径，可以消除许多争执。儒家乃至中国传统文化不主张讼，认为在诉讼中没有哪一方受益。《易经》“讼”卦讲“终凶”。高亨说：“因讼事无所谓成功，讼而败固有损失，讼而胜亦有损失。”（《周易大传今注》，齐鲁书社，1979年，第114页。）

12.14 / 子张问政。

子曰：“居之无倦，行之以忠。”

| 解读 |

居之：居职位。

行之：行职责。

居职位没有懈怠，行职责尽心尽意。胡炳文《四书通》：“子张堂堂，子路行行，皆易锐于始而怠于终，故答其问政，皆以无倦告之。”（参见13.1）

12.15 / 子曰：“博学于文，约之以礼，亦可以弗畔矣夫。”

解读

与6.27基本重复。

博是满足多样性，约是实现适度性，如此以成“和”。

12.16 / 子曰：“君子成人之美，不成人之恶。小人反是。”

解读

成：成全。美：善。成全别人的善，不成全别人的恶，是“辅仁”（12.24）的意思。

12.17 / 季康子问政于孔子。

孔子对曰：“政者，正也。子帅以正，孰敢不正？”

解读

政：政事。正：不偏邪。

帅：率。

政事意在正世，按照德治的模式，这个过程要从领导者的正身开始。《礼记·哀公问》：“君为正，则百姓从政矣。君之所为，百姓之所从也。君所不为，百姓何从？”不正多从有权势者始，所

以，为政的关键在于有权势者正，即以身作则，“苟正其身矣，于从政乎何有？”（13.13）

在法治体系中要依法而正，也主要是针对有权者的。

12.18／　季康子患盗，问于孔子。

孔子对曰：“苟子之不欲，虽赏之不窃。”

｜解读｜

盗、窃都不仅仅指偷盗，凡是以不正当的手段获取某种东西，如财货名位等等，都可以叫作盗、窃。

欲：贪欲。欲也不仅是指对物的贪，各种无餍足的求取，都是贪欲。《老子》讲“不尚贤，使民不争；不贵难得之货，使民不为盗；不见可欲，使民不乱”（第三章）。

《礼记·缁衣》：“下之事上也，不从其所令，从其所行。上好是物，下必有甚者矣。”

12.19／　季康子问政于孔子曰：“如杀无道，以就有道，何如？”

孔子对曰：“子为政，焉用杀？子欲善，而民善矣。君子之德风，小人之德草，草上之风，必偃。”

| 解读 |

杀：除灭。

就：成就。

君子、小人在这里主要指政治身份。

《尚书·盘庚上》讲“用罪伐厥死，用德彰厥善”，《左传·成公十四年》讲“惩恶而劝善”，《易传·象传》讲“君子以遏恶扬善”，孔子也说“圣人治化也，必刑政相参焉”（《孔子家语·刑政》），所以，按照儒家的观点，季康子之“杀无道，以就有道”的为政方法并无大失。孔子所对，主要还是针对季康子不能以身作则。领导不能以身作则，就难以从根本上除灭无道。《史记·乐书》“移风易俗”，张守节正义说“上行谓之风，下习谓之俗”，纠正上行之风虽然不能说就一定能治理好社会，但毫无疑问是治理好社会的一个必要条件。

12.20 / 子张问：“士何如斯可谓之达矣？”

子曰：“何哉，尔所谓达者？”

子张对曰：“在邦必闻，在家必闻。”

子曰：“是闻也，非达也。夫达也者，质直而好义，察言而观色，虑以下人。在邦必达，在家必达。夫闻也者，色取仁而行违，居之不疑。在邦必闻，在家必闻。”

| 解读 |

士：在这里指参与社会政治活动的男子汉。达：显达。《论语义疏》："达谓身名通达。"

闻（wèn）：声望。《广韵·问韵》："闻，名达。"

质直：质性正。《国语·晋语七》："有直质而无流心，非义不变。""非义不变"即"义之与比"（4.10），即好义。

察言观色意谓要谨慎。

虑以下人意谓要谦虚。

色取仁而行违：表面选取仁而行为违背仁。

居之不疑：以仁名自居而毫无愧色。疑，犹豫。

子张热衷于从政（参见12.14、20.2、2.18等），有些想尽快在政界显达的心态，所以问孔子怎样才称得上显达。

孔子并不一概反对有声望，但似乎不大主张过早地取得声望（参见9.23），所以，针对子张的性格（参见11.18、11.16），孔子对闻和达做了区别。

按照孔子的区别，"达"是实至名归，无论做什么都真诚无伪，谨慎谦虚，义之与比，自然声誉远闻；"闻"是刻意于声誉，只做表面文章，表里不一，虽名声在外却徒有虚名。二者之同在声誉，二者之别在虚实。朱熹："闻与达相似而不同，乃诚伪之所以分，学者不可不审也。"（《论语集注》）

12.21 / 樊迟从游于舞雩之下。曰："敢问崇德、修慝、辨惑。"

子曰："善哉问！先事后得，非崇德与？攻其恶，无攻人之恶，非修慝与？

一朝之忿，忘其身，以及其亲，非惑与？”

| 解读 |

舞雩：即舞雩台。参见11.26解读。

修慝（tè）：警诫恶念。

攻：指责。“攻其恶，无攻人之恶”犹“躬自厚而薄责于人”（15.15）。

忿：愤恨。“一朝之忿”即一时所激的愤恨。

前面有“子张问崇德、辨惑”（12.10），樊迟之问多了一个“修慝”。

无论是子张之问，还是樊迟之问，孔子的回答都有针对性。当樊迟有一次问仁时，孔子就回答“仁者先难而后获”（6.22），这次问崇德，孔子又答以“先事后得”，由此可看出樊迟在这方面的不足。就“惑”而言，孔子告诉子张爱恶不要走极端，因为子张偏激（参见11.18）；告诉樊迟不要逞“一朝之忿”，不顾自身安危得失，以及连累父母，也必有所针对。这都体现了孔子因材施教的特点。

12.22 / 樊迟问仁。

子曰：“爱人。”

问知。

子曰：“知人。”

樊迟未达。

子曰：“举直错诸枉，能使枉者直。”

樊迟退，见子夏，曰：“乡也吾见于

夫子而问知，子曰：‘举直错诸枉，能使枉者直。’何谓也？”

子夏曰：“富哉言乎！舜有天下，选于众，举皋陶，不仁者远矣。汤有天下，选于众，举伊尹，不仁者远矣。”

| 解读 |

知：读zhì。

未达：没有明白。

错：读cù。

乡：同“向”，往昔。

皋陶（gāo yáo）：传说舜时的司法官。远：读yuàn。

伊尹：商汤的大臣，助商汤伐夏桀。

《论语》中记载樊迟三问仁（6.22、12.22、13.19），两问知（6.22、12.22），是孔子弟子中问这两个问题最多的，而孔子的回答每次都不同。

爱人是关于仁的经典说明，非常简要。“爱”是“情”，这种情由孝悌（对父母兄长的敬爱）扩展而至于“泛爱众”（1.6）。如果说“克己复礼”着重于仁之理的一面，那么“爱人”则着重于仁之情的一面，仁是情和理的融通——通情达理。

知人是要知人的直或枉，这样，在选择任用时才能“举直错诸枉”而不是相反，才能远离不仁。如传说中舜选拔任用皋陶，汤选拔任用伊尹，就起到这样的作用。“不仁者远”即“远不仁者”，“远不仁”即“归仁”（12.1）。由此可以知道，如果说个体可以完全“为仁由己”的话，那么“天下归仁”则离不开环境。另外，无论个体之仁还是“天下归仁”都离不开知，孔子说“未知，焉得仁”（5.19）。

12.23 / 子贡问友。

子曰：“忠告而善道之，不可则止，毋自辱焉。”

| 解读 |

道：读dǎo。

忠告从态度讲，真心诚意地劝告；善道从方法讲，耐心委婉地诱导。不可则止意在把持亲、疏之间的关系。参见4.26。

12.24 / 曾子曰：“君子以文会友，以友辅仁。”

| 解读 |

孔子讲“文质彬彬”（6.18），质属天，文属人，文质彬彬的功夫全在对文的操持把握上，在孔门，最主要的就是学习诗、书、礼、乐等经典，即“文之以礼乐”（14.12）。这也就是“以文会友”的文。同志为友，具有相同志趣的人会聚一起，形成一种道德修养的良好氛围，在这种氛围中能更好地提升自己的境界，这也就是“以友辅仁”。《说苑·说丛》：“贤师良友在其侧，诗书礼乐陈于前，弃而为不善者鲜矣。”当然，环境只起辅的作用，为仁由己，不能把为仁的动力转移到环境。

子 路 第 十 三

13.1 / 子路问政。

子曰："先之劳之。"

请益。

曰："无倦。"

解读

先之：率先，带头。劳之：辛勤，操劳。还是强调要以身作则，起表率作用。

无倦：坚持不懈。在这里指坚持不懈地先之劳之。

胡炳文《四书通》："大凡事使人为之则易，身亲为之则惮其难。"（见《论语集释》）其实，无论做什么事情，更难的是无倦。

13.2 / 仲弓为季氏宰，问政。

子曰："先有司，赦小过，举贤才。"

曰："焉知贤才而举之？"

曰："举尔所知。尔所不知，人其舍

诸？”

| 解读 |

有司：设官分职，定职定责。《论语集解》引王肃曰：“先有司，言为政当先任有司，而后责其事。”

赦：宽免。从个体自身修养来讲，要严格要求自己，不能忽略小过，但从社会管理来讲，则要求不能过于严格，求全责备则无人可任用。当然，大的过失不能宽免，所谓“大德不逾闲，小德出入可也”（19.11）。

在举贤才的问题上，冉雍似乎想“尽知一时之贤才”（朱熹《论语集注》），以选出适合某一职位的最佳人才，孔子则主张在自己所了解的范围内选出能胜任者即可。至于自己所不了解的，别人了解自会选用。

13.3 / 子路曰：“卫君待子而为政，子将奚先？”

子曰：“必也正名乎！”

子路曰：“有是哉？子之迂也！奚其正？”

子曰：“野哉由也！君子于其所不知，盖阙如也。名不正，则言不顺；言不顺，则事不成；事不成，则礼乐不兴；礼乐不兴，则刑罚不中；刑罚不中，则民无所措手足。故君子名之必，可言也；

言之必，可行也。君子于其言，无所苟而已矣。”

解读

卫君：一般认为是卫出公辄。参见7.15。待：留住。

奚先：先做什么。

正名：确定名分、名称。《论语集解》引马融曰：“正百事之名。”

迂：迂远，不切实际。

野：粗莽。

盖阙如也：存疑不言的样子。

言：政令。顺：有条理。

事：职分，职守。成：确定。

兴：行。

中：恰当。

措：放置。“无所措手足”即不知该怎样行动。

必：明确。《广韵·质韵》：“必，审也，然也。”

苟：不慎重，不严肃。

正名是孔子乃至儒家的重要思想，以至于后世称儒家的礼乐教化为“名教”。

孔子认为，如果名分不确定，那么政令就会不条理，各个职位的责权也就不明确，礼乐教化也就难以进行，刑罚也难以适中，这样的话，老百姓就不知该怎样行动。只有名分明确，才能使政令条理；政令条理，老百姓才能按政令行动。所以，制定政令一定要严肃，不能马虎。

从逻辑学的角度讲，正名就是界说概念，但孔子的正名绝不是简单地界说概念，而是要通过确定名来明确不同的人的义务和权利，以使人们知道自己该怎样行动，即实（行）正于名。比如说，“君君，臣臣，父父，子子”（12.11）等，这可以称之为“实符其名”。人的社会行为基本上都是要求实符其名的。这样，正名的重点就从定名转移到实、行了，儒家“名教”的重点不在知，而在行。

当然，名的界说不是凭空想出来的，它往往是在人们的历史活动中生成的，要受到一定历史条件的制约，要随着历史条件的变化损益因革，但无论在什么时代，都会有实符其名的要求。

13.4 / 樊迟请学稼。

子曰：“吾不如老农。”

请学为圃。

曰：“吾不如老圃。”

樊迟出。

子曰：“小人哉，樊须也！上好礼，则民莫敢不敬；上好义，则民莫敢不服；上好信，则民莫敢不用情。夫如是，则四方之民襁负其子而至矣，焉用稼？”

| 解读 |

稼：种粮食。

圃：种蔬菜。

小人：见识狭浅的人。

情：诚。

襁：婴儿的被子。

焉用稼：意为焉用学稼。

孔子之志在仁在道，所以他的教学活动也是围绕这个宗旨展开，意在培养致力于仁和道的人。虽然孔子“有教无类”（15.39），但他是要通过其“教”使各“类”的人都能提高道德境界，成为道德精英，进而有益于社会治理。在孔子看来，任何专业技能都不具有这样的功能。这并不是说孔子完全否定各种专业技能，他本人即学无常师（参见19.22），他的弟子中也多有各种“异能之士”（《史记·仲尼弟子列传》），孔子所强调的是不能只把目光放在专业技能上，满足于“成其事”而忽视了“志其道”（19.7）。樊迟学稼圃，其具体语境不得而知，或许带有只成其事的成分，所以孔子说他见识狭浅。

《说苑·建本》载“曾子芸瓜而误斩其根，曾皙怒”，说明曾氏父子就是从事稼圃的，但孔子不仅没有轻视他们，反而有“吾与点也”（11.26）之叹，“一以贯之”（4.15）之诲，可知这里说“小人”，无关乎事，只关乎志。

13.5 / 子曰：“诵《诗》三百，授之以政，不达；使于四方，不能专对。虽多，亦奚以为？”

| 解读 |

不达：不能通晓洞达。

专对：古代的使节只接受使命，至于如何去交涉应对，不能提前安排或事事请示，只能独立行事，随机应对，这叫做“受命不受辞”，也就是专对。

孔子认为学《诗》可以兴、观、群、怨，增长见识（参见17.9），如果不学《诗》就如面墙而立（参见17.10），寸步难行，甚至连话也说不了（参见16.13），所以他非常重视《诗》教。在教弟子学《诗》时，孔子主张要灵活掌握，而不是死记硬背，如子贡对切、磋、琢、磨的发挥（参见1.15），子夏“礼后乎”的感悟（参见3.8），都深受孔子赞赏。如果记诵了许多诗，却仍然为政做事不通达，外交谈判不灵活，那么，读得再多也没有用。

13.6 / 子曰：“其身正，不令而行；其身不正，虽令不从。”

| 解读 |

依然是强调以身作则，行胜于言，不能只看怎么说，关键要看怎么做。虽然不能说领导身正就是管理好社会的充分条件，但毫无疑问是必要条件。

13.7 / 子曰：“鲁卫之政，兄弟也。”

| 解读 |

鲁国是周武王的弟弟周公旦的封国，卫国是周武王的弟弟康叔的封国，都是姬姓国。孔子周游列国，在卫国待的时间最多，观察到鲁、卫两国的政治很相像。据《史记·孔子世家》记载，这段话是孔子从楚国返回卫国时讲的，当时鲁国之政，三桓专权，君不君，臣不臣；卫国之政，父子争位，父不父，子不子。即使如此，孔子还是对鲁、卫之政抱有幻想。孔子曾有“齐一变，至于鲁；鲁一变，至于道”（6.24）的说法，似乎对卫国也有同感，所以有“名正言顺”之论（参见13.3）。令孔子遗憾的是，无论鲁国还是卫国，都使他失望。

13.8 / 子谓卫公子荆善居室。始有，曰苟合矣。少有，曰苟完矣。富有，曰苟美矣。

| 解读 |

谓：评论。卫公子荆：字南楚，卫献公之子。居室：居家过日子。

合：足。“苟合”即基本满足了。

苟完：大致完备了。

苟美：几乎是富丽堂皇了。

人生之乐是其各种需求得到满足的表现，如物质的、精神的等等，其中，满足物质生活的需求是基础，其他一切活动都要建立在这个基础上。

但是，怎样就是满足了需求呢？“满足需求”包含两个方面，一方面是需求，另一方面是能够满足需求的东西，比如，满足物质生活需求的东西就是物质财富。这两方面构成一个比值，需求是分母（不能等于零），财富是分子。一般地讲，比值越大，说明需求的满足程度越高，也意味着幸福度越高。

通常，人们会较多地关注通过增加财富来增大比值，但这样增大比值的前提是分母的值不变或其增大的程度不大于分子的增长，可是在现实中，由于贪欲、攀比等等刺激所产生的“需求”，其增大的程度往往会大于财富的增长，甚至趋于无穷大，如常言所讲的贪得“无厌”、人心“没尽”等等。《韩诗外传》讲“贪物而不知止者，虽有天下而不富矣”（卷五），嵇康讲对意之不足者来说，“虽养以天下，委以万物，犹未惬然”（《答难养生论》），在这种情况下，无论“分子”怎样增大都难以满足人的欲望。这也是为什么许多人虽然财富不断增加，但仍然会感到“贫穷”的原因。所以，至少要使分母增大的程度不大于分子的增长，才能感到幸福。《老子》说“知足者，富也”（第三十三章），卫公子荆就是这样，刚有了一点财富，他就说“基本满足了”，再增加一点，又说“大致齐备了”，更多一点时便说，“几乎是富丽堂皇了”，所以，他总是感到富裕、满足。

13.9 / 子适卫，冉有仆。

子曰：“庶矣哉！”

冉有曰：“既庶矣，又何加焉？”

曰：“富之。”

曰：“既富矣，又何加焉？”

曰：“教之。”

| 解读 |

仆：驾车。

庶：人口众多。

就物质生活来说，所谓富就是人的物质需求得到充分满足，但是，充分满足又是与作为“分母”的需求相关的。嵇康说：“不虑而欲，性之动也；识而后感，智之用也。性动者，遇物而当，足则无余；智用者，从感而求，倦而不已。”（《答难养生论》）对于“不虑而欲”的需求，进行一定的物质生产活动能够使之得到满足，“遇物而当，足则无余”。孔子所说的“富之”就是相对于这种需求而言。如果以“识而后感”的“需求”作为分母，则会“从感而求，倦而不已”。对于这种需求，仅仅靠物质生产活动永远不可能得到充分满足，所以，孔子又说“教之”。教之就是要通过礼乐教化，从个体和群体两方面减少以至消除“识而后感”的产生，如陶渊明所言“倾身营一饱，少许便有余”（《饮酒·其十》）；“营己良有极，过足非所钦”（《和郭主簿》）。这样，从分子和分母两方面入手，以使需求满足程度得以提高。

13.10 / 子曰：“苟有用我者，期月而已可也，三年有成。”

| 解读 |

期（jī）：时间周而复始。“期月”指周一年之十二个月（《论语注疏》）。毛子水认为“月”是衍文（参见《论语注译》，重庆出版社，2009年，第217页）。可以参考17.21“期已久矣”。

孔子虽然并不刻意于从政（参见2.21），但也始终不忘自己“志于道”的志向，所以时而会表现出对从政的热衷。这一章，孔子为自己的政治主张做宣传，说如果有人采用他的主张治理社会，那么可以一年初见成效，三年大见成效。孔子一直在等待着“善贾”（9.13），等待着认同他的政治主张的人，然而终归未能等来。在等待中，孔子曾萌生“浮于海”（5.7）、“居九夷”（9.14）的念头，表现出孔子对自己主张的执着和对社会现实的无奈。

13.11 / 子曰：“‘善人为邦百年，亦可以胜残去杀矣。’诚哉是言也！”

| 解读 |

善人：参见7.26、11.20解读。

为邦：治理国家。

百年：约数，很长的时期。

亦：语气词。《汉书·刑法志》引用这句话时没有“亦”字。

胜残：遏制残暴。

去杀：消除杀戮。

胜残去杀需要在持续的损益调整的过程中逐渐实现。孔子在上一章讲“三年有成”，那还不是在全社会消除暴力，正如治病见效不等于治愈。

13.12 / 子曰：“如有王者，必世而后仁。”

| 解读 |

世：终其一代。

《大学》讲“自天子以至于庶人，壹是皆以修身为本”。修身完全是个人的事，不存在能力不够、机遇不好等等的问题，只要自己努力去做就行，是天子和庶人都能做到的事情。仁是修身的理想境界，虽然难以达到，但并不妨碍自己努力去实现它，所以孔子说，“为仁由己，而由人乎哉”（12.1）；“仁远乎哉？我欲仁，斯仁至矣”（7.30）；“有能一日用其力于仁矣乎？我未见力不足者”（4.6）。实现仁的境界是终生的事情，死而后已，所以曾参说“任重而道远”（8.7）。庶人如此，王亦如此。

王与庶人不同之处在于，王不仅要“修己”，而且要能“安百姓”（14.42），这不是每个人都有才能或有机遇去做的，虽然庶人也可以通过“修身”而“志于道”（参见12.1），但王的作用无疑更重要。如果王以“泛爱众”（1.6）之仁心以“安百姓”，那么就是仁政。正如为仁不能是偶然的行为，仁政也不能是偶然的举措，“日月至焉”（6.7），只有终其一代，才能称得上仁（政），也才能称得上“（圣）王”，所以说“如有王者，必世而后仁”。仁政之“世而后仁”和为仁之“死而后已”类似，都强调行为的持续性，只是对于为仁讲，只要用力就行，而对于仁政讲，除了用力外，还要有才能和机遇。

13.13 / 子曰：“苟正其身矣，于从政乎何有？不能正其身，如正人何？”

解读

所谓以身作则就是以领导自身之正作为正人的准则，由正身而正人而正世。强调领导的楷模作用，是德治的特点。

13.14 / 冉子退朝。

子曰："何晏也？"

对曰："有政。"

子曰："其事也。如有政，虽不吾以，吾其与闻之。"

解读

朝：在这里当指大夫自家治事的私朝。当时冉有仕于季氏，退朝即从季氏家下班回来。

晏：晚。

政、事：《论语集注》："政，国政；事，家事。"毛奇龄《论语稽求篇》："公事曰政，私事曰事。"

不吾以：不以吾。以，用。

与（yù）闻：参与其事并得知内情。

冉有大概每次退朝后都要以弟子礼来孔子家，这一次退朝晚了，孔子问他为什么，冉有回答说"有政"，孔子说你忙的那些不叫"政"而叫"事"。因为只有国事才叫"政"，大夫的家事只能叫"事"。当时季氏专权越礼，把自己的家事也叫作"政"，孔子因此而"正名"。孔子曾经做过司寇，虽然已经去职，但是仍有身份，所以，孔子说，假如有国政，虽然他自己现在没有职务，也还是有参与权和知情权的。而现在他并不知道什么，可见没有国政，冉有忙的只是季氏的家事。

13.15 / 定公问："一言而可以兴邦，有诸？"

孔子对曰："言不可以若是。其几也，人之言曰：'为君难，为臣不易。'如知为君之难也，不几乎一言而兴邦乎？"

曰："一言而丧邦，有诸？"

孔子对曰："言不可以若是。其几也，人之言曰：'予无乐乎为君，唯其言而莫予违也。'如其善而莫之违也，不亦善乎？如不善而莫之违也，不几乎一言而丧邦乎？"

| 解读 |

几（jī）：接近，差不多。

唯其：只是。言而莫予违：我说的话没有人违抗。

鲁定公想知道有没有一句话可以使国家兴盛，一句话可以使国家丧亡。孔子说，语言不可以像这样起作用，但可以找一句差不多接近的话。

能使国家兴盛的一句话是"为君难，为臣不易"。兴邦是建设，犹如建造大厦，一砖一瓦都不能含糊。作为一国之君，只有知道为君之难，率先辛劳，毫无懈怠（参见13.1），才能使臣下都一丝不苟地去做自己分内的事，才能兴邦。

能使国家丧亡的一句话是"予无乐乎为君，唯其言而莫予违也"。丧邦是毁坏，犹如拆毁建筑，只要破坏了关键之处，比如根基，比如顶梁柱等等，整个建筑就坍塌了。《左传·昭公二十年》："君所谓可，而有否焉，臣献其否，以成其可；君所谓否，而有可焉，臣献其可，以去其否。"在传统社会，君臣意见相左是国家治理的关键之一，所以古人说"君臣异道则治，同道则乱"（《淮南子·主术训》）。"言而莫予违"破坏了君臣之间的互补性，形成"以火救火，以水救水"的"益多"局面（参见《庄子·人间世》），偏离中和，国家也就差不多丧亡了。兴邦是"合取性"的，需要付出很多努力，所以孔子只说"难"；丧邦是"析取性"的，只要有这一条就够了，所蕴含的是"易"。

13.16 / **叶公问政。**

子曰："近者说，远者来。"

| 解读 |

叶公：参见7.19解读。

说：读yuè。悦是喜欢待在这里，来是愿意来到这里——用脚表达意愿。

13.17 / **子夏为莒父宰，问政。**

子曰："无欲速，无见小利。欲速则不达，见小利则大事不成。"

| 解读 |

莒（jǔ）父：鲁国邑名，在今山东莒县西。

无见（xiàn）小利：不彰显小利，不用小利刺激人们行动。《老子》有“不见可欲，使民不乱”（第三章）。

王弼说：“进物之速者，义不若利；存物之终者，利不及义。”（《周易注》卷一）所以“见小利”和“欲速”是一致的。“无欲速，无见小利”所蕴含的深意是“任重道远”，是“存物之终”。《诗·大雅·荡》：“靡不有初，鲜克有终。”

13.18 / 叶公语孔子曰：“吾党有直躬者，其父攘羊，而子证之。”

孔子曰：“吾党之直者异于是，父为子隐，子为父隐，直在其中矣。”

丨解读丨

语（yù）：告诉。

直躬：一说是直身而行，一说名躬，因为直而被人称为直躬。

攘：盗。《论语正义》引高诱《淮南子》注：“凡六畜自来而取之曰攘也。”

证：告发。

隐：隐瞒。

儒家学说是历史的，不是神学的。它的中心问题是情和理的关系问题，思考这个问题的框架是情—理—情，如从心所欲—不逾矩—从心所欲不逾矩，而不是理—情—理。情是出发点和归宿点，是动力，理是对情的节制和规范。《礼记·礼运》：“人情者，圣王之田也。修礼以耕之，陈义以种之，讲学以耨之，本仁以聚之，播乐以安之。”仁、义、礼、乐、学都是为了“耕种”人情这块

“田”，失去“田”，也就谈不上“耕种”了。所以儒家非常重视情，讲孝悌是“为仁之本”（1.2）。仁是情和理的融通，是融合着理的情，但不能说是掺和着情的理。

孔子说“吾党之直者异于是”实际上是对比了两种不同的“直”，叶公说的是理之直，孔子说的是情之直。情，要在真；理，要在正。就人的行为讲，真不见得就一定正，但在儒家，正一定要在真的基础上，所以讲“绘事后素”（3.8）。

这样，也就不难理解孔子为什么讲父子相隐了。

一个人的父亲盗了别人的羊，一般作为儿子的是不愿意把这事情张扬开的，这是他的真实情感，自愿地站出来告发，不是其真实情感的表露。在孔子看来，在这种情况下真实的情感应该是“隐”而不是“证”。当然，孔子并不认为父子相隐就正，所以只是说“直在其中”，而不是说“正在其中”。其实，无论“证”还是“隐”都失之于偏，只不过比较而言，始于“隐”合乎儒家关于情理问题的框架而已。“隐”并不意味着与父亲攘羊的行为“同流合污”，只是儿子不必非得通过“证”来纠正其父的过错，也许可以通过其他途径，比如“谏”来正之（参见4.18），或者通过自己的行为来弥补。

13.19 / 樊迟问仁。

子曰：“居处恭，执事敬，与人忠。虽之夷狄，不可弃也。”

| 解读 |

居处：平日容止。恭：端正。

敬：慎重。

依然是问怎样实现仁。孔子的回答是：容止端正，做事慎重，待人忠诚，这三点无论走到哪里都不能丢，即使是偏远地区。

13.20 / 子贡问曰："何如斯可谓之士矣？"

子曰："行己有耻，使于四方，不辱君命，可谓士矣。"

曰："敢问其次？"

曰："宗族称孝焉，乡党称弟焉。"

曰："敢问其次？"

曰："言必信，行必果。硁硁然小人哉！抑亦可以为次矣。"

曰："今之从政者何如？"

子曰："噫！斗筲之人，何足算也。"

| 解读 |

士：从后面讲到"从政者"来看，这里的"士"指参与社会政治活动的男子。

果：终。

硁（kēng）硁：浅陋固执。这里的小人即浅陋固执的人。

抑：或许，表示语气。

斗筲（shāo）：量器，斗容十升，筲容五升。在此意指气量小。

何足算也：算不上数，不值一提。

子贡问怎样做才能算是士，孔子回答说，立身行事，要有耻心；担任使节，不辱使命。在这回答中蕴含着“勇”，有勇才能成为真正的士。行己有耻是对自己的勇，故《中庸》讲“知耻近乎勇”。出使各国，不辱使命需要智勇兼备，子贡之智在孔门弟子中属于一流，孔子之答，意在使子贡益之以勇。

子贡善问，听了孔子的回答后，进一步问标准低一些，应该怎样做。孔子回答说，要孝悌。如果能通过孝悌影响政事，那也是对治理社会的参与（参见2.21），虽然没有实际从政，也体现出一种社会责任的担当。

子贡进一步问“其次”。孔子回答说，说话守信，做事执着，至终不变，虽然浅陋固执，或许还算是男子汉吧。

至于当时的“从政者”，孔子说那都是些气量狭小的人，不值一提。

13.21 / 子曰：“不得中行而与之，必也狂狷乎！狂者进取，狷者有所不为也。”

解读

中行：行得其中，依乎中庸。与（yǔ）：结交。

狂：过中。狷（juàn）：不及中。

《易传·文言》：“知进退存亡而不失其正者，其唯圣人乎！”狂者进取于善，但知进不知退；狷者不为于恶，但知退不知进，都不得其正。中行即“不失其正”，但常人难以做到，所以孔子说不能与中行者相处，那就与狂者狷者在一起吧。

狂、狷虽然都偏于一端，但只要是“发乎情”，经过教化和修养，还是可以不断地接近于中的。反之，如果是刻意作“中”，也许貌似“中行”，实则为“乡原”（17.13）。顾允成说：“平生左见，怕言中字，以为我辈学问，须从狂狷起脚，然后能从中行歇脚。凡近世之好为中行，而每每堕入乡原窠臼者，只因起脚时便要做歇脚事也。”（《明儒学案》卷六十）

13.22 / 子曰：“南人有言曰：‘人而无恒，不可以作巫医。’善夫！”不恒其德，或承之羞。

子曰：“不占而已矣。”

| 解读 |

南人：郭店楚简、上博楚简《缁衣》篇作“宋人”。

巫医：巫师和医师。《论语注疏》：“巫主接神除邪，医主疗病。”早期二者常不分。

不恒其德，或承之羞：《易经·恒》九三的卦辞。

这章的话在《礼记·缁衣》中是这样的——子曰：“南人有言曰：‘人而无恒，不可以为卜筮。’古之遗言与？龟筮犹不能知也，而况于人乎？……《易》曰：不恒其德，或承之羞。”这段话涉及两个问题，一个是恒，一个是占筮。在《论语》中以两个“子曰”分开。

无论巫医还是卜筮，都是经验性的事，而经验的积累在于恒。孔子借此而讲修德也要恒，“恒，德之固也”（《易传·系辞下》）。修德不固，难免蒙羞。

占：读zhān。“不占而已矣”讲的是对占筮的态度。孔子虽然

“晚而喜《易》”（《史记·孔子世家》），但他研究《易》的重点是“观其德义”，而不是卜筮。《马王堆汉墓帛书·要》载孔子说：“君子德行焉求福，故祭祀而寡也；仁义焉求吉，故卜筮而希也。”这是儒家对待卜筮的基本态度。荀子说“以贤易不肖，不待卜而后知吉”，所以“善为《易》者不占”（《荀子·大略》）。《左传·哀公十八年》中也讲到“圣人不烦卜筮”。

13.23 / 子曰：“君子和而不同，小人同而不和。”

| 解读 |

和、同是春秋时人们讨论较多的问题。《国语·郑语》：“夫和实生物，同则不继。以他平他谓之和，故能丰长而物归之。若以同裨同，尽乃弃矣。”和是多样事物的适度配合，同是相同事物的重复叠加；和重视“多”、重视“度”，同则强调“一”。《鹖冠子·泰鸿》：“调味、章色、正声，以定天地人事，三者毕此矣。”调味、章色、正声所体现的都是和，天地人事的道理都在其中。董仲舒说：“和者天地之正也。”（《春秋繁露·循天之道》）

中国古代的思想家大多主张和，反对同。

13.24 / 子贡问曰：“乡人皆好之，何如？”

子曰：“未可也。”

“乡人皆恶之，何如？”

子曰：“未可也。不如乡人之善者好之，其不善者恶之。”

| 解读 |

恶：读wù。

这段话既可以理解为考察评论人，也可以理解为立身行事，关键在于要有“独立之精神”，不媚世，不媚众，义之与比，唯义所在。孟子说：“阉然媚于世也者，是乡原也。”（《孟子·尽心下》）冯从吾《四书疑思录》：“士君子立身，惟求无愧于乡人之善者足矣，不善者之恶不恶，勿论可也。”（见《论语集释》）

13.25 / 子曰：“君子易事而难说也。说之不以道，不说也；及其使人也，器之。小人难事而易说也。说之虽不以道，说也；及其使人也，求备焉。”

| 解读 |

事、使同源，皆从“吏”字分化。下奉上曰事，上使下为使。（参见李零《丧家狗》，山西人民出版社，2007年，第245页。）

说（yuè）：使之喜悦。

器之：量才而用。

小人：胸襟小的人。

求备：求全责备。

君子“志于道”，即致力于整体的协调与平衡，这是很难实现的，因此有“忧道不忧贫”（15.32），有“朝闻道，夕死可矣”（4.8），因此也就“难悦”。

一方面“道”难以实现，另一方面又要努力去实现它，这就是“知其不可而为之”（14.38），体现出孔子学说的悲壮。努力地实现“道”要从各个不同的方面入手，这就需要量才而用，使每个人都能发挥各自的长处，以将诸多个体的“偏能”合成整体的“全能”，所以说“易事”。

小人着眼于一件件分离的“事”，如果在某一“事”上有所得便会喜悦，所以说“易悦”。但是在用人上，又要求被使用者能胜任各种事情，要求“全能”，所以说“难事”。

孔子说“君子不器”（2.12），强调不被某种“器”的格式所限定，而失去“人”的全面性。但所谓全面，是使人发展其各种潜能，不是说使每个人都成为全能。所以，在涉及整体的事时，还是需要随器授任，如果求全责备，那也就没有可用之人了。顾炎武说：“若指瑕掩善，则朝无可用之人；苟随器授任，则世无可弃之士。”（《日知录·保举》）

13.26 / 子曰：“君子泰而不骄，小人骄而不泰。”

| 解读 |

泰：《定州汉墓竹简论语》作“大”。

泰、骄都有骄纵的意思，比如“拜下，礼也，今拜乎上，泰也”（9.3），其“泰”就是骄纵的意思。但是在这里，孔子对泰、骄这两个概念作了辨析，取它们的不同之处。比如，泰有安舒、宽裕的意思，如临事从容镇定、神情如常叫泰然自若、泰然处之，而骄就没有这些意思。比较二者，在这里泰是一种自信从容的神态，骄是对他人的傲慢态度。孔子说：“无论人多人少，势大势小，都不敢轻慢，这不就是泰而不骄吗？”（参见20.2）

13.27 / 子曰：“刚、毅、木、讷近仁。”

| 解读 |

刚：刚直。毅：坚韧。木：质朴。讷：言拙。近仁：能不断地接近仁。

与“刚、毅、木、讷近仁”形成对比的是“巧言令色，鲜矣仁”（1.3）。洪迈《容斋随笔》中讲：“刚毅者必不能令色，木讷者必不为巧言。此近仁鲜仁之辨也。”（见《论语集释》）刚毅木讷之所以近仁，是因为它们没有失真，这是实现仁的前提。巧言令色之所以鲜仁，是因为它们只是“致饰于外”，华而不实。没有真做基础，一切修为都是虚的。

13.28 / 子路问曰：“何如斯可谓之士矣？”子曰：“切切偲偲，怡怡如也，可谓士矣。朋友切切偲偲，兄弟怡怡。”

| 解读 |

切切偲（sī）偲：相互敬重、勉励。

怡怡：和顺、和睦。

子贡也问过怎样做才能叫作士，孔子说要“行己有耻，使于四方，不辱君命”（13.20），意在增益子贡的勇。子路“好勇、过我”（5.7），虽然对朋友很讲义气（参见5.26），但在与人相处时不免争强好胜（参见11.22），所以孔子告诉他，与朋友要互敬互勉，与兄弟要和睦相处。还是因材施教的特点。

13.29 / 子曰：“善人教民七年，亦可以即戎矣。”

| 解读 |

即：就。《定州汉墓竹简论语》作“节”。戎：兵。“即戎”指参加战斗。

13.30 / 子曰：“以不教民战，是谓弃之。”

| 解读 |

以：用。不教民：没有经过军事训练的百姓。

以上两章讲必须使百姓经过比较长时间的军事训练，才能让他们参加打仗。否则，让百姓白白送死，等于是抛弃了他们。

宪问第十四

14.1 / 宪问耻。

子曰："邦有道，谷。邦无道，谷，耻也。"

"克、伐、怨、欲不行焉，可以为仁矣？"

子曰："可以为难矣，仁则吾不知也。"

| 解读 |

宪：原宪。

谷：俸禄。在此用作动词。

克：好胜。伐：自夸。怨：怨恨。欲：贪欲。

邦有道，做事挣薪水是合宜（义）的，否则就不是有道。邦无道，追求挣薪水，难免有不义之举，所以说"耻也"。不过，完全的有道和彻底的无道都是极端状态，社会状态更多的是游移于两端之间，所以，最主要的还是自己把握，凭良心、合道义。可参见8.13、15.7。

朱熹以“耻”兼指“邦有道，谷；邦无道，谷”两种情况：“邦有道不能有为，邦无道不能独善，而但知食禄，皆可耻也。”（《论语集注》）

作为“全德”的仁是人生修养的极限，难以完全实现，所以孔子不轻易许人以“仁”。克伐怨欲不行固然难能可贵，但是是否达到仁的境界却很难说，因为仁必定是克伐怨欲不行，但克伐怨欲不行未必是仁。

14.2 / 子曰：“士而怀居，不足以为士矣。”

| 解读 |

怀居：留恋安逸。

仁和道是孔门的两个理想境界，仁是修身的极限，道是治世的极限。就修身讲，要“志于仁”（4.4）；就治世讲，要“志于道”（4.9）。

孔门之“道”可以理解为事物整体的“健康”状态，即全体事物的协调、有秩序（参见1.14解读），所以，“士志于道”也就是要致力于构建和谐系统，持危扶颠，逆乎时趋。如果只图自己安逸舒适，那也就谈不上“士”了，“未足与议也”（4.9）。

14.3 / 子曰：“邦有道，危言危行；邦无道，危行言孙。”

| 解读 |

危：正直。

孙（xùn）：谦逊。

邦有道指国家、社会的各个方面都适度、协调，这时，人们的言行当然正直，否则就称不上邦有道。所以，孔子这句话的关键在后半句，即在邦无道的情况下怎样处理言行。在无道之邦，作为“士”，当然是要努力扶危定倾，见义勇为，但也不必非得在言语上争长短，这并不是怯懦，而是避免逞气取祸。

不过，还是前面讲的，社会状态更多的是游移于完全的有道和彻底的无道之间，所以，怎样言逊也还是要靠自己把握，凭良心、合道义。至于行，无论在什么情况下，都要行得正直。

14.4 / 子曰：“有德者必有言，有言者不必有德。仁者必有勇，勇者不必有仁。”

| 解读 |

言：表达自己的见解、主张。

孔子说“君子和而不同”（13.23），可知有德者一定会通过某种“指号”表达自己的见解，不会随波逐流、随声附和，而往往“逆于时趋”“立言以救弊”（章学诚语）。反之，一个表达自己见解的人，却不见得是有德者。表达自己的见解是有德者的必要条件，而不是充分条件。

孔子有时把仁和智、勇相对来讲（参见9.29、14.28），但更多的时候是把仁作为各种品德的适度综合，即作为“全德”来说的，其中自然包含智、勇等等品德，如孔子评价令尹子文和陈文子都是“未知，焉得仁”（5.19）。同样，也可以说“未勇，焉得仁”，反过来说就是“仁者必有勇”。勇是仁的必要条件而不是充分条件，所以说“勇者不必有仁”。对于任何一个偏德X，相对于“全德”之仁而言，都可以说“仁者必有X，X者不必有仁”。

14.5 / **南宫适问于孔子曰：“羿善射，奡荡舟，俱不得其死然。禹、稷躬稼而有天下。”**

夫子不答。

南宫适出，子曰：“君子哉若人！尚德哉若人！”

解读

南宫适（kuò）：孔子弟子南容。

羿、奡（ào）：都是传说中的氏族部落的著名首领，以勇悍著称。荡舟：有多种解释，大致皆指多勇力。

不得其死：不得善终。

稷：舜时管农事的官。躬稼：亲身务农。

南宫适之问，意在崇尚德行不崇尚武力，但是，他以“有天下”和“不得其死”的结局相对照来讲尚德不尚力，与孔子的主张还不是十分吻合。因为崇尚武力或许有得其死者，而崇尚德行也多有不成功者，所以，不应以结局来强调尚德不尚力。孔子没有直接回答，似乎是有所保留。但孔子还是充分肯定南宫适尚德的态度，说他是一个君子。

14.6 / 子曰："君子而不仁者有矣夫，未有小人而仁者也！"

| 解读 |

孔子说："性相近也，习相远也。"（17.2）人生先天的性质区别并不大，即大家都是"中人"（6.21），后来道德境界的差异主要是由后天的道德修养导致的，即向上还是向下。"君子上达，小人下达"（14.23），上达是使自己的行为上行于仁、上行于道，即志于仁、志于道；下达则是行于与仁、道相反的方向。

"全德"之仁是人生修养的极限，虽然君子努力地"天天向上"，但是总归难以完全避免不符合仁的现象，否则，"任重而道远""死而后已"（8.7）的人生修养也就不成立了。至于小人，虽然也会有某些"偏德"，但是由于其"方向性"的问题，所以，也就不可能接近于仁了。

14.7 / 子曰："爱之，能勿劳乎？忠焉，能勿诲乎？"

| 解读 |

劳：担忧，操心。

爱他，就要为他操心；真心实意地待他，就应该对他提出忠告。

14.8 / 子曰："为命，裨谌草创之，世叔讨论之，行人子羽修饰之，东里子产润色之。"

| 解读 |

命："政命盟会之辞"（《论语注疏》）。

裨谌（pí chén）：郑国大夫。草创：起稿。

世叔：郑国大夫游吉。讨论：审议稿子。

行人子羽：公孙挥。行人是掌管外交事务的官员。

东里子产：郑国大夫公孙侨。东里指他住的地方。

形成一个"红头文件"至少是四次修改，一方面说明了慎重，另一方面也体现了合作协调。

14.9 / 或问子产。

子曰："惠人也。"

问子西。

曰："彼哉！彼哉！"

问管仲。

曰："人也。夺伯氏骈邑三百，饭疏食，没齿无怨言。"

| 解读 |

惠人：施恩惠于他人的人。孔子曾评价子产"其养民也惠"

（5.16）。

子西：说法不一，有的说是楚国公子申，有的说是郑国大夫。

彼哉：就他呀。表示轻蔑。

人也：是个人才。

伯氏：齐国大夫。骈邑：伯氏的采邑。三百：三百户。没齿：终身。管仲剥夺了伯氏三百户的采地，使伯氏只能吃粗饭，但是伯氏终身没有怨言，说明伯氏服管仲。孟子说："以力服人者，非心服也，力不赡也；以德服人者，中心悦而诚服也。"（《孟子·公孙丑上》）伯氏之服从管仲，应该是"中心悦而诚服"，如果是"非心服也，力不赡也"，难以终身没有怨言。

14.10 / 子曰："贫而无怨难，富而无骄易。"

解读

怨和骄都是心理现象，产生这些心理现象可以有许多不同的原因。如，一定文化传统中的审美标准会影响人们对身体的评价，一定社会历史中的尊卑标准会影响人们对财富的评价等等。这些都会影响到人们对人的评价，进而影响人们的心理。贫富之别本是人所拥有的财物多寡的差别，不是人格的差别，但是如果将财富多寡的差别变成人格高低的差别，在一个社会中富则受到尊重，贫则遭受鄙夷，那么，就难免产生贫而怨、富而骄的现象。

但是，并非每一个贫者都会怨，并非每一个富者都会骄。其实，贫而怨、富而骄都是人对自己不自信的表现，一个人越是不自信就越容易把对自身存在的评价寄托在外在的对象上。如果一个人能充分地肯定自身存在的价值，那就不会因为那些"标准"而怨而骄。孔子说：“求仁而得仁，又何怨？”（7.15）《礼记·曲礼上》：“富贵而知好礼，则不骄不淫；贫贱而知好礼，则志不慑。”所以，要消除贫而怨、富而骄的现象，除了消除其产生的社会条件外，个体修身也是很重要的。

从个体修身讲，要做到贫而无怨、富而无骄都不容易，《左传》中就讲“富而不骄者鲜”（定公十三年），但比较而言，富者肯定自身存在的价值相对容易，贫者肯定自身存在的价值要更难，所以在这个意义上说“贫而无怨难，富而无骄易”。

陈天祥《四书辨疑》：“大抵处饥寒困苦之贫者不能无吁嗟怏怅之怨，居赡足丰饶之富者鲜能无傲慢矜肆之骄，此乃人之常情也。能安于贫，然后无怨贫之心；不恃其富，斯可无骄富之气。心颜子处贫之心，则能贫而无怨矣，富而无骄不足道也；志子贡居富之志，则能富而无骄矣，贫而无怨未敢望焉。察天下之贫者，万中实无一二无怨；观天下之富者，十中须有二三无骄。以此推之，足以知无怨为难，无骄为易也。”（见《论语集释》）

14.11 / 子曰：“孟公绰为赵、魏老则优，不可以为滕、薛大夫。”

解读

孟公绰：鲁国大夫。《史记·仲尼弟子列传》记载孔子对他以师礼相待。

赵、魏：晋国诸卿赵氏和魏氏。老：大夫的家臣。优：胜任有余。

滕、薛：鲁国附近的小国。

无论用人还是求职，都要扬长避短，比如，孟公绰适合做赵氏、魏氏这样大家的家臣，不适合做滕国、薛国这样小国的大夫。至于为什么，不必臆测。

14.12 / 子路问成人。

子曰："若臧武仲之知，公绰之不欲，卞庄子之勇，冉求之艺，文之以礼乐，亦可以为成人矣。"

曰："今之成人者何必然？见利思义，见危授命，久要不忘平生之言，亦可以为成人矣。"

| 解读 |

知：读zhì。

成人：既有全面发展的意思，也有学有成立的意思。

臧武仲：鲁国大夫臧孙纥，其长处是有智慧。

公绰：即孟公绰，其长处是不贪。

卞庄子：鲁卞邑大夫，其长处是勇。

艺：才能。冉求的长处是有才干（参见6.8）。

文之以礼乐：以礼乐来规范、调节智、廉、勇、艺。朱熹："唯'文之以礼乐'，始能取四子之所长，而去四子之所短。"（《朱子语类》卷第四十四）

亦可以为成人矣：也可以说是全面发展吧。朱熹："若论其至，则非圣人之尽人道，不足以语此。"（《论语集注》）

今之成人：有人认为后面的话是子路说的，有道理。可能子路所要问的“成人”不是孔子所回答的“成人”，即不是德才兼备、全面发展，而是学有成立、立身于世，所以在听了孔子的回答后，子路发现老师所答与自己所问不在一个“频道”，因此有后面的自我解释。

见利思义：19.1讲“见得思义”。合乎义之利也就是义，不合乎义之利则不可谋求（参见7.12），所以董仲舒说“正其谊不谋其利”（《汉书·董仲舒传》）。

授命：献出生命。朱熹：“授命，言不爱其生，持以与人也。”（《论语集注》）19.1讲“见危致命”，致，奉献。

久：持久。在此用作动词。要（yāo）：约言，做承诺，表决心。在此意指所做的承诺，所表的决心。“久要”指坚守承诺。平生：往常。

14.13 / 子问公叔文子于公明贾曰：“信乎夫子不言、不笑、不取乎？”

公明贾对曰：“以告者过也。夫子时然后言，人不厌其言；乐然后笑，人不厌其笑；义然后取，人不厌其取。”

子曰：“其然？岂其然乎？”

解读

公叔文子：卫国大夫公孙拔，“文”是谥号。公明贾：卫国人，姓公明，名贾。

以：此。告者：传话的人。过：过错。公明贾说公叔文子不是“不言、不笑、不取”，而是人“不厌其言”“不厌其笑”“不厌其取”。

时：《礼记·学记》：“当其可之谓时。”

“乐然后笑”是诚于中而形于外，“时然后言”指说话合时宜，“义然后取”指索取适度，三者合在一起透出的信息就是“发而皆中节”，随时处中。这几乎就是“其至矣乎”（6.29）的中庸之德了。对此，孔子设疑词而问：是这样吗？真是这样吗？对公明贾的话持保留态度。

14.14 / 子曰："臧武仲以防求为后于鲁，虽曰不要君，吾不信也。"

| 解读 |

防：臧武仲封邑。

要（yāo）：要挟。

臧武仲既得罪季氏，也得罪孟氏，在鲁国待不下去了，因此向鲁襄公提出请求立臧氏之后，并以私邑防作为交换条件。鲁襄公于是立他的异母兄臧为继承臧氏，臧武仲遂去防奔齐。事情原委见《左传·襄公二十三年》。孔子认为臧武仲以防邑为交换条件，是要挟鲁君。

14.15 / 子曰："晋文公谲而不正，齐桓公正而不谲。"

| 解读 |

正：守规则。谲：《说文解字》说是“权诈”，王引之《经义述闻》：“训诈为恶德，训权则亦为美德。”其实无须分训，也无须把美恶概念化。还是程颢那句话，“谓之恶者非本恶，但或过或不及便如此”（《河南程氏遗书》卷第二上）。谲如此，正亦如此。

齐桓公、晋文公是春秋两大霸主，孔子对二人做了对比，认为晋文公多权，不守正；齐桓公守正，不善权，二者各有长短。但是孔子看问题既不是抽象地讲“一方面……另一方面……”，也不是概念化地评价优劣。孟子说孔子是“圣之时者”（《孟子·万章下》），孔子看问题总是体现着“时”。无论守正还是用谲，都是方法，都属于“术”，对其评价要依乎“志”，要视其“功”，要“义之与比”（4.10）。孔子对齐桓公、晋文公的评价不是概念化的，而是境遇性的。

14.16 / 子路曰：“桓公杀公子纠，召忽死之，管仲不死。”曰：“未仁乎？”

子曰：“桓公九合诸侯，不以兵车，管仲之力也。如其仁！如其仁！”

| 解读 |

召：读shào。

公子小白和公子纠都是齐襄公的弟弟，齐襄公无道，公子小白由鲍叔牙侍奉逃往莒国。公孙无知杀襄公自立，齐国动乱，公子纠也由管仲和召忽侍奉逃往鲁国。后来齐人杀公孙无知，鲁国要送公子纠入主齐国，而公子小白从莒国先入齐，自立为君，即齐桓公。齐国与鲁国交战，鲁国战败，齐桓公逼鲁国杀公子纠，召忽自杀，管仲经鲍叔牙推荐，被齐桓公用为相。事见《左传》庄公八年、九年。

九合诸侯：九是虚数，指多次。

不以兵车：不动用武力。

如：乃。仁：用作动词，致力于仁。“如其仁”是说管仲致力于仁，并非说管仲实现了作为“全德”的仁。

对于管仲，孔子虽有批评（参见3.22），但总的评价还挺高。在孔子看来，齐桓公多次会盟诸侯，避免动用武力，避免战乱，都是管仲的功劳，这就是管仲致力于仁的表现。所以，孔子并不认为管仲没有像召忽那样死节就是不仁。

14.17 / 子贡曰：“管仲非仁者与。桓公杀公子纠，不能死，又相之。”

子曰：“管仲相桓公，霸诸侯，一匡天下，民到于今受其赐。微管仲，吾其被发左衽矣！岂若匹夫匹妇之为谅也，自经于沟渎而莫之知也！”

解读

“非仁者与”中的“仁”还是作动词解。

霸诸侯：做诸侯联盟的首领。

一：协同。匡：扶正。

微：如果没有。

被（pī）发左衽：披头散发，衣襟向左边开，皆为古时夷狄之俗。

谅：信。“匹夫匹妇之为谅”即普通老百姓为了小信用。

自经：自缢。

管仲辅佐齐桓公“一匡天下”，可以说就是在致力于“道”，所以，孔子不以匹夫小谅评价管仲，而更看重他“造福于民”的功业。

仁是“全德”，道是“全和”（或太和），都涉及“全”。在“全”中，诸多“偏”的价值并不总是相容的，时常会抵牾，比如发展经济和保护生态、个体自由和群体秩序、原则性和灵活性等等，都很难做到“双赢”。因此，所谓“全德”“全和”就不是使诸多“偏”的价值都最大限度地实现，人无力构建一个能使诸多“偏”的价值都最大限度地实现的系统，只能是从整体上权衡，以求价值整体最低程度的损失。当然，权衡的尺度是“义之与比”（4.10），因此，既不能抽象地以匹夫小谅为尺度否定管仲所为，也不能抽象地以管仲所为为尺度否定具体境遇中的匹夫小谅，一切都要“因……制宜”。

14.18 / **公叔文子之臣大夫僎，与文子同升诸公。**

子闻之曰：“可以为文矣。”

| 解读 |

臣：家臣。僎：读zhuàn。

升：登。公：公室。

公叔文子的家臣僎后来到卫国公室与公叔文子同朝为官，孔子听说这件事后说，公叔文子可以称得上“文”了。《谥法》中有“赐民爵位曰文”，其注就是“与同升”（参见张守节《史记正义》），孔子说“可以为文”也许就是根据这一条。“文”是谥号，说明孔子说这话时公叔文子已经死了。

14.19 / 子言卫灵公之无道也。康子曰：“夫如是，奚而不丧？”孔子曰：“仲叔圉治宾客，祝鮀治宗庙，王孙贾治军旅。夫如是，奚其丧？”

| 解读 |

卫灵公：公元前534年至公元前493年在位。

康子：季康子。

奚而：奚为，为什么。丧：灭亡。

仲叔圉：卫国大夫孔圉。参见5.15。治宾客：负责外交。

祝鮀（tuó）：卫国大夫，参见6.16。治宗庙：负责内务。

王孙贾：卫国大夫，参见3.13。治军旅：负责军事。

卫灵公虽然无道，但是有几个各有专长的人负责相关事务，政权也还能延续。说明两点：一，尽其才；二，赋其权。

14.20 / 子曰："其言之不怍，则为之也难。"

| 解读 |

怍（zuò）：惭愧。

大言不惭，难以兑现，必然导致言行不一，则人生修养也就失去真的基础。所以，在"言"时就要关照着"行"，"言之必思复之"（《大戴礼记·曾子立事》）。陆陇其《四书困勉录》："凡人志于为者，必顾己之造诣力量时势事机，绝不敢妄发言。如言之不怍，非轻言苟且，即大言欺世。"（见《论语集释》）

14.21 / 陈成子弑简公。

孔子沐浴而朝，告于哀公曰："陈恒弑其君，请讨之。"

公曰："告夫三子。"

孔子曰："以吾从大夫之后，不敢不告也。君曰告夫三子者。"

之三子告，不可。

孔子曰："以吾从大夫之后，不敢不告也。"

| 解读 |

陈成子：齐国大夫陈恒。简公：齐简公。公元前481年（鲁哀公十四年），陈成子弑齐简公，拥立齐平公，从此齐国尽由陈氏专权。

沐浴：斋戒，以示郑重。

三子：孟孙、叔孙、季孙三家。

从大夫之后：不担任现职，但仍有大夫身份，排序在现职大夫之后。

孔子认为，按照他的身份，应该提这样的建议，即使建议不会被采纳，也还是要提出来。

14.22 / 子路问事君。子曰："勿欺也，而犯之。"

解读

犯：犯颜直谏。

《礼记·檀弓上》讲"事君有犯而无隐"，无隐即不隐瞒君之过失，有犯即能犯颜直谏。《韩诗外传·卷十》："有谔谔争臣者，其国昌；有默默谀臣者，其国亡。"谔谔乃犯颜直谏，缄口不言君过即为欺、即为谀。

14.23 / 子曰："君子上达，小人下达。"

解读

上达即以实现仁、实现道为自己志向，力行达仁、力行达道；下达则是行于与仁、道相反的方向。由于力行的方向不同，导致道德境界的不同。

宦懋庸《论语稽》：“人无生而为君子者，亦无生而为小人者。譬之一路，行而上为君子，行而下为小人……”（见《论语集释》）这样的话，关于君子、小人的定义就是一种“行为定义”而不是“性质定义”，即判定君子、小人主要看他力行的方向。所以讲“与其进也，不与其退也”（7.29），所以要“自强不息”（《易传·象传》），要“死而后已”（8.7）。

14.24 / 子曰：“古之学者为己，今之学者为人。”

| 解读 |

为己之学的目的是为了修养自己的品德、充实自己的学问；为人之学的目的是为了向别人炫耀，取得名利。

为己之学的动力是在内的；为人之学的动力是在外的。

为己之学不在意别人的知与不知，所以讲“不愠”（1.1）、“不患”（14.30）、“不病”（15.19）；为人之学着意于自己的名声，为了迎合别人的评价，会无所不用其极。

14.25 / 蘧伯玉使人于孔子。

孔子与之坐而问焉，曰：“夫子何为？”

对曰：“夫子欲寡其过而未能也。”

使者出。

子曰：“使乎！使乎！”

解读

蘧（qú）伯玉：卫国大夫蘧瑗，伯玉是字。史书中对他的评价甚高，孔子对他以师礼相待（参见《史记·仲尼弟子列传》），并曾寄居他家（参见《史记·孔子世家》）。他的优点之一是能不断地检讨自己的行为。《淮南子·原道训》中说“蘧伯玉年五十而知四十九年非”，《庄子·则阳》中说“蘧伯玉行年六十而六十化，未尝不始于是之而卒诎（chù）之以非也”。

为什么“欲寡其过而未能”？

其实，这道出了人的生存的一个基本事实，即由于人的存在的有限性，人难以在“全”的背景中“寡过”。面对复杂的人生或社会，人难以预知今天的行为会给明天带来怎样的后果，此事的活动会对彼事产生怎样的影响。在今天的“功”，带给明天的或许是“过”；对此事的“是”，对彼事来说或许是“非”。

在中国传统文化中，不讲绝对的应当（yīng dāng），只讲相对的应当（yìng dàng）。yīng dāng是外在于人的活动的、不变的，它强调的是使人不断地接近yīng dāng，越接近，人的过失也就越少，人的知、行也就越正确。yìng dàng是在人的活动中生成的，它强调的是使人不断地随着境遇的变化而应对得当，当则“是”，不当则“非”。“当”也是“宜”，所以在中国传统文化中求是与制宜是相关的。这就需要，一方面，在具体的境遇中（如今天、此事）力求行为之“当”，即生成其“是”（这也很难充分实现，但时过境迁，也许就没必要充分实现了）；另一方面，不断地随着境遇的变化（如明天、彼事）而“诎之以非”。“诎之以非”并不意味着“非”越来越少，只是因为只有这样才能不断地生成“是”。儒家的人生修养、社会治理都是在“始于是之而卒诎之以非”的过程中展开的。

14.26 / 子曰："不在其位，不谋其政。"
曾子曰："君子思不出其位。"

| 解读 |

孔子的话已见8.14。

曾子的话也见于《易传·象传》。其含义比孔子之言要宽泛些，不只局限于"谋政"。《中庸》："君子素其位而行，不愿乎其外。素富贵，行乎富贵；素贫贱，行乎贫贱；素夷狄，行乎夷狄；素患难，行乎患难。""不愿乎其外"即"思不出其位"。"素其位而行"即总是根据现在所处的地位而行，包括进行自身修养，如处富贵则不骄、不淫，处贫贱则不谄、不移；"穷则独善其身，达则兼善天下"（《孟子·尽心上》）等等。

14.27 / 子曰："君子耻其言而过其行。"

| 解读 |

而：之。《论语义疏》本即作"之"。

还是强调言行一致。言此行彼为假话，言过其行为大话，有言无行为空话，都是言行不一。《礼记·杂记》："有其言无其行，君子耻之。"参见4.22。

14.28 / 子曰："君子道者三，我无能焉：仁者不忧，知者不惑，勇者不惧。”

子贡曰：“夫子自道也！”

| 解读 |

“道者”之“道”：行。知：读zhì。

“自道”之“道”：言。

仁、知、勇之说已见9.29，与此章顺序不同。程颢：“‘仁者不忧，知者不惑，勇者不惧’，德之序也；‘知者不惑，仁者不忧，勇者不惧’，学之序也。知以知之，仁以守之，勇以行之。”（《河南程氏遗书》卷第十一）

14.29 / 子贡方人。

子曰：“赐也贤乎哉？夫我则不暇！”

| 解读 |

方：比。“方人”即与人相比。或作“谤人”，评论人的长短优劣。

子贡爱与人比（参见5.4），孔子说，我没那时间。

14.30 / 子曰：“不患人之不己知，患其不能也。”

| 解读 |

为己之学，所患在己，所不患在人。参见1.16、4.14、15.19等。

朱熹："凡章指同而文不异者，一言而重出也；文小异者，屡言而各出也。此章凡四见，而文皆有异，则圣人于此一事，盖屡言之，其丁宁之意亦可见矣。"（《论语集注》）孔子屡言，岂止"丁宁"之意，也包含着对自己的要求。

14.31 / 子曰："不逆诈，不亿不信，抑亦先觉者，是贤乎！"

| 解读 |

逆：猜度。"不逆诈"即不猜度别人欺诈我。

亿：同"臆"，臆测。"不亿不信"即不臆测别人怀疑我。朱熹："诈，谓人欺己；不信，谓人疑己。"（《论语集注》）

抑：然而。先觉：先期觉察。

信是"主体间性"的，讲人与人之间诚实不欺、信任不疑。从自身一面讲是不欺人，从对人一面讲是不疑人。但是人只能保证自己做到这样，不能保证其他的人都做到这样，这就有了被人欺被人疑的可能，如果能先期觉察而不是猜度臆测，可以避免一些由此导致的不良后果。但是，只有非常有才能的人才能做到"先觉"，所以，有君子"可欺也"（6.26）之说。

14.32 / 微生亩谓孔子曰："丘何为是栖栖者

与？无乃为佞乎？”

孔子曰：“非敢为佞也，疾固也。”

解读

微生亩：姓微生，名亩。可能是当时的一名隐者。

是：这样。栖（xī）栖：忙碌不安的样子。

疾固：担忧固执不通。

孔子四处奔波游说，推行他的政治主张，常遭人误解。如微生亩就说孔子这样忙碌不安，是不是要展示自己的口才。孔子的回答也很巧妙，说哪里敢展示口才，实在是担忧人们固执不通啊。程颢说“却似扶醉汉，救得一边，倒了一边，只怕人执着一边”（《河南程氏外书》卷第十二）。世道似醉汉，孔子“疾固”就是在做“扶醉汉”的事。《中庸》说的君子“强哉矫”，章学诚说的君子“持世而救偏”（《文史通义·原学下》），都是在扶醉汉。社会历史就是在这扶醉汉中跌跌撞撞地延伸。

14.33 / 子曰：“骥不称其力，称其德也。”

解读

骥：骏马，良马。称：赞许。

岳飞说他曾有两匹马，每天吃草料数斗，饮泉水一斛，然而，如果不精细干净则不吃。披上鞍甲驰行，开始不是很快，等到走过百里，才振奋迅跑，从中午到黄昏还可以跑二百里。卸下鞍甲，不气喘，没有汗，好像没事的样子。这是“受大而不苟取，力裕而不求逞”，是致远之材。（参见《宋史·岳飞传》）“不苟取”“不求逞”即“称其德”。虽然良马德力兼备，但只称其德不称其力。

孔子以马喻人。人也可以是德才兼备，但即使如此，也是先德后才，称其德不称其才。这是儒家评说人的传统。司马光：“才者，德之资（用）也；德者，才之帅也……君子挟才以为善，小人挟才以为恶。挟才以为善者，善无不至矣；挟才以为恶者，恶亦无不至矣……小人智足以遂其奸，勇足以决其暴，是虎而翼者也，其为害岂不多哉……自古昔以来，国之乱臣，家之败子，才有余而德不足，以至于颠覆者多矣……故为国为家者苟能审于才德之分而知所先后，又何失人之足患哉！”（《资治通鉴》卷一）

在德治体系中，自然要强调德的重要性，先德后才。在法治体系中，一方面，个人之德对社会之治并非毫无关系；另一方面，要审才法之分而知所先后，先法后才。

14.34 / **或曰：“以德报怨，何如？”**

子曰：“何以报德？以直报怨，以德报德。”

| 解读 |

《老子》有“报怨以德”（第六十三章），“或曰”很可能就是针对老子讲的。《老子》成书可能比《论语》晚，但不等于书中讲的内容就一定晚。在先秦，成书从“初稿”到“定稿”往往经过相当长的时间，不能以“定稿”的时间否定“初稿”的内容。

直：公正。朱熹：“于其所怨者，爱憎取舍，一以至公而无私，所谓直也。”（《论语集注》）

李零以“直”为“值”，对等的意思（参见《丧家狗》，山西人民出版社，2007年，第262页）。以直报怨不必非得对等，以牙还牙、以眼还眼，但对等应该是报怨的高限。之所以不讲“以怨报怨”而说“以直报怨”，大概就是为了限定报怨的度。至于报德，不必限制，可以滴水之恩涌泉相报，所以说“以德报德”而不讲“以直报德”。

孔子报怨、报德之说自有道理，但并不构成对《老子》“报怨以德”的否定。由于语词的歧义，孔、老对德的理解不同，孔的意思是恩德，老的意思是“得事宜”（《释名·释言语》），是“动以不得已”（《庄子·庚桑楚》）。如是，《老子》的“报怨以德”是在“不得已”的应对中“得事宜”。程颢说“君子之学，莫若廓然而大公，物来而顺应”（《答横渠先生定性书》）。按朱熹以“至公而无私”解释“直”的话，那么，孔子的“以直报怨”体现“廓然而大公”，《老子》的“报怨以德”体现“物来而顺应”。“德”与“直”本有相通之意，老子与孔子也有相近之处，只是老子更重不执，孔子更重不偏，所以，老子强调无为，孔子强调中行。

14.35 / 子曰：“莫我知也夫！”

子贡曰：“何为其莫知子也？”

子曰：“不怨天，不尤人。下学而上达。知我者其天乎！”

解读

莫我知：莫知我。

古今中外，大凡大哲人、大思想家，其思想、行为总难免被人误解、曲解、肢解，难免有曲高和寡之感。孔子虽然反复讲“不患莫己知”（4.14）、“不患人之不己知”（14.30）、“不病人之不己知也”（15.19），但是有时候在具体情景中也难免有不被理解的感叹。然而，孔子并没有沉溺在这感叹中怨天尤人，而是能很快地从这感叹中走出来。所以当子贡问为什么没有人理解他时，孔子没有直接回答这个问题，而是说“不怨天，不尤人”，把问题转到自己一方面。《中庸》讲“正己而不求于人则无怨，上不怨天，下不尤人”。这就又回到“不患人之不己知，患其不能也”（14.30），“君子病无能焉，不病人之不己知”（15.19）上面来了，“正己”是把自身修养做好，“不求于人”中包括不求人知。进行自身修养就要“下学而上达”。孔子“十有五而志于学”（2.4），他所说的“学”并不是单纯地学知识和技能，更重要的是要将“志于学”上达到志于仁、志于道，即“学以致其道”（19.7）。

孔子的教学也重视让学生在平常的学习中领悟宇宙人生的道理，提升自己的精神境界。如学射，从中领悟“有似乎君子”，“失诸正鹄，反求诸其身”（《中庸》）；学御，从“大车无輗，小车无軏”联想到“人而无信”则不可以行于世（参见2.22）；学诗，从“巧笑倩兮，美目盼兮，素以为绚兮”引出“绘事后素”，进而领悟“礼后”（3.8）；观山有“功亏一篑”之感（参见9.19），观水有“逝者如斯”之叹（参见9.17），如此等等。章学诚说“六经皆器也”（《文史通义·原道中》），要“即器而明道，会偏而得全”（《校雠通义》卷二）。中国的“形上学”不是逻辑的言说，而是生活的领悟，所以在中国传统文化中不讲“哲学（家）”，而讲“哲人”。

14.36 / 公伯寮诉子路于季孙，子服景伯以告，曰：“夫子固有惑志。于公伯寮，吾力犹能肆诸市朝。”

子曰：“道之将行也与？命也。道之将废也与？命也。公伯寮其如命何！”

| 解读 |

公伯寮（liáo）：姓公伯，名寮，字子周。《史记·仲尼弟子列传》作“公伯缭”。

诉：进谗言。

子服景伯：鲁国大夫，姓子服，名何，字伯，景是谥号。

夫子：这里指季孙。固：已经。惑志：疑心。

肆诸市朝：处死刑后陈尸于市。

孔子认为，公伯寮的诽谤对于道的行废产生不了影响，话语中透出对公伯寮的蔑视。

命是人力所不能主宰的事。孔子所志在仁在道，实现仁是个人修养的事，这件事完全由个人所主宰，其所要求的条件只有一个，就是个体的努力，所以说“仁远乎哉？我欲仁，斯仁至矣”（7.30），说“有能一日用其力于仁矣乎？我未见力不足者”（4.6）；实现道则除了个体的努力外，还需要具备其他的条件，比如说要有适当的境遇，这就基本不由个人的力量主宰，所以，孔子将道之行废归之于命。当然，不能因为道之行废不由个人力量主宰就不努力追求，对于实现道来说，求不求是一回事，得不得是另一回事。在追求“不可能”的过程中，人将一系列的可能变为现实。

14.37 / 子曰：“贤者辟世，其次辟地，其次辟色，其次辟言。”

子曰：“作者七人矣。”

| 解读 |

辟（bì）：同“避”。世：人世。

避世、避地是就社会讲的，避色、避言是就个人讲的。

避世就是躲开人世，这最难。人不可与鸟兽同群，总要和人打交道。一个人是个体，两个人就构成社会，“长沮、桀溺耦而耕”（18.6）已经构成社会，除非他俩在所有的共同事务上都一致，像一个人似的，否则就没有真正做到避世。如果加上一个“乱”字，说是“避乱世”，那也只是所避之“乱”的程度不同而已。长沮、桀溺没有一致得像一个人似的，就会有不一致，有不一致就会有一定的“乱”。如果两个人后来达成一致，那就是把“乱”变成“治”，已经是改变人世了。即使只是个体，也避不开“世”，如由于人类的（乱）活动导致温室效应增强，哪个个体能避得了？再退一步，即使像伯夷、叔齐那样以死辟世，也做不到避世。你避世但世不避你，还要对你的死做各种评价。

避地是空间的移动，此地不好到彼地，所以孔子说“危邦不入，乱邦不居”（8.13）。但前提是有地可避。如果像陈文子那样，因为齐国大夫崔杼弑齐庄公，认为齐国无道，便离开齐国，到了别的国家，觉得还像崔杼的做法，再到一国还是这样（见

5.19），“滔滔者天下皆是”（18.6），天下到处都这样，就无地可避了。所以孔子说天下“无道则隐”（8.13）。隐不同于空间移动，可以像陶渊明讲的“心远地自偏”（《饮酒·其五》），实现在此“地”而避“地”。

避色、避言相对容易做到。别人脸色难看、话不中听，可以躲开。当然，这其中要考虑善不善的因素，比如，自己有过失，别人正言厉色地指出，则不应该以避色、避言为借口而逃避。这两“避”可以说是避人，如桀溺就说孔子是“辟人之士”（18.6）。

四“避”的共同之处是对不善的不认同。

“作者七人”可以解释为有七个人做到这几“避”。至于是哪些人，不必牵强附会。也有将“作者”解释为《礼记·乐记》中的“作者之谓圣”的意思（参见《论语集释》，中华书局，1990年，第1029页），将这一句作为另一章。

14.38 / 子路宿于石门。
晨门曰：“奚自？”
子路曰：“自孔氏。”
曰：“是知其不可而为之者与？”

| 解读 |

石门：鲁城的外门。

晨门：负责早晚开闭城门的人。

可能子路要从石门进城，由于晚上城门已经关闭，只好住在这里。早晨，负责开城门的人看见子路，问他从哪里来。子路回答说，从孔氏那里来。晨门说，就是那个“知其不可而为之”的人吗？从晨门说“知其不可而为之”来看，这也是一位“高人”，认为人世的根本问题不可能解决，所以“知其不可而不为”，隐于乱世，做一个小吏。

在晨门的语气中透出对孔子的嘲讽，他不晓得，明知自己追求的目标达不到也要努力追求之，正体现了孔子的救世情怀。如果说“知其不可而不为”表现的是一种明达和清高，那么“知其不可而为之”则体现出悲壮和崇高。晨门可谓知孔子，又不知孔子。

14.39 / 子击磬于卫，有荷蒉而过孔氏之门者，曰：“有心哉，击磬乎！”既而曰：“鄙哉，硁硁乎！莫己知也，斯己而已矣！深则厉，浅则揭。”

子曰：“果哉！末之难矣！”

| 解读 |

磬（qìng）：石制的打击乐器，形状像曲尺，往往编联成组演奏。

荷（hè）：负荷，担、背等。蒉（kuì）：草编的筐子。

鄙：心胸狭窄。

硁（kēng）硁：击磬声，语义中也暗含着浅陋固执的意思。

莫己知也，斯己而已矣：如果没有人知道自己，那么自己知道自己就行了。斯，那么。

厉：连着衣裳过河。揭（qì）：提起衣裳过河。“深则厉，浅则揭”语出《诗·邶风·匏有苦叶》。

孔子击磬，抒发胸臆，荷蒉者听出其中有含义。听一会儿，觉得孔子是在嫌别人不知自己，认为孔子气量不大、浅陋固执。他引用《匏有苦叶》中的诗句说，水深则连衣涉水，水浅则提衣而过。意思是世道不太脏，还可以保持干净；世道太污浊，干脆就混迹其中。就像渔父对屈原所说："世人皆浊，何不淈其泥而扬其波？众人皆醉，何不餔其糟而歠其釃？"（《楚辞·渔父》）

正如渔父不懂屈原，荷蒉者也不懂孔子。孔子所抒胸臆，哪里是忧自己？实在是忧天下。所以，当孔子听到荷蒉者的话后说：真不犹豫啊！如果像荷蒉者说的那样，还有什么难办的。孔子岂不知世道之乱？但是他割舍不下对世道的关切。他有时确有犹豫，但对世道的牵肠挂肚又总是让他自强不息。如果孔子只是为自己，按他的学问能力，何必栖栖惶惶？荷蒉者未能理解孔子的救世情怀，又怎能评量孔子的气量？

14.40 / **子张曰："《书》云：'高宗谅阴，三年不言。'何谓也？"**

子曰："何必高宗，古之人皆然。君薨，百官总己以听于冢宰三年。"

| 解读 |

"高宗谅阴，三年不言"语出《书·无逸》"其在高宗……作其即位，乃或亮阴，三年不言"。高宗：殷高宗武丁。谅阴：《礼记·丧服四制》作"谅闇"，《尚书大传》作"梁闇"。一种解释训谅为信，阴为默，谅阴即守默不言。但是这与"三年不言"意思重复。另一种解释认为谅阴即梁闇，是一种庵子，守丧所居。

薨（hōng）：侯王之死叫作薨。

总己：主持自己的职事。以：而。冢宰：即太宰，统理百官。

14.41 / 子曰："上好礼，则民易使也。"

| 解读 |

按照德治模式，居上位者是榜样，如果居上位者好礼，则居下位者也会好礼，一层层直到庶民百姓，好礼也就容易听从命令。13.4中讲"上好礼，则民莫敢不敬"。

14.42 / 子路问君子。

子曰："修己以敬。"

曰："如斯而已乎？"

曰："修己以安人。"

曰："如斯而已乎？"

曰："修己以安百姓。修己以安百姓，尧、舜其犹病诸。"

| 解读 |

在孔门，修己就是修个合情合理，修个从心所欲不逾矩。在这过程中，主要的是矩对欲的规范，所以讲"克己复礼"（12.1），"以礼节之"（1.12），"约之以礼"（6.27）等等，这样才能立身于世（参见8.8）。修己以敬也是这个意思。程颢说"敬胜百邪"（《河南程氏遗书》卷第十一），朱熹说敬"只是有所畏谨，不敢放纵”，又说“要且将个敬字收敛个身心，放在模匣子里面”（《朱子语类》卷第十二）。敬就是收敛身心，克制百邪。

敬才能安己，安人、安百姓是安己的扩展。在孔子那里，安百姓是安己的最大扩展（后儒进而扩展到天地万物），即使像尧、舜那样孔子非常推崇的人也难以完全做到（参见6.30）。安人是安己到安百姓的中间过程，不断地扩展安人的范围，也就越来越接近安百姓。

14.43 / 原壤夷俟。

子曰：“幼而不孙弟，长而无述焉，老而不死，是为贼。”

以杖叩其胫。

| 解读 |

原壤：鲁国人，孔子的老熟人。《礼记·檀弓下》记载，原壤的母亲去世，孔子帮助料理后事，原壤却登上棺木，说自己好久不唱歌了，便在上面唱了两句逗乐。孔子权当没有听见。可见原壤从小就是个不守礼法的人。夷：箕踞，伸开两腿坐着，形如簸箕，是一种不拘礼节的姿态。《礼记·曲礼上》：“坐毋箕。”俟（sì）：等待。

孙（xùn）弟（tì）：敬顺兄长。

述：称述。

贼：祸害。

叩：敲打。胫（jìng）：小腿。

原壤不拘礼节，孔子走过来，他伸开两腿坐在那儿等着。孔子看到他这种姿态，说你这个家伙，从小就不敬顺兄长，长大了也没干出什么可称道的事情，活到这把年纪还不死，真是个祸害。说着，用拐杖敲了敲原壤的小腿。短短几句话，把原壤、孔子两个人的形象以及他们的关系生动地描画出来。

14.44 / **阙党童子将命。**

或问之曰："益者与？"

子曰："吾见其居于位也，见其与先生并行也。非求益者也，欲速成者也。"

｜解读｜

阙党：即孔子故里阙里。童子：男性少年。将：传达。"将命"指在宾主之间传话。

益：上进。

居于位：坐到席位上。《论语集解》："童子隅坐无位，成人乃有位也。"

先生：年长的人。

有人看到这少年总想参加到成人行列，以为是上进，孔子说他不是求上进，而是想速成，不扎实。

卫 灵 公 第 十 五

15.1 / 卫灵公问陈于孔子。

孔子对曰："俎豆之事，则尝闻之矣；军旅之事，未之学也。"

明日遂行。

| 解 读 |

陈（zhèn）：同"阵"，军队的战斗队形，泛指军事。

俎（zǔ）豆：古代盛食物的两种礼器，俎似几，放置牲体，豆似高脚盘，放带汁的食物。"俎豆之事"指礼仪。

孔子并非完全不重视军旅之事，《史记·孔子世家》即载冉求自称军旅之事"学之于孔子"。但孔子认为，与军旅之事相比，取信于民更重要（参见12.7），而取信于民的关键是"以德服人"，所以要"为政以德"（2.1），"耀德不观兵"（《国语·周语上》）。

在孔子所生活的时代，诸侯争霸，大夫兼并，从"礼乐征伐自诸侯出"到"陪臣执国命"（16.2），乱象纷呈。在这种形势下，人们都很重视军事，孔子所宣扬的"道之以德，齐之以礼"（2.3）

的治世方略难以受到重视。本来孔子对在卫国推行德政礼治还抱有幻想（参见13.7），见卫灵公热心于战伐之事，便以“未之学”回答，并在谈话后第二天离开了卫国。

15.2 / 在陈绝粮，从者病，莫能兴。
子路愠见曰：“君子亦有穷乎？”
子曰：“君子固穷，小人穷斯滥矣。”

| 解读 |

病：饥饿。兴：起来。

穷：窘困。

固：坚定。滥：无节制。

孔子周游列国，四处推行他的政治主张，不仅常常被人误解，还不时遭遇困境。如果说过匡被围（参见9.5）和在宋被司马桓魋威胁（参见7.23）具有一定的偶然性的话，那么在陈绝粮则非一时的原因，而与孔子的政治主张受冷遇相关。这导致弟子们的“信念危机”。

子路所生气和困惑的是，为什么君子为善，却遭遇如此窘境。子路的思路是，“为善者天报之以福，为不善者天报之以祸”，而孔子的态度是“芝兰生于深林，不以无人而不芳；君子修道立德，不谓穷困而改节”（见《孔子家语·在厄》）。对于志仁志道来说，要不要追求是一回事，能不能为世人理解是另一回事。在志仁志道的过程中难免被人误解，难免会不顺利，所以孔子没有直接回答子路的问题，而是讲在窘困时应该怎样：君子在窘困时仍然能坚持自己的追求，小人在窘困时则会没有节制、无所不为。

15.3 / 子曰："赐也，女以予为多学而识之者与？"

对曰："然，非与？"

曰："非也！予一以贯之。"

| 解读 |

识（zhì）：记。《定州汉墓竹简论语》作"志"。

孔子说他自己是"述而不作，信而好古"（7.1），这就需要能够多记以往的知识，再把这些知识传授给他人。但是，孔子并不认为只是记住和传授一些分散的知识就行了，孔子固然重视"多闻""多见"（7.28），"默而识之"（7.2），但也强调要"一以贯之"。也就是说，孔子所"述"虽然是"古"，但这"古"要纳入孔子的"一贯"之中。没有"多学而识"，则"一以贯之"流于空疏；没有"一以贯之"，则"多学而识"陷于支离。

孔子对曾参也说过"一以贯之"，曾参将"一贯之道"归结为"忠恕"（4.15）。但孔子学说涉及范围广泛，内容丰富，忠恕固然重要，可是如果要以此为主线把孔子学说的内容贯穿起来，恐怕难以做到。将孔子学说一以贯之的应该是"问题"，而不是"内容"。孔子学说的中心问题是情和理的关系问题，如果转换成孔子的术语，可以等价地说是欲和矩的关系问题，仁、礼、忠恕、中庸等等"内容"都是围绕这个"问题"主线讲的。（参见4.15）

15.4 / 子曰："由，知德者鲜矣。"

| 解读 |

在孔子时代，讲德的人很多，但孔子认为真正知德的人很少。这与孔子对德的看法有关，比如：

孔子说“未见好德如好色者”（9.18、15.13）。“好色”是本能之情，“好德”是修行之功，“好德如好色”是说能将人生修养转化成本能行为。所以，德不只是外在的表现，更应成为自然性的活动。

孔子说“中庸之为德也，其至矣乎！民鲜久矣”（6.29）。“中庸”不是某种模式化的状态，而是不断地“允执其中”（20.1）的过程。所以，德不只是概念性的品质，更应是操持“中”的能力。

“好德如好色”强调德之真，“中庸之为德”强调德之正，如此才是真正的德。遗憾的是，这两点都少有人做到，所以孔子一个说“未见”，一个说“鲜久”。

15.5 / 子曰：“无为而治者，其舜也与？夫何为哉？恭己正南面而已矣。”

| 解读 |

恭己：恭谨以律己。南面：参见6.1解读。

道家讲无为而治，儒家也讲无为而治，但由于两家对人的治理能力的认可度不同，所以其无为而治的含义也有区别。道家全然怀疑人的治理能力，所以讲“随自然之性而缘不得已之化”（《淮南子·本经训》），其无为而治是一种不得已的自然之应。儒家对人的治理能力抱有一些希望，所以讲“人能弘道”（15.29），其无为而治是执政者“为政以德”（2.1）。执政者所要做的仅仅是“恭己”，而其他人像“北辰居其所而众星共之”（2.1）那样，围绕核心而各得其所、各司其事，希望社会由此得以治理。

15.6 / 子张问行。

子曰：“言忠信，行笃敬，虽蛮貊之邦，行矣；言不忠信，行不笃敬，虽州里，行乎哉？立则见其参于前也，在舆则见其倚于衡也，夫然后行。”

子张书诸绅。

| 解读 |

行：表层含义是出行，深层含义是行己于世。子张还曾问“达”（12.20），可以看出子张侧重做事的心态。

笃敬：实在而谨慎。

蛮：古代称南方民族。貊（mò）：古代称东北方民族。“蛮貊”在这里指边远地区。

州里：乡里、本土。

参：对着而立。

舆：车。衡：车辕头上的横木。

绅：束腰的大带子下垂的部分。

子张问怎样才能通行于世，孔子回答说无论在什么情况下，都不要忘记以“言忠信，行笃敬”来要求自己，这样，即使在很远的地方也能行得通，否则，即使在本乡本土也行不通。

15.7 / **子曰："直哉史鱼！邦有道如矢，邦无道如矢。君子哉蘧伯玉！邦有道则仕，邦无道则可卷而怀之。"**

| 解读 |

直：不弯曲，始终如一，正直。

史鱼：卫国大夫史鰌，字子鱼。

矢：箭。《诗·小雅·大东》有"其直如矢"。

卷：收。怀：藏。

史鱼多勇，蘧伯玉多智。孔子说他自己是"无可无不可"（18.8），当直则直，当卷而怀之则卷而怀之，无适无莫，"义之与比"（4.10）。

15.8 / **子曰："可与言而不与之言，失人；不可与言而与之言，失言。知者不失人，亦不失言。"**

| 解读 |

知：读zhì。

孔子认为"知人"是"知"的表现（12.22），失人、失言都是由于不知人。知人难，所以常人往往不是失人，就是失言。失人则会无助，失言往往构衅。

15.9 / 子曰："志士仁人，无求生以害仁，有杀身以成仁。"

| 解读 |

志士所志在于仁，仁人所事在于仁，在志士仁人那儿，人生的意义和价值就是成仁，无论什么事，甚至生命，都要从属于成仁的宗旨。

孟子说"生亦我所欲也，义亦我所欲也；二者不可得兼，舍生而取义者也"（《孟子·告子上》）。舍生取义、杀身成仁是中国古代士人的道德追求。文天祥临刑，在衣带上写道："孔曰成仁，孟曰取义，惟其义尽，所以仁至。读圣贤书，所学何事，而今而后，庶几无愧。"（《宋史》卷四百一十八）

15.10 / 子贡问为仁。

子曰："工欲善其事，必先利其器。居是邦也，事其大夫之贤者，友其士之仁者。"

| 解读 |

利：善，好。器：工具。

事其大夫之贤者：从师于贤大夫。

工匠要做好他的活计，一定要先弄好他的工具；人要做好德行修养，也需要好的帮助。但是，无论怎样的帮助，都是外因，自己的志向和努力才是内因。朽木不可雕，即使有好工具也是枉然；铁棒磨成针，说明志向和努力更为重要。孔子之所以这样回答子贡，是因为子贡内因大体具备而外因相对欠缺，疏于与贤者交往。如果是冉求或宰予所问，孔子一定不会这样回答（参见6.12、5.10）。

15.11 / 颜渊问为邦。

子曰："行夏之时，乘殷之辂，服周之冕。乐则《韶》《舞》。放郑声，远佞人。郑声淫，佞人殆。"

| 解读 |

为邦即治理国家。

春秋时代，各诸侯国的历法大体上一样，但一年开始的月份有别，周室及一些同姓诸侯国以包含冬至的月份（相当于现今阴历十一月）为岁首，殷民族所建诸侯国以冬至后一月（相当于现今阴历十二月）为岁首，夏民族后裔居住区域以冬至后二月（相当于现今阴历正月）为岁首。这叫作"三正"。古代以干支记时间，以冬至所在的月为子月，因此讲夏正建寅，殷正建丑，周正建子。《礼记·礼运》载孔子曰："我欲观夏道，是故之杞，而不足征也，吾得《夏时》焉。我欲观殷道，是故之宋，而不足征也，吾得《坤乾》焉。《坤乾》之义《夏时》之等，吾以是观之。"从理论上讲，一年的回归以冬至开始，所以周历较合理；但是夏历更合乎时令节气，所以，为方便农事，孔子主张行夏之时。

辂（lù）：大车，为帝王所乘。相比较周辂，殷辂较为俭朴，所以孔子主张乘殷之辂。

周之冕能展现出“郁郁乎文哉”（3.14）的一面，所以孔子主张服周之冕。

孔子非常重视礼乐教化在个体修养和群体治理中的作用，礼乃“所以制中”（《礼记·仲尼燕居》），乐是“中和之纪”（《礼记·乐记》），致中和离不开礼乐教化，所以讲“立于礼，成于乐”（8.8）。但是，并非随便什么样的规范和音乐都能起到致中和的教化作用。也可以说，只有能真正起“制中”作用的规范才称之为礼，只有能真正起“中和”作用的音乐才称之为乐。所以，立于礼、成于乐的前提是，礼的制定、乐的制作要符合“中和”的标准。王阳明说“制礼作乐，必具中和之德”（《传习录·中》）。

在孔子看来，《韶》最能够起到中和的作用，其次，《武（舞）》也可以（参见3.25），至于当时流行于郑国一带的音乐，偏激过度，不仅无益反而有害于礼乐教化，所以主张放郑声。放即舍弃。孔子对郑声的评价是否恰当另当别论，但是不同的音乐会对社会产生不同的影响这一点是可以肯定的，所以，不同的社会治理目标自然会重视音乐（乃至艺术）的不同的社会效益。

远：读yuàn。佞人即巧言善辩、谄媚阿谀之人，这种人很危险，对于治理国家害莫大焉，所以孔子说要避开、不亲近这种人。

15.12 / 子曰：“人无远虑，必有近忧。”

解读

远虑：远大的关切。近忧：浅薄的烦恼。

孔门要求人要有大关切，如志于仁、志于道都是大关切。没有大关切，常常会陷于追名逐利的烦恼中，如果关切远大，则无意于蜗名蝇利，也就没有患得患失的烦恼了。在儒家，人生修养的过程也是把自己大起来的过程，包括把忧虑之心大起来。

西晋陆机说“经始权其多福，虑终取其少祸”（《五等论》），近忧常从“权其多福”生，远虑重视“取其少祸”。

15.13 / 子曰：“已矣乎！吾未见好德如好色者也！”

| 解读 |

内容与9.18基本相同。

15.14 / 子曰：“臧文仲其窃位者与！知柳下惠之贤，而不与立也。”

| 解读 |

臧文仲：即臧孙辰，已见5.18。窃位：才德与所居之位不相称。

柳下惠：鲁国贤人，曾做过负责贵族狱讼的士师。《左传·文公二年》载孔子说臧文仲“下展禽”，人们认为柳下惠即展禽，柳下是其所居邑里，根据《列女传》，惠是他妻子给的私谥。

立（wèi）：通“位”。

据《左传》《国语》等书记载，臧文仲为官还算不错。孔子所言虽然是针对臧文仲，但是也可理解得更宽些，从臧文仲之举推开来说，无论居于什么职位，知贤能而不选用，都可以说是窃位。

15.15 / 子曰："躬自厚而薄责于人，则远怨矣！"

| 解读 |

躬自厚而薄责于人：责己重而责人轻。12.21讲"攻其恶，无攻人之恶"；15.21讲"君子求诸己，小人求诸人"。

远（yuàn）怨，即远别人之怨，也远自己之怨。《中庸》："正己而不求于人则无怨。上不怨天，下不尤人。"

15.16 / 子曰："不曰如之何如之何者，吾末如之何也已矣。"

| 解读 |

如之何：怎么办。连言"如之何"表示持续。

末：表示否定。"末如之何"指没办法。

志仁志道不是空谈，而要落实到践行操持的功夫上，不断地强调"怎么办"意味着功夫的持续性。"恒，德之固也"（《易传·系辞下》），对于不能持之以恒的人，孔子说他实在没有什么办法。

朱熹说"如之何如之何者，熟思而审处之辞也"（《论语集注》），这样，这句话的意思就成为凡事都要熟思审处，与孔子"好谋而成"（7.11）之说相合，亦通。

15.17 / 子曰："群居终日，言不及义，好行小慧，难矣哉！"

| 解读 |

群居：众人聚处。

言不及义：言语不能适宜。孔子说"言未及之而言谓之躁，言及之而不言谓之隐"（16.6），又说"可与言而不与之言，失人；不可与言而与之言，失言"（15.8），躁、隐、失人、失言都是言不及义。"知者不失人，亦不失言"（15.8），即"言及义"。也可理解为言谈不涉及正事，拨弄是非。

小慧：小聪明。"好行小慧"即喜欢耍小聪明。

难矣哉：难啊。孔子说的是反话，参见17.22。也有解释为"终无成功"（《论语集解》）或"无以入德而将有患害"（《论语集注》）。

15.18 / 子曰："君子义以为质，礼以行之，孙以出之，信以成之。君子哉！"

| 解读 |

义：适宜。质：目标。行为的宗旨是"因……制宜"，"礼以行之"是操持。《礼记·仲尼燕居》："夫礼，所以制中也。"

孙（xùn）：通"逊"。出：显现。信：无伪，恒有诸己。成：成就。"孙以出之"讲外表，"信以成之"讲内情。《大学》讲"诚于中，形于外"。

15.19 / 子曰："君子病无能焉，不病人之不己知也。"

| 解读 |

病：担忧。

相关的说法可以参见4.14、14.30等。

15.20 / 子曰："君子疾没世而名不称焉。"

| 解读 |

疾：担忧。没世：死。称（chèn）：相称，配得上。

孔子说："君子去仁，恶乎成名。君子无终食之间违仁，造次必于是，颠沛必于是。"（4.5）君子担忧死后配不上"君子"这个名称，其实担忧的是，是否时时刻刻致力于实现仁的境界，这是君子的"终身之忧"（《孟子·离娄下》）。

王肯堂《论语义府》："君子之疾，非疾其无名也，疾其无实也；非疾人之不见知也，疾我之无可知也。"（见《论语集释》）李颙《四书反身录》："宾义主利，名此实彼，事成功就，声望赫烜，近悦远孚，翕然推为君子，君子乎哉？"（见《论语集释》）

称也可以读为chēng，称道的意思。《史记·孔子世家》引孔子语："弗乎弗乎，君子病没世而名不称焉。吾道不行矣，吾何以自见于后世哉？"

15.21 / 子曰："君子求诸己，小人求诸人。"

| 解读 |

求：要求，责求。

对这句话可以从多方面来理解。

君子无论做什么都着力于自己的努力，如"为仁由己，而由人乎哉？"（12.1）小人则多关注外在因素。

君子总是严格要求自己，"正己而不求于人"（《中庸》），小人则严于要求他人。

君子面对过失是在自身找原因，如"射有似乎君子，失诸正鹄，反求诸其身"（《中庸》），小人则将过错的原因归诸别人。

15.22 / 子曰："君子矜而不争，群而不党。"

| 解读 |

矜（qín）：通"憧"。勇敢。旧注读为"jīn"，解释为端庄。孔子经常辨析两个具有相似含义的概念，如，周、比（参见2.14），和、同（参见13.23），泰、骄（参见13.26），闻、达（参见12.20），贞、谅（参见15.37），群、党等等。端庄与争斗义不相近，所以训矜为勇比较合理，即君子勇而不争。儒家之勇以义为准则（参见2.24），而不是以争胜为目的。孟子曾说北宫黝之勇是不受挫于人，孟施舍之勇是不畏惧人，这都是争的表现，而曾子说的大勇是要合乎正义，合乎正义则勇往直前（见《孟子·公孙丑上》）。

朱熹解释“群”是“和以处众”（《论语集注》）。和以处众之“和”也就是和而不同、和而不流之“和”。和是多样事物的适度配合（参见13.23），和以处众即致力于群体之和，如章学诚讲的“逆于时趋”“立言以救弊”（参见2.24）。党是阿比、阿私的意思。如果说群是和以处众，那么党就是同以处众。《中庸》讲“君子和而不流，强哉矫”，和而不流就是勇，群而不党需要勇。

15.23 / 子曰：“君子不以言举人，不以人废言。”

| 解读 |

如果以言举人，那么夸夸其谈之人将混迹于人才之列；如果以人废言，那么言是人非之言将被废置而不采纳。所以，就举荐人才讲，要“听其言而观其行”（5.10）；就采纳意见讲，要把言和人分开。毛泽东说：“我们如果有缺点，就不怕别人批评指出。不管是什么人，谁向我们指出都行。只要你说得对，我们就改正。你说的办法对人民有好处，我们就照你的办。”（《为人民服务》）岂能以人废言？李颙《四书反身录》：“不以言举人，则徒言者不得倖进；不以人废言，庶言路不至壅塞，此致治之机也。”（见《论语集释》）

15.24 / 子贡问曰：“有一言而可以终身行之者乎？”

子曰：“其恕乎！己所不欲，勿施于

人。”

| 解读 |

一言：一个字。

仁是孔门人生修养的理想境界，实现这个理想需要无止境地超越“己”之限隔，推己及人，推爱及物。这也就是恕。《申鉴·政体》：“恕者，仁之术也。”《孔子家语·颜回》：“一言而有益于仁，莫如恕。”恕是最有益于实现仁的方法。志士以仁为己任，“死而后已”（8.7），所以终身“强恕而行”（《孟子·尽心上》）。

15.25 / 子曰：“吾之于人也，谁毁谁誉？如有所誉者，其有所试矣。斯民也，三代之所以直道而行也。”

| 解读 |

试：考查，检验。

斯：指示代词。在这里指代“如有所誉者，其有所试矣”这样的做法。“斯民”指有所试而誉民。

孔子说：“君子之于天下也，无适也，无莫也，义之与比。”（4.10）对自己是无适无莫，对他人是谁毁谁誉，关键在于义之与比。有所试而誉即试之以义。孔子认为，试之以义而誉民是夏、商、周三代能够公正做事的原因。

15.26 / 子曰："吾犹及史之阙文也。有马者，借人乘之。今亡矣夫！"

| 解读 |

阙：同"缺"。"阙文"指因有疑而缺的字或文句。《论语集解》引包咸曰："古之良史，于书字有疑则阙之，以待知者。"

有马者，借人乘之：借以比喻阙文之史。阙文之史供有识者借此补缺，犹如为人备马，供善骑者借此驰骋。

孔子说，在他所处的那个时代已经没有这样的严谨态度和奉献精神了。

15.27 / 子曰："巧言乱德，小不忍则乱大谋。"

| 解读 |

朱熹："巧言变乱是非，听之使人丧其所守。小不忍，如妇人之仁、匹夫之勇皆是。"（《论语集注》）又说："忍之为义，有所禁而不发云尔。妇人之仁不能忍其爱也，匹夫之勇不能忍其暴也。"（《论语或问》）

巧言乱德可以从己之巧言和人之巧言两方面理解，对人之巧言固然要辨惑，而更应该警戒己之巧言。所以孔子说要"讷于言"（4.24），要"言也讱"（12.3）。

对志士仁人来说，志于仁、志于道是最大的谋。

15.28 / 子曰："众恶之，必察焉；众好之，必察焉。"

| 解读 |

恶：读wù。之：既指人，也指事、物。

仍然是强调独立之精神和义之与比。孔子对众人之舆论抱有警惕（参见13.24），所以，不盲目从众，更不媚众，即荀子所言"群众不能移也"（《荀子·劝学》）。

《论语义疏》引卫瓘："贤人不与俗争，则莫不好爱也；俗人与时同好，亦则见好也。凶邪害善，则莫不恶之；行高志远与俗违忤，俗亦恶之。皆不可不察也。"所以，不能只看众好什么、众恶什么，更要考察为什么好、为什么恶。

15.29 / 子曰："人能弘道，非道弘人。"

| 解读 |

弘：光大。

《中庸》讲"天命之谓性，率性之谓道，修道之谓教"。天命、率性都并非只就人言，万物之性都是天命，万物及其率性合而为"道"。天所命万物之性千差万别，各种率性之间并不总是协调的，常常会扞格抵牾。按照道家学说，出现的扞格抵牾会通过"自然"而消解，所以老子说"道法自然"（《老子》第二十五章）。在儒家，则强调人的"修道"，即对万物之率性的品节和权衡。只有经过"修"，万物之各种率性才能适度，所以孔子讲"人能弘道”。孔门所讲的“道”不是与“人为”无关的“自然”之“道”，而是在人的“修道”活动中实现的“太和”之“道”。道家之“道”与儒家之“道”的区别在此。（参见4.8）

《大学》讲“自天子以至于庶人，壹是皆以修身为本”。修道要以修身为本，如果讲“道弘人”，那也就失去了“修身”的必要性。朱熹讲“大学”是“大人之学”（《大学章句》），这并不是在一个“至善”的环境中使人“自然”地成为“大人”，而是在人努力把自己“大”起来的过程中生成“太和”之道，所以说“人能弘道，非道弘人”。努力把自己“大”起来是志于仁，力求生成“太和”之道是志于道。

15.30 / 子曰：“过而不改，是谓过矣。”

丨解读丨

孔子曾说自己有过失（参见7.17、7.31），又提到颜回有过失（参见6.3），说明即使像孔、颜这样后世所说的“圣”和贤也难免有过，何况非圣贤之人？司马光说：“过者，人之所必不免也；惟圣贤为能知而改之……固不以无过为贤，而以改过为美也。”（《资治通鉴》卷十二）因此，君子对于过失的态度是，一方面畏惧有过，故而谨言慎行，谨始虑终，尽力免过；另一方面有过则改，故而闻过则喜，知过不讳，改过不惮。小人与君子相反，一方面不惧有过，故而“无忌惮”，另一方面有过必文（参见19.8）。“过而改之，是不过也”（《大戴礼记·盛德》）；反之，“过而不改，是谓过矣”。

15.31 / 子曰："吾尝终日不食，终夜不寝，以思，无益，不如学也。"

| 解读 |

孔子说"思而不学则殆"（2.15），尤其是有关"性与天道"的问题，脑子空转，越转越惑，所以孔子主张"下学而上达"（14.35），主张"据于德""游于艺"（7.6），在具体的经验中领悟一般的道理。经验包括直接经验和间接经验，都靠学而得。当然，这并不否认"思"的重要性，"学而不思则罔"（2.15）。

15.32 / 子曰："君子谋道不谋食。耕也，馁在其中矣；学也，禄在其中矣。君子忧道不忧贫。"

| 解读 |

谋：图谋。"谋道"即"志于道"（7.6）。食：在此泛指物质生活资料。

耕：在此泛指物质生活资料的生产。馁（něi）：饥饿。在此泛指物质生活资料的匮乏。

学：即"君子学以致其道"（19.7）之学。禄：福，幸福。《定州汉墓竹简论语》作"食"。

孔门之志在仁在道，志于仁即努力实现"全德"，志于道是努力实现"太和"。"太和"是最大范围、最高层次之和，系统中所有要素都是适度的，自然也包括适度的"食"，所以，在谋道中自然地包含着适度的谋食。如果离开谋道而着意于谋系统中某一部分的发展，包括谋食，则难以实现系统整体的协调与平衡。所以，董仲舒说要“去其群泰，取其众和”（《春秋繁露·循天之道》），泰在这里是过分的意思，只有消除各种过分之举，才能形成和。

《汉书·董仲舒传》说“正其谊不谋其利”，与孔子“谋道不谋食”之论一致。谊（义）即适度，正其义自然包含适度的、正当的利，否则不成为义，而刻意地谋其利则难以保证合乎义。所以无须在正义之外另谋利，也无须在谋道之外另谋食。

唯物史观认为，人们首先必须解决吃喝住穿等问题，然后才能从事其他活动，包括志于仁、志于道的活动。所以，直接的物质的生活资料的生产，是一个社会的基础。只有生产能够满足人们物质需求的生活资料，才能消除人们物质生活资料的匮乏。

但是，不能说只要生产能够满足人们物质需求的生活资料，就能消除人们物质生活资料的匮乏。嵇康说：“不虑而欲，性之动也；识而后感，智之用也。性动者，遇物而当，足则无余；智用者，从感而求，倦而不已。”（《答难养生论》）假设一定量和质的物质生活资料可以满足某一群体中所有成员“不虑而欲”的需求，但由于“意之不足”，则会产生匮乏，一部分人所拥有的物质生活资料会多于自身性动之需的满足，另一部分人所拥有的物质生活资料则少于自身性动之需的满足，从而出现“耕也，馁在其中”的现象。即使拥有较多物质生活资料的人，由于“从感而求，倦而不已”，也仍然会觉得财富匮乏。所以嵇康说“世之所患，祸之所由，常在于智用，不在于性动”（同上）。由此可见，仅仅依靠生产的规模和水平的发展，不足以解决“贫穷”的问题，要消除贫穷，除了需要适度地生产，还需要公正地分配和适度地消费，这只有在“和”的系统状态中才能全面实现，所以说“学也，禄在其中矣”。“学”即“学以致其道”。反过来，只要实现了道，也就消除了贫穷，所以君子“忧道不忧贫”，“谋道不谋食”。

15.33 / 子曰："知及之，仁不能守之，虽得之，必失之。知及之，仁能守之，不庄以莅之，则民不敬。知及之，仁能守之，庄以莅之，动之不以礼，未善也。"

| 解读 |

知：读zhì。之：指官位。

仁：在这里是仁爱的意思。《易传·系辞下》："何以守位，曰仁。"

庄：严正。莅之：即莅官，居官履位。

即使智慧能够胜任官职，也还要以仁爱之心执守它，严肃正直地居官履位，按照礼来从事职责事务，这样才能把官做好。这涉及做官的能力、性情、态度、原则等方面。

15.34 / 子曰："君子不可小知而可大受也，小人不可大受而可小知也。"

| 解读 |

可：有能够的意思，也有应该的意思。

小知：即知小，视野小。如只见眼前、局部，不见长远、全局。

大受：即受大。承受大任和重担。

孔子说，君子不应该知小——如只顾眼前、局部，而应该受大——志于道。小人不能够受大，只能够知小，着眼于眼前和局部。《易·观·初六》：“童观，小人无咎，君子吝。”《易传·系辞下》：“德薄而位尊，知（zhì）小而谋大，力小而任重，鲜不及矣。”及指及于祸难。君子与小人的对照可以是德、智、力等方面。

15.35 / 子曰：“民之于仁也，甚于水火。水火，吾见蹈而死者矣，未见蹈仁而死者也。”

| 解读 |

水火：在此可以理解为人赖以生存的物质条件。

孟子说“民非水火不生活”（《孟子·尽心上》），水火是人赖以生存的重要条件，而孔子认为，仁对人的意义比水火还重要。水火的重要只是就人的生物性而言，仁的重要则在于使人成为一个人。《中庸》讲“仁者，人也”，孟子讲“仁也者，人也”（《孟子·尽心下》），即在志于仁的修养中成为一个人。

虽然对成为一个人来说，仁比水火更重要，但是在现实中民众还是更重视水火的作用，比如，现代城市生活中的水、电、气、暖无不与水火有关，且时而由其引发事故。所以孔子说，他见过有与水火打交道而死的（蹈水火即与水火打交道），没见过有为实现仁而死的。“无求生以害仁，有杀身以成仁”（15.9），真要做到，难！

15.36 / 子曰："当仁不让于师。"

| 解读 |

孔门以让为美德（参见1.10），但在践行仁上则不讲让，必全力以赴，即使对于老师也无所逊。

古希腊哲人亚里士多德讲“吾爱吾师，吾更爱真理”。亚里士多德之真理是“思想和物的符合”，孔门之仁是境界的实现与修养功夫的一致。对比亚里士多德此言，可以看出儒家文化“以行为本”的特点。

15.37 / 子曰："君子贞而不谅。"

| 解读 |

贞和谅都有信的意思，但贞是信于正，兑现诺言以义（义即宜，宜则正，所以说正义）为准，即“信近于义，言可复也”（参见1.13）。谅只是信于言，如尾生之信（参见5.24），信而不通。“言必信，行必果”是谅，所以孔子说“硁硁然小人”（13.20）；“言不必信，行不必果，惟义所在”是贞，所以孟子说“大人”（《孟子·离娄下》）。

贞只是强调信的灵活性，绝非存心不守承诺。如果不能很好地把握灵活性，那么能坚守谅也“可以为次”（13.20）吧。“非君子不可与语变”（《中说·述史》）。

15.38 / 子曰："事君，敬其事而后其食。"

| 解读 |

孔子讲"敬事"（1.5），这是宽泛而言，具体到"事君"，就是要严肃认真地对待自己的职事，然后再说俸禄的事。"先事后得"（12.21），"先劳而后禄"（《礼记·儒行》）。

15.39 / 子曰："有教无类。"

| 解读 |

有教无类是孔子的教育原则。无论是谁，只要他愿意进行自身修养并向孔子求教，孔子没有不教的。孔门弟子多数来自平民。

15.40 / 子曰："道不同，不相为谋。"

| 解读 |

道：在此指主张，诸如政治、文化、思想、学术、价值、信仰、习俗等等都可以说，不必拘于某一点。为：与。谋：商量讨论。

执持不同的主张，实在难以通过商量讨论谋求一致。

15.41 / 子曰："辞达而已矣。"

| 解读 |

语言是用以表达的工具，目的是要表达清楚意思。言辞过于简单固然难以把意思表达清楚，言辞过于繁复同样把意思说不明白。能使言辞繁简恰到好处，不是一件容易的事。在孔门，辞是重要的教学内容，《礼记 · 经解》："属辞比事，《春秋》教也。"

15.42 / 师冕见。
及阶，子曰："阶也。"
及席，子曰："席也。"
皆坐，子告之曰："某在斯，某在斯。"
师冕出。子张问曰："与师言之道与？"
子曰："然。固相师之道也。"

| 解读 |

师冕：师，乐师；冕，人名。当时的乐师多由盲人充当。

相（xiàng）：扶助。

师冕来见孔子，孔子待他很礼貌、周到，提示台阶、席位，对在场的每个人的位置都一一指示。孔子说这是扶助盲乐师的礼数。

季 氏 第 十 六

16.1 / 季氏将伐颛臾。

冉有、季路见于孔子，曰："季氏将有事于颛臾。"

孔子曰："求，无乃尔是过与？夫颛臾，昔者先王以为东蒙主，且在邦域之中矣，是社稷之臣也。何以伐为？"

冉有曰："夫子欲之，吾二臣者皆不欲也。"

孔子曰："求，周任有言曰：'陈力就列，不能者止。'危而不持，颠而不扶，则将焉用彼相矣？且尔言过矣。虎兕出于柙，龟玉毁于椟中，是谁之过与？"

冉有曰："今夫颛臾，固而近于费。今不取，后世必为子孙忧。"

孔子曰："求，君子疾夫舍曰欲之而必为之辞。丘也闻，有国有家者，不患寡而患不均，不患贫而患不安。盖均无贫，和无寡，安无倾。夫如是，故远人不服，则修文德以来之。既来之，则安之。今由与求也，相夫子，远人不服而不能来也，邦分崩离析而不能守也，而谋动干戈于邦内，吾恐季孙之忧，不在颛臾，而在萧墙之内也！”

| 解读 |

季氏：当是季康子。将：打算。伐：季氏是大夫，按说不能用“伐”字，在此用“伐”，以示世道之乱。颛臾（zhuān yú）：当时鲁国的附庸国，在季氏封邑费的西北。

有事：指用兵。

无乃：恐怕。尔是过：是过尔，归责于你。孔子认为这件事主要是冉求的责任，所以说：恐怕这要归责于你吧？

东蒙：即蒙山。“东蒙主”指负责祭祀蒙山。

邦域：鲁国的疆域。

社稷之臣：鲁国公室的附庸国。《论语集注》：“孔子言颛臾乃先王封国，则不可伐；在邦域之中，则不必伐；是社稷之臣，则非季氏所当伐也。”

夫子：指季康子。

周任：古代的一个史官。

陈力就列，不能者止：要施展才力才能够在职，不然就应该辞职。《论语注疏》：“言为人臣者，当陈其才力，度己所任，以就其列位，不能则当自退也。”

危而不持，颠而不扶，则将焉用彼相矣：好比盲人走路，遇到危险而不能护持，将要跌倒而不能搀扶，那还要扶助的人干什么？相，扶助盲人的人。

且：语助词。尔言过矣：你的话错了。

兕（sì）：雄性犀牛。柙（xiá）：关野兽的笼子。虎兕出于柙，龟玉毁于椟中，是看护者的责任。

固：城郭坚固。费：读bì。冉求终于透漏出自己的观点，并非如他说的自己“不欲”。“固而近于费”是冉求主张伐颛臾的原因。

舍曰欲之而必为之辞：不直说自己想干什么，而找一套“必为”的托词。

不患寡而患不均，不患贫而患不安：从后面讲“均无贫，和无寡，安无倾”来看，应该是“不患寡而患不安，不患贫而患不均”，但是后面“寡”并不对“安”而对“和”，“安”并不对“寡”而对“倾”，所以不必拘泥于文字，理解孔子所讲的意思就行了。均，调，公平。和，调，适度。安，安定。

远人：外族人、别国人。修：整治。文德：礼乐教化。来：招来，使之归服。正因为“均无贫，和无寡，安无倾”，所以，如果远人不归服，则通过整治礼乐教化来使之归服，而不是通过武力。

既来之，则安之：既已归服，则使之安定。

邦分崩离析：指鲁国分裂。《论语集注》：“是时四分鲁国，季氏取其二，孟孙、叔孙各有其一。”

萧墙：古代宫室用以掩蔽内外的矮墙，如同后世的影壁之类。萧墙之内指内部。孔子说季氏之忧恐怕在内部，而不是作为附庸国的颛臾。

这一章中最重要的话是“不患寡而患不均，不患贫而患不安”。

贫是财富的缺乏。嵇康将人的欲求分为“性之动”和“智之用”两种（参见11.19、13.9、15.32等），贫可以是相对于“性之动”的缺乏，也可以是相对于“智之用”的缺乏。“性之动”的缺乏是一个社会要首先解决的问题，应该也可以通过发展生产的规模和水平，生产更多的财富而消除；而“智之用”的缺乏则难以只通过财富的增加而摆脱。要摆脱由“智之用”所导致的“贫”，除了关涉生产的规模和水平，还涉及分配的公正和消费的适度等等，相比而言，后者更难解决。所以，嵇康说“世之所患，祸之所由，常在于智用，不在于性动”（《答难养生论》）。孔子说“不患寡而患不均，不患贫而患不安”，不是说完全不考虑物质生活资料的生产问题，而是说不愁解决财富增长的问题，而愁解决分配的公正和社会的安定问题。物质生活资料的生产是一个社会中最为基本和第一重要的问题，但是并非最难解决的问题。

16.2 / 孔子曰：“天下有道，则礼乐征伐自天子出；天下无道，则礼乐征伐自诸侯出。自诸侯出，盖十世希不失矣；自大夫出，五世希不失矣；陪臣执国命，三世希不失矣。天下有道，则政不在大夫。天下有道，则庶人不议。”

| 解读 |

礼乐征伐：制定礼乐，决定征伐。

陪臣：在等级上隔了一层的臣，比如，大夫与天子之间隔了诸侯，大夫的家臣与诸侯之间隔了大夫，大夫对于天子、大夫的家臣对于诸侯都称陪臣。这里讲“陪臣执国命”，陪臣指大夫的家臣，执国命指执国之政。

庶人不议：平民百姓不谋议治理天下的事。

杨伯峻：“孔子这一段话可能是从考察历史，尤其是当日时事所得出的结论。‘自天子出’，孔子认为尧、舜、禹、汤以及西周都如此的；‘天下无道’则自齐桓公以后，周天子已无发号施令的力量了。齐自桓公称霸，历孝公、昭公、懿公、惠公、顷公、灵公、庄公、景公、悼公、简公十公，至简公而为陈恒所杀，孔子亲身见之；晋自文公称霸，历襄公、灵公、成公、景公、厉公、平公、昭公、顷公九公，六卿专权，也是孔子所亲见的。所以说‘十世希不失’。鲁自季友专政，历文子、武子、平子、桓子而为阳虎所执，更是孔子所亲见的。所以说‘五世希不失’。至于鲁季氏家臣南蒯、公山弗扰、阳虎之流都当身而败，不曾到过三世。当时各国家臣有专政的，孔子言‘三世希不失’盖宽言之。这也是历史演变的必然，愈近变动年代，权力再分配的斗争，一定愈加激烈。这却是孔子所不明白的。”（《论语译注》，中华书局，1980年，第174—175页。）

李零：“这里，‘十世’应指周天子，而不是齐、晋、鲁等国的诸侯。但平王东迁到孔子卒有13个王，似乎多了一点。东周时期，‘礼乐征伐自诸侯出’，其实是从齐桓公开始。从齐桓公到孔子卒，这期间的周王倒正好是10个，即僖、惠、襄、顷、匡、定、简、灵、景、敬十王，这10个王，也许就是孔子所说的‘十世’。‘五世’……孔子所指，是鲁国的季氏，即文子、武子、平子、桓子、康子五世。‘三世’，则指‘陪臣执国命’，即卿大夫的家臣，如阳货和公山弗扰。阳货可能历事平、桓，武子时已执季氏之政，正好是‘三世’。孔子说的‘五世’和‘三世’都是讲鲁国国内。”（《丧家狗》，山西人民出版社，2007年，第288页。）

虽然可以通过考察历史来理解孔子这段话，但孔子说这段话却不仅仅是为了叙述历史。孔子的关切在天下有道还是无道，所以理解这段话，不必泥于具体的事件。

孔子讲志于仁、志于道，志于仁即致力于个人德行的提升，志于道是致力于系统整体的和谐。整体的和谐既要求要素的优化，所以讲“修身为本”（《大学》）；也要求结构的适当，所以要“正名”（13.3）、“损益”（2.23）。这样才能形成一个家齐、国治、天下平的有道的系列。

有道的系统状态应该是处于不同位置的人各司其事、协调配合（当然要位与事相称，不缺位，不虚位，不错位），所谓“不在其位，不谋其政”，“君子思不出其位”（14.26）。比如，在周代，制定礼乐、决定征伐应该是以天子为首的领导集团的事，大夫不参与决策；邦国之政应该是以诸侯为首的领导集团的事，大夫的家臣不参与决策；至于百姓，更不会谋议治理天下的事。无道的系统状态则是在这些方面出现混乱。如，天下无道则会出现礼乐征伐自诸侯出甚至自大夫出；邦无道则会出现陪臣执国命。在这一章，孔子讲了一个与有道的系列相反的系列，当然，他是以“从周”（3.14）的心态讲的。

在这里，天子、诸侯、大夫意谓治理的空间层次，十世、五世、三世是时间长短。在孔子看来，空间层次越低越难以保持不失政，所以要有“天下”视域。

16.3 / **孔子曰："禄之去公室五世矣，政逮于大夫四世矣，故夫三桓之子孙微矣。"**

丨解读丨

禄：给予俸禄的权力，代指对政权的控制。

逮：及。

三桓：孟孙、叔孙、季孙三家都是鲁桓公之后，所以叫三桓。

微：衰败。

鲁国自宣公"公室卑，三桓强"（《史记·鲁周公世家》），到孔子说这段话时，经历了宣公、成公、襄公、昭公、定公五世，所以说"禄之去公室五世矣"。宣公时，季氏是季文子，到孔子说这段话时，经历了文子、武子、平子、桓子四世，所以说"政逮于大夫四世矣"。定公五年，阳虎囚季桓子，定公八年，阳虎欲废三桓之嫡，所以说"三桓之子孙微矣"。

16.4 / **孔子曰："益者三友，损者三友。友直，友谅，友多闻，益矣。友便辟，友善柔，友便佞，损矣。"**

丨解读丨

益是有益，损是有害。

谅：信。孔子曾辨析贞和谅是不同的信（参见15.37），在这里只讲信的问题，是一个"底线要求"。

便辟（pián bì）：善于钻缝奉迎。《论语集解》引马融曰："便辟，巧避人之所忌，以求容媚。”

善柔：也就是令色。《论语义疏》引马融曰：“善柔，谓面从而背毁者也。”《论语注疏》：“善柔，谓面柔，和颜悦色以诱人者也。”

便佞（pián nìng）：也就是巧言，能说善辩。《论语集注》：“便佞，谓习于口语而无闻见之实。”

便辟、善柔、便佞都是表里不一，不纯、不正、不真、不实。

16.5／　**孔子曰：“益者三乐，损者三乐。乐节礼乐，乐道人之善，乐多贤友，益矣。乐骄乐，乐佚游，乐宴乐，损矣。”**

解读

乐：在这一章中，“礼乐”之“乐”读yuè，“骄乐”“宴乐”之“乐”读lè，其余的“乐”字都读yào，喜好的意思。

节礼乐即“克己复礼”（12.1）之谓。

道：人们多解释为“说”，不如解释为“行”。道人之善即“见贤思齐”（4.17）、“择善而从”（参见7.22）之谓。儒家以及中国传统文化侧重“行”。

多贤友意在“以友辅仁”（12.24）。

骄乐：骄侈享乐。《论语集注》：“骄乐则侈肆而不知节。”

佚游：恣纵游玩。《论语集解》引王肃曰：“佚游，出入不知节也。”

宴乐：沉溺安乐。《论语集解》引孔安国曰：“宴乐，沈荒淫渎也。”

骄乐、佚游、宴乐都是不知节，贪图享乐。

孔子并不排斥乐（参见6.11、7.16），但并非志于乐，孔颜之乐是附着在志仁志道的过程中的。

16.6／ **孔子曰："侍于君子有三愆：言未及之而言谓之躁，言及之而不言谓之隐，未见颜色而言谓之瞽。"**

| 解读 |

愆（qiān）：过失。

孔子说过"可与言而不与之言，失人；不可与言而与之言，失言"（15.8），是要注意言说的对象。在这一章讲要注意言说的时机和场合。言说是主体间性的，除非自言自语。

16.7／ **孔子曰："君子有三戒：少之时，血气未定，戒之在色；及其壮也，血气方刚，戒之在斗；及其老也，血气既衰，戒之在得。"**

| 解读 |

血气：本指血液和气息，是人的生命赖以生存的要素，故借以指生命力、精力。

色：女色。也可以理解得宽泛些，如声色玩好的刺激。少年是定型人生的时代，沉溺于声玩，难以定型高尚人生。

斗：争斗，表现在体力、智力、才力、胆力等方面。壮年是充实人生的时代，争强好胜，徒费其力。

得：贪求占有，包括财富、权力、名望、地位等等。得与失相对，老年是失的时代，要接受占有（财、位、力等）之失，但志（志于仁、志于道之志）不可失，所谓“死而后已”（8.7）。

16.8 / **孔子曰：“君子有三畏：畏天命，畏大人，畏圣人之言。小人不知天命而不畏也，狎大人，侮圣人之言。”**

▎解读▎

畏：敬畏。

天命是人力所不能主宰的，但是在儒家那里，又总想在天命中体现出人力的意义，所以讲“皇天无亲，惟德是辅”（《左传·僖公五年》），讲“遏恶扬善，顺天休命”（《易传·象传》）。一方面畏天命，一方面敬人事。

大人：德位高的人。按照《大学》“自天子以至于庶人，壹是皆以修身为本”和修身、齐家、治国、平天下的顺序，位高与德高应该是一致的，虽然现实中往往二者不一致，但孔子这里还是就德位一致而言。

圣人之言是以往“大人”的存在。

狎和侮都是轻慢不敬，但狎又含有近的意思，《论语注疏》解释为“惯忽”。

《礼记·表记》讲“君子尊仁畏义”，《易传·系辞下》讲

“小人不耻不仁，不畏不义”，则君子之畏与小人之不畏都在一个“义”字上。大人、圣人之言体现了（正）义，对其敬畏实则是对正义的敬畏。小人不能自觉地敬畏义，那就需要把义体现在刑中使之敬畏，这样的刑便是“义刑”（《书·康诰》）。当然，相比“道之以德，齐之以礼”来，“齐之以刑”（2.3）是不得已之举。

16.9 / 孔子曰：“生而知之者，上也；学而知之者，次也；困而学之，又其次也；困而不学，民斯为下矣。”

| 解读 |

困：有所不通。《中庸》讲“困而知之”，困而学之的意思是“困而学而知之”。

孔子说“唯上知（zhì）与下愚不移”（17.3），上智和下愚是知的两头极限，所以不移。生而知之即上智，从知的过程讲是不学而知，从知的对象讲就是全知。孔子说他自己不是这样的人（参见7.20），也没有说过谁是这样的人。讲生而知之仅仅是树立了一个全知的极限状态。与此相反的极限状态是全无知。

在孔子那里，学是知的必要条件，只有学才能有知，没有不学而知的；学又是知的充分条件，只要学就能有所知（当然有知之多少深浅的差别），没有学而无知的。学而知之、困而学之都指向上智的极限，区别在一个主动，一个被动；困而不学指向下愚的极限，“为下”即指向下。

16.10 / 孔子曰：“君子有九思：视思明，听思聪，色思温，貌思恭，言思忠，事思敬，疑思问，忿思难，见得思义。”

|解读|

难：读nàn。

明是看得清楚，聪是听得明白；温是不媚不傲，恭是不卑不亢；忠是出自内心，敬是严肃慎重；思问则少疑，思难则少忿；见得思义则不贪。

其实，在所有的方面都要“思义”，即“义之与比”（4.10）。

16.11 / 孔子曰：“见善如不及，见不善如探汤。吾见其人矣，吾闻其语矣。隐居以求其志，行义以达其道，吾闻其语矣，未见其人也。”

|解读|

不及：追赶不上。

探：试探。汤：开水。“如探汤”即像用手试探开水一样，很快把手缩回来。孔子说“恶不仁”者是“不使不仁者加乎其身”（4.6），“见不善如探汤”类似于此，表现出对不善的畏惧。但是说“恶不仁”者是“未见”，说“见不善如探汤”则“见其人”，所以不如“恶不仁”纯。前者之“恶”出自内心，后者之畏是怕受伤害。

求：终，保持。《论语注疏》：“隐居以求其志者，谓隐遁幽居，以求遂其己志也。”隐居以求其志的人大多是“不使不仁者加乎其身”的人，这种人通过避不仁来实现仁之志，对世道起补偏救弊之效，这也就是行义以达其道。《易・蛊・上九》说“不事王侯，高尚其事”，《象传》说“不事王侯，志可则也”。孔子欣赏这种人，他自己也曾有这样做的想法，如说“道不行，乘桴浮于海”（5.7），说天下“无道则隐”（8.13）等等。

隐居则难见，所以孔子说“未见其人也”。

16.12 / 齐景公有马千驷，死之日，民无德而称焉。伯夷、叔齐饿于首阳之下，民到于今称之。

其斯之谓与？

┃解读┃

德：同“得”。“无德而称”即没有什么可称道的。

首阳：首阳山，在今山西永济西南。

称之：称赞他们。

这涉及民众对人的评价标准。对人的评价标准可以是多样的，如财、位、德、才乃至容等等，虽然在现实和现世中不少人倾慕财、位、容、才等等，但是从总体和长远来看，人们还是更赞赏德。孔子说：“骥不称其力，称其德也。”（14.33）

虽然不同的人对什么是德（或善）的理解会有差异，但是几乎没有人甘愿承认自己缺德（或恶），也不愿意接受别人指责缺德。即使一个人做了“缺德”事，他也会辩称自己有德，或者用“德”

来掩饰缺德。在中国文化传统中，人们非常畏忌被史书记载缺德，因而对“史”有一种强烈的敬畏感，这显示了“善（或德）”的力量。

程颐以为12.10中“诚不以富，亦只以异”应该在“其斯之谓与”一句之前。也有人认为这是另外一章。

16.13／　陈亢问于伯鱼曰：“子亦有异闻乎？”

对曰：“未也。尝独立，鲤趋而过庭，曰：‘学诗乎？’对曰：‘未也。’‘不学诗，无以言。’鲤退而学诗。他日，又独立，鲤趋而过庭，曰：‘学礼乎？’对曰：‘未也。’‘不学礼，无以立。’鲤退而学礼。闻斯二者。”

陈亢退而喜曰：“问一得三：闻诗，闻礼，又闻君子远其子也。”

解读

陈亢（gāng）：孔子弟子，字子禽。伯鱼：孔子之子孔鲤。异闻：别有所闻。陈亢想知道孔子有没有给孔鲤多教些什么。

尝独立：指孔子曾经独自在庭院站着。

趋：小步快走，表示恭敬。

远（yuàn）：不亲近。

孔子弟子中或许有人怀疑孔子有隐而不授的东西（参见

7.24），像陈亢就想知道孔子有没有给孔鲤多传授什么，结果发现孔鲤并没有从孔子那里听到什么特别的教诲。

陈亢回来后高兴地说他问了一件事却得知了三件事，知道了学诗的意义，知道了学礼的意义，知道了君子与其子不亲密接近。

当然，这并不是说君子对儿子没有亲情（参见11.8）。

16.14 / 邦君之妻，君称之曰夫人，夫人自称曰小童，邦人称之曰君夫人，称诸异邦曰寡小君，异邦人称之亦曰君夫人。

| 解读 |

这一章讲诸侯夫人的称谓，有“正名”的意思。

寡、小、童都是谦辞。

阳 货 第 十 七

17.1 / 阳货欲见孔子，孔子不见，归孔子豚。孔子时其亡也，而往拜之。遇诸涂。

谓孔子曰：“来！予与尔言。”曰：“怀其宝而迷其邦，可谓仁乎？”曰：“不可。”“好从事而亟失时，可谓知乎？”曰：“不可。”“日月逝矣！岁不我与！”

孔子曰：“诺，吾将仕矣！”

| 解读 |

阳货：又叫阳虎，季氏家臣，曾专鲁国之政，鲁定公五年，阳虎囚季桓子，定公八年，阳虎欲废三桓之嫡，事败后，先奔齐，后逃晋，投靠了赵简子。参见16.2、16.3。

归（kuì）：同“馈”，赠送。豚（tún）：小猪。

阳货想会见孔子，使孔子出仕，而孔子不愿意和他相见，阳货便赠送给孔子一只蒸熟的小猪（据《孟子·滕文公下》），这样，按照当时的礼节孔子就得到他家回拜，从而达到与孔子会见的目的。

时：通“伺”，等待。亡：外出。涂：同“途”。

孔子不想见阳货，所以想趁阳货外出时去回拜，结果在路上碰见了。

“谓孔子曰”和后面几个“曰”都是阳货的话，自问自答。

“怀其宝”意指孔子身怀本领。怀其宝而迷其邦，是说孔子有治理国家的本领却不出仕，任凭国家迷路。这不能说是仁。

从事：致力于某种事情。孔子自“十有五而志于学”（2.4）就一直致力于天下平治，即志于道。亟（qì）：屡次。时：时机。知：读zhì。“好从事而亟失时”，是说孔子一直想致力于做事情，却屡次丧失时机。这不能说是知。

与（yǔ）：等待。

孔子说“吾将仕矣”，并非全是敷衍。

17.2 / 子曰：“性相近也，习相远也。”

| 解读 |

从逻辑上讲，每一类事物都有其共同性，一个类涵盖的范围越大，其类中事物的共同性越少，反之，范围越小，其类中事物的共同性越多，事物之“性”也就越“相近”。如荀子说“水火有气而无生，草木有生而无知，禽兽有知而无义，人有气有生有知亦且有义”（《荀子·王制》），人性与禽兽性就比与草木性近，所以孟子说“人之所以异于禽兽者几希”（《孟子·离娄下》）。

孔子没有界说“人性”，但是认为属于人类的每一个体所具有的“性”大致一样，当然个体之间存在差异，所以不说“性相同”，但差异不足以影响个体属于人类，即个体都具有“人性”，所以说“性相近也”。就这一点讲，人类与禽兽类、草木类甚至水火类都一样。

人类与其他类的不同也许在于，人性中的某些内容，比如，假设荀子所讲的“义”属于人性的内容，是需要通过个体“激活”并“升级”，才能成为现实人性，否则只是潜在人性。孟子所讲的“四端”（《孟子·公孙丑上》），《大学》中所讲的“明德”，也是如此。如果没有激活，将会逐渐泯灭；或者虽然激活但不升级，反而不断受损，也会逐渐丧失殆尽。如此，也就不再属于人类了。所以，对其他某个X类中的分子来讲，不存在“不是X”之詈，而对人类个体来说，“不是人”是一种很重的谴责。

由于个体对潜在人性的不同处理，原本相近的人性产生了差别和距离，如智与愚的差距、贤与不肖的差距等等，所以说“习相远也”。对其他类来讲只有性相近，只有在人类才有习相远的问题。对这句话的理解重点不在“性相近”，而在“习相远”。

对人来说，“习”是非常重要的。《书·太甲》讲“习与性成”，汉语中常把“习”与“性”结合起来讲，所以“君子慎所习”（《论语集解》）。

17.3 / 子曰：“唯上知与下愚不移。”

解读

知：读zhì。

这一章接着上一章讲。《论语集解》以此章与上章为一章。

上智和下愚是知的两头极限，所以不移，个体的潜质处于两极之间，是“中人”。个体通过学习不断提升自己的知，是“中人以

上”，如“学而知之”“困而学之”；不进而退是“中人以下”，如“困而不学”。（参见6.21、7.20、16.9解读）

17.4 / 子之武城，闻弦歌之声，夫子莞尔而笑，曰：“割鸡焉用牛刀？”

子游对曰：“昔者，偃也闻诸夫子曰：‘君子学道则爱人，小人学道则易使也。’”

子曰：“二三子！偃之言是也。前言戏之耳。”

| 解读 |

之：到……去。子游曾做武城邑宰（参见6.14）。
弦歌之声：指子游在武城推行礼乐教化。
莞（wǎn）尔：微笑的样子。
割鸡焉用牛刀：谓治理小地方用不着礼乐之道。
这里的君子、小人主要指政治身份。
二三子：参见3.24。戏：开玩笑。

17.5 / 公山弗扰以费畔，召，子欲往。

子路不说，曰：“末之也已！何必公山氏之之也？”

子曰：“夫召我者而岂徒哉？如有用我者，吾其为东周乎！”

| 解读 |

公山弗扰：《左传》中作“公山不狃”。费：读bì。畔：同“叛”。公山弗扰曾为季氏私邑费宰。鲁定公八年参与阳虎废黜三桓之嫡的行动。定公九年，公山弗扰以费叛季氏，想召孔子以张大势力，孔子也想利用公山弗扰打击季氏专政，恢复鲁国公室的权力，所以想前往。子路因此不高兴。后来，定公十二年，在“隳三都”（参见11.25解读）行动中，季氏将隳费，公山弗扰、叔孙辄率费人袭鲁，孔子派人击退公山弗扰、叔孙辄，这两个人兵败奔齐，于是隳费。

说：读yuè。末：没有。之：往。后面“之之”的第二个“之”字也是这个意思。已：止。“末之”句的意思是，没有地方可去就算了！何必要去公山那儿呢?

夫召我者：指“召我”这件事。徒：空。“岂徒哉”意指难道是空的吗？言下之意是要任用我或采用我的主张的，如果这样，那我就将在鲁这个东方之邦复兴周制。东周：在东方复兴周。

孔子非常赞赏周朝的礼乐制度（参见3.14），面对周道衰微、礼坏乐崩的局面，想要致力于复兴周制，却又苦于力量不足，所以有欲应公山弗扰之召、“见南子”（6.28）以及欲应佛肸之召（参见17.7）等表现，透露出内心的焦虑，甚至有不“求善贾而沽”（9.13）的急切。子路性直，未能体会到孔子的心情，所以对孔子的这些表现都不高兴。

17.6 / 子张问仁于孔子。

孔子曰：“能行五者于天下，为仁矣。”

“请问之？”

曰：“恭、宽、信、敏、惠。恭则不侮，宽则得众，信则人任焉，敏则有功，惠则足以使人。”

| 解读 |

恭：恭谨。不侮：不受侮。讲自身。
宽：宽厚。得众：得到众人拥护。讲与众人相处。
信：信实。人任：得到别人任用。讲与上级相处。
敏：勤勉。有功：成就事功。讲做事。
惠：友爱。使人：指派别人。讲与下级相处。

17.7 / 佛肸召，子欲往。

子路曰：“昔者由也闻诸夫子曰：‘亲于其身为不善者，君子不入也’。佛肸以中牟畔，子之往也如之何？”

子曰：“然，有是言也。不曰坚乎，磨而不磷；不曰白乎，涅而不缁。吾岂匏瓜也哉？焉能系而不食！”

| 解读 |

佛肸（bì xī）：晋国中牟邑宰。中牟：或说在河北邢台、邯郸之间，或说在河南鹤壁西。鲁哀公五年，赵简子围中牟，佛肸叛。

亲于其身为不善者：亲自做不善的事之人的行列。入：参与，加入。

磷（lìn）：减损，薄。

涅：黑矾石，可做黑色染料，在此用作动词。缁（zī）：黑色。

匏（páo）瓜：葫芦。

对于孔子欲应佛肸之召，子路很不满意，他引用孔子的话来质问孔子：您不是说君子不加入自己直接“为不善”的行列吗？佛肸以中牟叛，您为什么要去呢？

对此，孔子的回答是：我不能做一个只能挂在那里看而不能食用的匏瓜。而且，孔子自信自己不会受污染：什么叫作坚硬，就是那无论怎样磨都磨不薄的东西；什么叫作洁白，就是那无论怎样染也染不黑的东西。意思是，自己参与到那个为不善的行列同样可以磨不磷、涅不缁，不为不善。

这一章和17.5都体现了孔子浪漫的救世情怀。

17.8 / 子曰：“由也，女闻六言六蔽矣乎？”

对曰：“未也。”

“居，吾语女。好仁不好学，其蔽也愚；好知不好学，其蔽也荡；好信不好学，其蔽也贼；好直不好学，其蔽也绞；好勇不好学，其蔽也乱；好刚不好学，其蔽也狂。”

| 解读 |

言：字。“六言”即仁、知、信、直、勇、刚。蔽：弊。“六蔽”即愚、荡、贼、绞、乱、狂。

语（yù）：告诉。

仁：亲善。在这里不是“全德”的意思。愚：憨傻、易欺。

知：读zhì。荡：放纵，无守。

贼：“析交离亲”（《庄子·渔父》）。

绞：急躁，偏激。

乱：盲动，作乱。

狂：狂妄，傲慢。

在8.2中说“勇而无礼则乱，直而无礼则绞”，可知“学”即学礼。在儒家以及中国传统文化中，不抽象地评价好坏，而是讲“义之与比”（4.10），即要“因……制宜”。礼能够起到“制中”（《礼记·仲尼燕居》）的作用，所以要学礼。

17.9 / **子曰：“小子何莫学夫诗？诗，可以兴，可以观，可以群，可以怨。迩之事父，远之事君。多识于鸟兽草木之名。”**

| 解读 |

小子：门人弟子。

兴：兴发情感。孔子说“兴于诗”（8.8）。

观：观察政俗。《诗谱序》：“欲知源流清浊之所处，则循其上下而省之；欲知风化芳臭气泽之所及，则傍行而观之，此诗之大纲也。”

群：交往朋友。曾子说“以文会友”（12.24）。

怨：讥刺时弊。《毛诗序》：“正得失，动天地，感鬼神，莫近于诗。”

识（zhì）：记。《定州汉墓竹简论语》作“志”。

《论语集注》：“学诗之法，此章尽之。”

17.10 / 子谓伯鱼曰：“女为《周南》《召南》矣乎？人而不为《周南》《召南》，其犹正墙面而立也与！”

| 解读 |

为：讲论研习。《周南》《召（shào）南》：《诗·国风》中的两部分。“风”是“民俗歌谣之诗”（朱熹《诗经集传》），分为十五国风，以《周南》《召南》为首。旧说以为《周南》《召南》是“风之正经”（《诗谱序》），“正始之道，王化之基”（《毛诗序》）。

正墙面而立：什么也看不见，一步也行不得。

17.11 / 子曰：“礼云礼云，玉帛云乎哉？乐云乐云，钟鼓云乎哉？”

| 解读 |

孔子和儒家学说的中心问题是情和理的关系问题。在情和理这两方面，情偏向发散，理的作用即在于对情的收敛。礼乐就体现了理的这种收敛的作用，所以说“礼乐之说贯乎人情矣”（《史记·乐书》）。

《礼记·文王世子》：“乐，所以修内也；礼，所以修外也。”《礼记·乐记》：“乐也者，动于内者也；礼也者，动于外者也。”修外、动于外指从外规范行为，修内、动于内指陶冶性情，使外在规范内在化。经过礼乐教化和修养，人才能情理融贯，达到“从心所欲不逾矩”（2.4）。

所以，礼乐的实质是实现仁的境界，玉帛、钟鼓只是礼乐的“末节”（《礼记·乐记》），没有仁的实质，礼乐徒有其形，所以孔子说：“人而不仁，如礼何？人而不仁，如乐何？”（3.3）孔子反对形式主义。

17.12 / 子曰：“色厉而内荏，譬诸小人，其犹穿窬之盗也与！”

解读

色厉而内荏（rěn）：表面强硬而内心怯懦。

穿窬（yú）：凿墙打洞。

孔子把色厉而内荏的人比作打洞穿墙的窃贼，这种人对自己的所作所为不能理直气壮，虽然表面强硬地去做，内心却很怯懦。《孟子·公孙丑上》中讲，如果自己理直，那么，纵有千军万马阻挡，也会勇往直前。司马光说他自己“平生所为，未尝有不可对人言者”（《宋史·司马光传》）。这些人不会内荏。

17.13 / 子曰："乡原，德之贼也。"

丨解读丨

乡原（yuàn）：貌似谨厚，为乡人称道，实则同流合污以媚于世。唐君毅：凡以顺应世俗为第一义者，皆孔子所谓乡原。（《孔子与人格世界》，《近四十年来孔子研究论文选编》，齐鲁书社，1987年，第585页。）

之所以说乡原是德之贼，是因为乡原混淆了人们对德的理解，破坏了人们修德的功夫。儒家之德是建立在"真"的基础之上的，比如，孔子说"不得中行而与之，必也狂狷乎"（13.21），之所以如此，是因为狂、狷虽然偏于一端，但却是"发乎情"的，经过教化和修养，不断地补偏救弊，可以渐至中行之德。如果没有"真"做基础，不下修养功夫，只是奉迎媚俗以图名声人缘，不可能成就德。钱启新："圣门教人求仁，无甚高远，只是要人不坏却心术，狂狷是不坏心术者，乡愿是全坏心术者。"（《明儒学案》卷五十九）

所以，对于"乡人皆好之"之人，还是要考察的。（参见13.24、15.28解读）

17.14 / 子曰："道听而涂说，德之弃也。"

丨解读丨

涂：同"途"。

弃：背弃。

听是接收信息，说是发送信息，对听、说的理解不必局限于口耳相传，其内容也不必局限于街谈巷议，大凡思想、学说、知识、舆论等等都能成为道听途说的内容。道、途意为相遇一过。道听途说的意思是，将所接收的支离破碎的信息再一知半解地传播出去。这样做，从行为主体讲，没有敬（不严肃不慎重）；从对作为客体的信息讲，没有畏。孔子讲要“执事敬”（13.19）、“事思敬”（16.10）、“行笃敬”（15.6）、“修己以敬”（14.42）等等，所以说“道听而涂说，德之弃也”。

17.15 / 子曰：“鄙夫可与事君也与哉？其未得之也，患得之；既得之，患失之。苟患失之，无所不至矣！”

| 解读 |

鄙夫：庸俗浅陋之人。事君：指从政。与：读yú。

患得之：患怎样得之。

无所不至：无所不为。

鄙夫没有担当、没有抱负，其从政只是为了谋取一官半职，他没有得到官位时，忧心于谋取官位；得到官位，又担心失去。为担心失去，他会无所不为。

17.16 / 子曰：“古者民有三疾，今也或是之亡也。古之狂也肆，今之狂也荡；古之矜也廉，今之矜也忿戾；古之愚也直，今之愚也诈而已矣。”

| 解读 |

疾：毛病。

狂：放纵。肆和荡都有恣纵放任、不受约束的意思，肆多表现情、意、言等方面的放纵，荡多表现形体方面的放纵，所以有肆情、肆意、肆言等说法，而较少说荡情、荡意、荡言等。《论语集解》引包咸曰：“肆，极意敢言。”《论语义疏》：“古之狂者恒肆意”，“古之狂者唯肆情”。

矜：骄矜自负。廉：棱角峭厉。忿戾：蛮横易怒。

愚：愚昧无知，不明事理。《荀子·修身》：“是是、非非谓之知，非是、是非谓之愚。”“愚也直”，虽然非是、是非，但不拐弯抹角。“愚也诈”，不管是非，唯求自利，故而常非是、是非。直愚是认识问题，诈愚是品德问题。

古之疾与今之疾的区别在于，古之疾是内在之质的表现，今之疾则是徒有其形。

17.17 / 子曰：“巧言令色，鲜矣仁！”

| 解读 |

与1.3重复。

17.18 / 子曰：“恶紫之夺朱也，恶郑声之乱雅乐也，恶利口之覆邦家者。”

解读

恶：读wù。

古人以青、赤、黄、白、黑五种颜色为纯正之色，紫色属于杂色，不纯。《礼记·王制》：“奸色乱正色，不粥（yù）于市。”《礼记·玉藻》：“衣正色，裳间色。”奸色、间色都是指杂色。上衣下裳，紫之夺朱犹如下之易上。此“恶”，意在正礼。

孔子认为郑声偏激过度（15.11），起不到平和情的作用，反而扰乱典雅纯正之乐的功能。此“恶”，意在正乐。

利口：能言善辩，其言似乎义正词严，然而按之操作则有害无益。此“恶”，意在正言。

《吕氏春秋·疑似》中说“使人大迷惑者，必物之相似也”，孔子这三“恶”都是“恶似而非者”（《孟子·尽心下》）。《论语》中有许多对相似概念的辨析，如，周、比（参见2.14）；和、同（参见13.23）；泰、骄（参见13.26）；闻、达（参见12.20）；贞、谅（参见15.37）；群、党（参见15.22）等等，也都是要辨别“似而非者”。

17.19／ 子曰：“予欲无言。”

子贡曰：“子如不言，则小子何述焉？”

子曰：“天何言哉？四时行焉，百物生焉，天何言哉？”

| 解读 |

述：遵循，传述。

天何言哉：《经典释文》：“鲁读天为夫。”

语言是人们用以传达信息，表达和交流思想、感情的工具。作为一个老师，孔子要通过言传授知识、解答疑问、教诲弟子，弟子们也要通过聆听老师之言接受知识、遵从教诲，言是孔子日常教学的一个重要活动。

那么孔子为什么想“无言”呢？这其中有孔子对语言的深切感受。

语言固然能传达信息，表达和交流思想、感情，但是，并非任何事物都能够用语言说清楚，并非任何思想都能够用语言完整地表达。比如，“性与天道”的问题就难以用语言说清楚，所以孔子不直接去说，而是将其寓于对日常生活的理解中，蕴含在对诗、书、礼、乐的解读中，通过“下学而上达”来领悟（参见5.13、14.35）。比如，作为“全德”的“仁”就难以通过语言来完整表述，所以，虽然孔子有许多关于“仁”的话，但都不是从“全德”的角度来讲的，所以说“罕言”（9.1）。之所以如此，并非故意留玄机，而是由于语言难以把整体的复杂性“和盘托出”，所以古人有“言不尽意”之说。如果聆听者不能补充还原出言说者的未“尽”之“意”，就难以准确地把握他的思想。所谓的“知音”就是能听出弦外之音、想到言外之意的人。言说者之言在知音那里具有“高山流水”般的灵动，而不是僵硬的语词组合。从人之间的交流来看，要做到这一点很不容易，所以，古今中外的思想家，其思想总难免被人误解、曲解、肢解，因而有“播种龙种，收获跳蚤”之叹。孔子之“欲无言”也有这样的原因，也是一种感慨。

子贡对语言的理解仍然在“显性”的言说上（参见5.13），所以当他听到孔子说“予欲无言”时，就问到，如果那样的话，弟子们遵循什么？传述什么？

对此，孔子的回答是“天何言哉”？“天”并没有“说”什么，但时行物生，该做的事都做了。孔子说：“我欲载之空言，不如见之于行事之深切著明也。”（《史记·太史公自序》）用“言”说不清的问题，在“行”那里不成问题了。

但是，孔子毕竟还是有所言说，“无言”是有所言说之后的沉默。他的言说带着被误解的风险，也有等待知音的希望。

17.20 / 孺悲欲见孔子，孔子辞以疾，将命者出户，取瑟而歌，使之闻之。

| 解读 |

孺悲：鲁国人。据《礼记·杂记》记载，鲁哀公曾派孺悲向孔子学“士丧礼”。有一次孺悲想见孔子，托人传话，孔子托词有病不见，当传话的人刚出门，孔子就弹瑟唱歌，故意让他听见。

关于这件事的背景缺乏记载，不知道孔子为什么要这样做，所以不必迂曲解释。孔子也有自己的好恶之情和脾气。

17.21 / 宰我问：“三年之丧，期已久矣。君子三年不为礼，礼必坏；三年不为乐，乐必崩。旧谷既没，新谷既升，钻燧改火，期可已矣。”

子曰：“食夫稻，衣夫锦，于女安乎？”

曰：“安。”

“女安则为之！夫君子之居丧，食旨不甘，闻乐不乐，居处不安，故不为也。今女安，则为之！”

宰我出。

子曰：“予之不仁也！子生三年，然后免于父母之怀。夫三年之丧，天下之通丧也。予也有三年之爱于其父母乎？”

解读

君子：宰我所言君子是政治身份。

没（mò）：尽。升：谷物登场。

钻（zuān）燧：钻木取火。改火：钻木取火时，因季节不同而用不同的木材，如春用榆柳，夏用枣杏等。

期（jī）：循环一年。

旨：美味。甘：味美。

通丧：“父母之丧无贵贱，一也。”（《中庸》）

宰我是从政事的角度问，孔子是从情感的角度答。

如果遇亲之丧而毫无哀戚之情，这便失去了“为仁之本”（1.2），为礼为乐必流于形式，这本身也就是“礼坏乐崩”。“人而不仁，如礼何？人而不仁，如乐何？”（3.3）

但是，如果陷于其情，一直都“食旨不甘，闻乐不乐，居处不安”，确实也影响生活和做事。所以，要有一个情感的过渡，丧期就是这样一个过渡期。《礼记·檀弓上》记载，伯鱼之母死，期而犹哭。夫子闻之曰：“谁与哭者？”门人曰：“鲤也。”夫子曰：“嘻，其甚也。”伯鱼闻之，遂除之。又记载，子路有姊之丧，可以除之矣，而弗除也。孔子曰：“何弗除也？”子路曰：“吾寡兄弟，而弗忍也。”孔子曰：“先王制礼，行道之人，皆弗忍也。”子路闻之，遂除之。

为什么父母之丧是三年而不是五年或者一年？孔子说是因为子（女）三年免于父母之怀。孔子这样说，是为了强调养情，而不是“算账”。《礼记·三年问》：“三年之丧何也？曰：称情而立文，因以饰群，别亲疏贵贱之节，而弗可损益也。”这是说，三年之期，一方面是制礼者对人的情感的一个有如“统计性”的把握，“称情而立文”；另一方面是为了体现宗法制的贵贱、尊卑、长幼、亲疏的等差之序，以维系当时社会的系统结构。比如，为什么“伯鱼之母死，期而犹哭”就过分了？这体现的就是当时贵贱、尊卑的差别。所以，重要的是理解丧期的意义，不必将关注点放在时间问题上。

其实，宰我也不是全然不讲丧期，只是说考虑到为礼为乐，能不能把服丧时间定得短些。如果是建立在情的基础上，那时间长些短些并非十分关键。宰我的问题在于，他回答在丧期而安于“食夫稻，衣夫锦”，这就失去了情的基础，失去了“为仁之本”，所以孔子说他“不仁”。当然，宰我的回答也许只是与老师犟嘴，现实中的宰我未必全无亲情，否则，也不会将他列入“孔门十哲”。

17.22 / 子曰：“饱食终日，无所用心，难矣哉！不有博弈者乎？为之犹贤乎已。”

| 解读 |

博：古时一种棋戏。弈：围棋。

孔子用反话说：整天吃饱饭什么事也不干，真难以做到啊！就是下下棋也比混日子强啊。

《焦氏笔乘》："夫子言饱食终日，无所用心，难矣哉！又言群居终日，言不及义，好行小慧，难矣哉！一置心于无用，一用其心于不善，同归于难而已。"（见《论语集释》）

17.23 / **子路曰："君子尚勇乎？"**

子曰："君子义以为上。君子有勇而无义为乱，小人有勇而无义为盗。"

| 解读 |

在这一章中，"君子""小人"相对而说时，都是指政治身份。

孔子说"好勇不好学，其蔽也乱"（17.8），"勇而无礼则乱"（8.2），又说"有勇而无义为乱"，可见学即学礼，学礼是要制义（宜）。儒家之"勇"是义之勇，如，"率义之谓勇"（《左传·哀公十六年》）、"有义之谓勇敢"（《礼记·聘义》）、"立义以为勇"（《孔子家语·好生》），都突出了一个"义"字。

17.24 / **子贡曰："君子亦有恶乎？"**

子曰："有恶：恶称人之恶者，恶居

下流而讪上者，恶勇而无礼者，恶果敢而窒者。”曰：“赐也亦有恶乎？”

“恶徼以为知者，恶不孙以为勇者，恶讦以为直者。”

｜解读｜

恶：“称人之恶”之“恶”读è，其余都读wù。
称：宣扬，乐道。
讪（shàn）：诽谤，诋毁。
窒：固执，不通。
徼（jiāo）：窃取，抄袭。知：读zhì。
孙（xùn）：通“逊”。
讦（jié）：攻击、揭发别人的短处和阴私。
子贡所恶，又是几种“似而非者”。

17.25 / 子曰：“唯女子与小人为难养也，近之则不孙，远之则怨。”

｜解读｜

小人：《易·观·初六》“童观，小人无咎，君子吝”。《小象》曰：“初六童观，小人道也。”这里的小人可以说是童观之人，但不等于童。

养：侍奉。“难养”即难伺候。《论语正义》：“养，犹待也。”这样，“难养”即难对付，难相处。

孙：读xùn。远：读yuàn。

孔子这段话是描述一种他看到的现象，或者说是谈他个人的感受，其中无疑有历史局限。但是，即使有这样的局限，也不能因为孔子描述了“女子”和“小人”这两类人的一种共同的行为现象，就说这两类人在孔子的道德评价中是一样的。“难养”这种现象可以由不同的原因所导致。

人生中的有些事是完全可以由自己主宰的，比如“欲仁”（7.30）、“用其力于仁”（4.6）；有些事则不完全由自己主宰，比如“安百姓”（14.42）、“博施于民而能济众”（6.30）。对于自己所不能主宰的因素，个人无须承担道德责任，好的方面如此，不好的方面也如此。比如，如果女子之“难养”是由于社会历史的原因造成的，那自然不能由女子负责，要改变这种现象，就要消除产生这种现象的社会历史条件。但是，并非消除了产生女子“难养”的社会历史条件，女子就都能不“难养”，正如男子虽然没有女子那样的产生“难养”的社会历史原因，却仍然有大量“难养”的小人。可见，就“难养”来说，并非全是由于个体不能主宰的因素所造成。个体所能主宰的因素才是道德评价的内容，因此，在读孔子这段话时，不应该过于纠缠其“历史局限”，而是应该致力于自己所能主宰的人生修养，避免“难养”，无论是男子还是女子。

不纠缠历史局限不是说不消除历史局限，孔子讲“损益”（2.23），《易传》讲“损益盈虚，与时偕行”（《彖传·损》），就是要与历史协调同步，因……制宜。然而，对消除历史局限也不能过于乐观，后人消除前人局限的局限也许并不比前人更少，每一代人都只是随时补救吧。程颢说“却似扶醉汉，救得一边，倒了一边，只怕人执着一边”（《河南程氏外书》卷第十二）。

17.26 / 子曰："年四十而见恶焉，其终也已！"

| 解读 |

见恶（wù）：被厌弃。

谁被厌弃？被谁厌弃？被厌弃的是什么？为什么被厌弃？应该是有所针对的。

终也已：结局定了。

不管具体针对的是什么，结局定了都不意味着终止努力向上的行为。这是孔门的精神。

微 子 第 十 八

18.1 / 微子去之，箕子为之奴，比干谏而死。孔子曰："殷有三仁焉！"

| 解读 |

微子是商纣王的哥哥，箕子、比干都是商纣王的叔叔，他们三个都不满意纣王行暴政，所以微子出走避隐；箕子假装癫狂，沦为奴隶；比干极力劝谏，被纣王所杀。虽然三个人选择的措施和结局不同，但都是在抵抗无道，致力于有道，从个体道德的角度讲，就是致力于仁。

在孔子那里，仁有作为极限状态的"全德"之仁，有作为致力于仁的过程之仁，前者几乎没有人能完全实现，所以，孔子"殷有三仁"之论是在后者的意义上讲的，即（在非常恶劣的政治环境中）殷宗室还有三个坚持致力于仁的人。孔子还说过管仲之仁（参见14.16、14.17），也是这个意思。三仁，《定州汉墓竹简论语》作"三人"。

18.2 / 柳下惠为士师，三黜。人曰："子未可以去乎？"

曰："直道而事人，焉往而不三黜？枉道而事人，何必去父母之邦？"

解读

士师：典狱官，负责狱讼。黜：贬退，撤职。

直：没有私曲。枉：违法曲断。

柳下惠担任典狱官，秉公执法，却多次被撤职，有人对他说你不能离开这地方吗？柳下惠说，按直道做事，无论到哪里都难免被撤职；如果枉道做事，那也就不需要离开了。柳下惠的话，一方面表明他自己不会枉道事人，另一方面也道出在他所处的那个时代，没有地方能容得下直道事人。

在这里，直道、枉道与父母之邦、非父母之邦形成四种组合：（一）在父母之邦和非父母之邦都可以坚持直道做事；（二）在父母之邦和非父母之邦都不能坚持直道做事；（三）在父母之邦可以坚持直道做事而非父母之邦不能坚持直道做事——在这三种情况下都不必去父母之邦。还有一种情况——（四）在父母之邦不能坚持直道做事而非父母之邦可以坚持直道做事。根据柳下惠的语气，在这种情况下他可能会去父母之邦。也就是说，柳下惠选择离开或不离开一个地方（包括父母之邦）的标准，首先是坚持直道，其次是父母之邦，至于其他因素则不予考虑。按柳下惠的说法，他所处的时代是第二种情况。

柳下惠为什么会被多次撤职？按柳下惠的说法，他是不会枉道事人的，否则，就不会被撤职。既然如此，起用柳下惠的人肯定知道柳下惠坚持直道，起用柳下惠也就意味着赞同直道，那么，为什么柳下惠又会再次因为坚持直道而被撤职，并且再三反复？也许其中可能有起用者的更替问题，但更主要的是，无论谁当权，治理社会都需要直道，但是当坚持直道伤及当权者时，当权者难免要枉道了。

18.3 / 齐景公待孔子，曰："若季氏则吾不能，以季、孟之间待之。"曰："吾老矣，不能用也。"

孔子行。

| 解读 |

待：待遇。

用：主宰，主事。

孔子35岁时到过齐国（参见7.14），齐景公曾向孔子"问政"（12.11），并有意留用孔子，后来据说受晏婴的影响改变了主意（参见《史记·孔子世家》），所以说对孔子的待遇不能太高，只能是季氏和孟氏之间的水平。又说，我老了，主不了事。孔子明白这是齐景公的借口，便离开了齐国。

18.4 / 齐人归女乐，季桓子受之，三日不朝，孔子行。

| 解读 |

归（kuì）：同"馈"，赠送。女乐：歌舞伎。

季桓子：季孙斯。

齐人赠送鲁国歌舞伎，主事的季桓子接受并借此不理政，孔子见此情况，于是离开鲁国去周游。

18.5 / 楚狂接舆，歌而过孔子，曰："凤兮！凤兮！何德之衰！往者不可谏，来者犹可追。已而！已而！今之从政者殆而！"

孔子下，欲与之言。趋而辟之，不得与之言。

| 解 读 |

楚狂：楚国的一个狂人。这人是一个隐者，狂是佯狂。接：靠近，会合。接舆即靠近车，与车相会。楚狂接舆的本意是，在楚国一个狂人靠近孔子坐的车，后来接舆成了这个狂人的名字，再加上所处之地和他的形态，叫楚狂接舆。隐者的名字大多不为人所知，所以人们常常以其所做的事或者动作来名之。

歌而过孔子：是说楚狂唱着歌与孔子坐的车相向而过。《庄子·人间世》中也讲到孔子遇楚狂这件事：孔子适楚，楚狂接舆游其门，曰："凤兮凤兮，何如德之衰也。来世不可待，往世不可追也……"在《庄子》中，"接舆"由活动变成名字，"过孔子"变成"游其门"。

凤兮！凤兮！何德之衰：凤是传说中的神鸟，世道治则现，乱则隐。楚狂以凤比孔子，叹孔子处乱世而不隐，所以说"何德之衰"。

谏：挽回。追：补救。这两句是劝孔子，过去已不可挽回，现在开始补救还来得及。

已而：罢了。殆：败坏。

趋：快走。辟：同“避”。

孔子也说过天下“无道则隐”（8.13），但又割舍不下救世的情怀，所以便“知其不可而为之”了（14.38）。

18.6 / 长沮、桀溺耦而耕。孔子过之，使子路问津焉。

长沮曰：“夫执舆者为谁？”

子路曰：“为孔丘。”

曰：“是鲁孔丘与？”

曰：“是也。”

曰：“是知津矣！”

问于桀溺。桀溺曰：“子为谁？”

曰：“为仲由。”

曰：“是鲁孔丘之徒与？”

对曰：“然。”

曰：“滔滔者天下皆是也，而谁以易之？且而与其从辟人之士也，岂若从辟世之士哉？”

耰而不辍。

子路行以告，夫子怃然曰：“鸟兽不可与同群！吾非斯人之徒与，而谁与？天下有道，丘不与易也。”

| 解读 |

长沮、桀溺：两个隐者，不知真名，长沮、桀溺是根据二人当时形象的描摹。耦（ǒu）：两人一组进行耕作。

过之：经过他们那里。津：渡口。

执舆：驾车。

是知津矣：这是长沮挖苦孔子，是说孔丘这人还能有不知道的事？

滔滔：大水漫流。“滔滔者天下皆是”是说天下处处都像大水漫流的样子，动荡不安。谁以易之：谁能够改变它。以，能够。“且而”之“而”为人称代词。辟人、辟世：参见14.37解读。

耰（yōu）：播种后用耰平土，覆盖种子。辍：停止。

行以告：返回去告诉孔子。

怃（wǔ）然：怅然失意的样子。

鸟兽不可与同群：即（人）不可与鸟兽同群。吾非斯人之徒与，而谁与：即吾非与斯人之徒（同群），而与谁（同群）——我不与人类同群，与谁同群呢？徒，同一类。

天下有道，丘不与易：如果天下有道的话，我不会去参与改变世道。与，参与。

隐者认为天下动荡不安的乱局不可能改变，所以知其不可而不为。孔子认为，正是由于天下动荡不安，才需要去改变它——即使这目的不可能实现。在孔子看来，只有天下有道，才能“不与易”，才能“不为”。孔子之怃然显露出其救世情怀不被理解的无奈。

18.7 / 子路从而后。遇丈人，以杖荷蓧。

子路问曰："子见夫子乎？"

丈人曰："四体不勤，五谷不分，孰为夫子？"植其杖而芸。

子路拱而立。

止子路宿，杀鸡为黍而食之，见其二子焉。

明日，子路行以告。

子曰："隐者也。"使子路反见之。

至，则行矣。

子路曰："不仕无义。长幼之节，不可废也；君臣之义，如之何其废之？欲洁其身，而乱大伦？君子之仕也，行其义也。道之不行，已知之矣。"

解读

从：随行。后：落在后面。

丈人：老者。杖：木棍。莜（diào）：一种除草用的农具。

四体：四肢。勤：劳倦。五谷：五种谷物，有不同的说法，也泛指各种谷物。"五谷不分"指不清楚各种谷物怎样种植。

植：置。芸：通"耘"，除草。"植其杖而芸"即把木棍放到一边去除草。

拱而立：拱手而立。表示恭敬。

止：留。宿：住宿。为黍：用黍米做饭。食（sì）之：给子路吃。之，代词。见（xiàn）：介绍使见。

行以告：在行走的路上把这件事告诉孔子。

反：同“返”。

因老者已经出行，子路的话应是对老者的两个儿子讲的。

仕：通“事”。“不仕无义”与后面的“君子之仕也，行其义也”呼应，君子之事就是实行义，义由君子之事而实现，没有事也就没有义。

长幼之节、君臣之义：长幼、君臣之间的恰当关系。节、义有适度、适宜的意思。废：败坏的意思。大伦：此指长幼、君臣之间的关系。乱：败坏的意思。

“君子之仕也，行其义也。道之不行，已知之矣”即“知其不可而为之”。

以上三章和14.38、14.39都是讲隐者对孔子的看法。从中可以看出，孔子能包容隐者，而隐者却不认可孔子，二者的胸怀由此可见。

18.8 / 逸民：伯夷、叔齐、虞仲、夷逸、朱张、柳下惠、少连。

子曰：“不降其志，不辱其身，伯夷、叔齐与？”

谓“柳下惠、少连，降志辱身矣。言中伦，行中虑，其斯而已矣”。

谓“虞仲、夷逸，隐居放言，身中清，废中权”。

“我则异于是，无可无不可。”

| 解读 |

逸民：皇侃说是“节行超逸而不拘于世者”（《论语义疏》），颜师古说是“有德而隐处者”（《汉书·律历志》注）。伯夷、叔齐：参见5.23。柳下惠：参见15.14。虞仲、夷逸、朱张、少连皆事迹不详。

不降其志，不辱其身：不降低自己的志向，不使自己受辱。

言中（zhòng）伦：言语合乎道理。行中虑：行动经过思考。

放言：不谈世事。身中清：立身能够清白，即上一章讲的“洁其身”。废中权：自退出于权衡。

无可无不可即“无适”“无莫”（4.10）。孔子做的事是救弊定倾，其行为只有一个衡量尺度，即义——义之与比，除此之外，没有什么可不可的问题。孟子说孔子是“圣之时者”（《孟子·万章下》）。

18.9 / **大师挚适齐，亚饭干适楚，三饭缭适蔡，四饭缺适秦，鼓方叔入于河，播鼗武入于汉，少师阳、击磬襄入于海。**

| 解读 |

大（tài）师：即太师，乐官之长。

古代天子、诸侯每次吃饭时都奏乐相伴，亚饭、三饭、四饭分别是第二、三、四顿饭时奏乐的乐师。

鼓方叔：众家都解释为击鼓者名方叔，与其他的双字职务单字名有别。“方”有“并”的意思，在这里也许是鼓的并列置放，即套鼓？

鼗（táo）：拨浪鼓。“播（bǒ）鼗”即摇小鼓。

少师是大师之佐，击磬是敲磬的乐官。

这一段讲鲁国音乐人才的流失。

18.10 / **周公谓鲁公曰：“君子不施其亲；不使大臣怨乎不以；故旧无大故，则不弃也；无求备于一人。”**

| 解读 |

周公：周公旦。鲁公：周公之子伯禽封于鲁，故称鲁公。

君子：指有位者。施（shǐ）：弃忘。

以：用。“怨乎不以”指因不被用而生怨。

故旧：旧有的官员。故：过失，罪恶。

周公对伯禽讲了四点，都是关于行政官员的任用和管理的。

18.11 / **周有八士：伯达、伯适、仲突、仲忽、叔夜、叔夏、季随、季騧。**

| 解读 |

适：读kuò。

騧：读guā。

八个人的事迹都不详。

子 张 第 十 九

19.1 / 子张曰："士见危致命，见得思义，祭思敬，丧思哀，其可已矣。"

| 解读 |

致命：献身。《易传》讲"君子以致命遂志"（《象传·困》），荀子讲"重死持义而不桡"（《荀子·荣辱》），所以，见危致命并非轻率献身，而是与君子之志、义之与比相关联，即"不避义死"（《荀子·不苟》）。14.12讲"见危授命"。

见得思义：14.12讲"见利思义"。

"祭思敬，丧思哀"之"思"指心绪、心情。

可已：可以。黄式三《论语后案》引吕祖谦："可者，仅足之辞，言能尽行此数事，庶可为士，非曰可以止也。"（见《论语集释》）

19.2 / 子张曰："执德不弘，信道不笃，焉能为有？焉能为亡？"

| 解读 |

执德即“据于德”，信道即“志于道”（7.6）。弘：大。笃：坚实。

焉能为有，焉能为亡：有、亡都是相对执德、信道讲。在执德、在信道，所以不能说无；但执德不弘大、信道不坚实，所以又不能说有。

19.3 / 子夏之门人问交于子张。

子张曰：“子夏云何？”

对曰：“子夏曰：‘可者与之，其不可者拒之。’”

子张曰：“异乎吾所闻：君子尊贤而容众，嘉善而矜不能。我之大贤与，于人何所不容？我之不贤与，人将拒我，如之何其拒人也？”

| 解读 |

交：交往之道，交友之道。

嘉善：喜欢能人。矜不能：怜惜不能的人。既尊贤又容众，既嘉善又矜不能，尊贤、嘉善易，容众、矜不能难。

孔子说“师也过，商也不及”（11.16），所以对他们因材施教，因而，子夏和子张从老师那里听到的交友之道也不相同。蔡邕《正交论》：“子夏之门人问交于子张，而二子各有所闻乎夫子。

然则其以交诲也，商也宽，故告之以距人；师也褊，故告之以容众。各从其行而矫之。”（见《论语集释》）

19.4 / 子夏曰：“虽小道，必有可观者焉。致远恐泥，是以君子不为也。”

| 解读 |

小道：指具体的知识和技能。《文子·精诚》讲“道散而为德”，小道也可以说就是“据于德”“游于艺”（7.6）中的德和艺。可观：可欣赏。

致远：在此指长期局于小道。泥（nì）：陷住。不为：不这样做。

孔子说“志于道，据于德；依于仁，游于艺”（7.6），艺和德是实现仁和道的基础，如果没有一件件具体事情的操作，那么仁和道就是空的。反过来，如果没有志仁志道的价值目标，也会被艺和德所泥，陷入片面和短视。所以，孔子一方面重视具体知识和技能的教育，其弟子中“身通六艺者”为数不少；另一方面又说“君子不器”（2.12），强调要“下学而上达”（14.35）。这样才能既避免空疏，又避免支离。

19.5 / 子夏曰：“日知其所亡，月无忘其所能，可谓好学也已矣！”

| 解读 |

由知到能，中间有一个从“招式”到“功夫”的转换，可以看出孔门之学的特点。相比“日知”，“月无忘”更难。

19.6 / 子夏曰：“博学而笃志，切问而近思，仁在其中矣。”

┃解读┃

笃志即笃志于仁、笃志于道，关键在行，所以《中庸》说“笃行之”，《礼记·儒行》说“博学而不穷，笃行而不倦”。

《论语集解》：“切问者，切问于己所学而未悟之事也。近思者，近思于己所能及之事也。泛问所未学，远思所未达，则于所学者不精，于所思者不解也。”

学、志、问、思，大概每个人都会有，重点在博、笃、切、近上。

博学、笃志、切问、近思也就是在“用其力于仁”（4.6），所以说“仁在其中矣”。

19.7 / 子夏曰：“百工居肆以成其事，君子学以致其道。”

┃解读┃

百工：各种工匠。肆：作坊，店铺。

各种工匠在作坊里成就他们的活计，“虽小道，必有可观者焉”（19.4）。但是，如果不从整体和谐去考量，各种专业活计往往会各肆其行，以致偏至。君子之学，意在整体和谐，所以，不为偏至，而总是补偏救弊。章学诚："所贵君子之学术，为能持世而救偏。"（《文史通义·原学下》）又："君子立言以救弊，归之中正而已矣。"（《文史通义·说林》）这也就是致其道。胡宏："学贵大成，不贵小用。大成者，参于天地之谓也；小用者，谋利计功之谓也。"（《知言·纷华》）

19.8 / 子夏曰："小人之过也，必文。"

丨解读丨

人生皆难免有过失，关键在于对待过失的态度，是"过则勿惮改"（1.8），还是文过饰非。"过而不改，是谓过矣"（15.30），"过而改之，是不过也"（《大戴礼记·盛德》）。所以，"不以无过为贤，而以改过为美"（《资治通鉴》卷十二）。

19.9 / 子夏曰："君子有三变：望之俨然，即之也温，听其言也厉。"

丨解读丨

"君子有三变"不是说君子之人，而是指君子给人的感觉。

望是远看，即是接近。俨是庄严，温是温和。

厉不是严厉的意思，而是向上的意思。王念孙："厉训为上，故自下而上亦谓之厉。"（《广雅疏证》卷一下）听君子言给人的感觉是使人向上。

19.10 / 子夏曰："君子信而后劳其民，未信则以为厉己也；信而后谏，未信则以为谤己也。"

| 解读 |

信：取信。孔子曾说要"民信之"（12.7）。

强调不被信任的危害。不被信任而役使百姓，百姓会以为是虐害自己；不被信任而规劝他人，被规劝者会以为是毁谤自己。

那么，被信任而劳而谏，是不是就不会被认为是厉己谤己呢？被信任到什么程度，其劳其谏就不会被认为是厉己谤己？其中仍然有一个具体操作的问题。

19.11 / 子夏曰："大德不逾闲，小德出入可也。"

| 解读 |

闲：栅栏。引申为规范。

《论语集注》："大德小德，犹言大节小节。闲，阑也，所以止物之出入。"其实，不必限于节，可以推到其他事情。子夏的特点是做事注重细节，孔子针对他这特点多有教诲。子夏所言，有不少是孔子教诲他的意思。如果是对别人，比如子张，孔子的教诲定会不同，正如孔子对冉求则进之，对子路则退之（参见11.22）。所以，在领会这些话时，一定不能忽视因材施教的针对性，不能由此认为小道小德小节小事不重要。王阳明说："圣贤教人，如医用药，皆因病立方，酌其虚实、温凉、阴阳、内外而时时加减之，要在去病，初无定说。若拘执一方，鲜不杀人矣。”（徐爱《传习录序》）

19.12 / 子游曰："子夏之门人小子，当洒扫应对进退则可矣，抑末也。本之则无，如之何？"

子夏闻之曰："噫！言游过矣！君子之道，孰先传焉？孰后倦焉？譬诸草木，区以别矣。君子之道，焉可诬也？有始有卒者，其惟圣人乎！"

| 解读 |

当洒扫应对进退则可矣：只可当值洒水扫地、应答和导引宾客的事。

抑：然而。末：木上为末，木下为本。“抑末也”所含的意思是，只抓住枝梢末节，没有抓住根本。

本之则无，如之何：没有本怎么行？

言游：子游名言偃，字子游，所以这里称言游。

孰先传焉：什么先传授。孰后倦焉：什么会导致后倦。先传授什么要以不导致后倦为准。对常人来说，要使之对学习不厌倦，才能有始有终；对“圣人”来说，不需要这样，所以下面讲“有始有卒者，其惟圣人乎”。

譬诸草木，区以别矣：就像认识各种草木，要从小处加以辨别。区，小。

诬：虚妄不实。《大戴礼记·曾子立事》：“不能行而言之，诬也。”

子游和子夏同属“孔门四科”中的文学科，但是两个人的治学路径不同。子夏重视从小处入手，子游则重视“先立乎其大者”（《孟子·告子上》）。子游批评子夏支离无本，子夏批评子游空疏不实。经学史中有“我注六经”和“六经注我”之说，我注六经者似子夏，六经注我者似子游。由于子夏的路径具有较多的可操作性，其在经学史中的影响也远大于子游，按此路径去做，确实“必有可观者”，但是需要注意“致远恐泥”（19.4）。子游之路径虽然难以按部就班地操作，但是一旦有出类拔萃者出，则更能开新局面，当然，既是“六经注我”就要有六经的支撑，否则就不见“六经”只有“我”了。

19.13 / 子夏曰：“仕而优则学，学而优则仕。”

｜解读｜

《定州汉墓竹简论语》两句前后顺序倒置。

优：宽余。不能理解为优良，不能说“做官做好了便去学习，学习学好了便去做官”。但是，也不能说成“做官有余力便去学习，学习有余力便去做官”。这里的“学”不是“行有余力，则以学文”（1.6）的学，而是“可谓好学也已”（1.14）的学。这种学与是否仕没有必然关联，也不存在力不足的问题（参见4.6、6.12），即谁也有余力。“优”在这里是指行为境域的宽余，比如有机会、条件以至于缝隙、空子等等。学，只要有时机就要扩展于仕；仕，只要有条件就要推行所学。《荀子·大略》“学者非必为仕，而仕者必如学”，郝懿行注曰：“如，肖似也。此言仕必不负所学。”（见梁启雄《荀子简释》）子夏的“仕而优则学”是说仕要尽一切可能行其所学，荀子的“仕者必如学”是说仕必须行其所学，子夏之说略宽，荀子之说更严，但道理是一致的。

这样，就从不同的向度将学和仕结合起来，“修己以安人”，“修己以安百姓”（14.42）。

19.14 / 子游曰：“丧致乎哀而止。”

| 解读 |

“临丧不哀”不足观（参见3.26），“丧过乎哀”也有问题（见《易传·象传·小过》），“致乎哀而止”是正好。致乎哀即尽乎哀，是具体的、境遇的，而不是抽象的、概念的，比如孔子的“非夫人之为恸而谁为”（11.10）就是因于具体的境遇。如果哀情尽而不止，以致毁顿，那就过了，但也不是什么大的过失，所以孔子说“丧，与其易也，宁戚”（3.4）。

19.15 / 子游曰：“吾友张也，为难能也。然而未仁。”

| 解读 |

子张是孔子弟子尤其是后期弟子中的佼佼者，德行和学问都很突出。《论语》中记录弟子问学，数子贡、子路、子张多，但是子张与孔子相处的时间要比子路、子贡少得多，而且所问的问题涉及的范围要更宽，所以子游佩服子张难能可贵。然而，作为“全德”的仁是人生修养的极限，虽然子张很优秀，仍然难以达到，所以说“未仁”。

19.16 / 曾子曰：“堂堂乎张也，难与并为仁矣。”

| 解读 |

堂堂：高显的样子。

并为仁：并进于仁。

子张的表现出类拔萃，但也许便会有些年轻人的盛气，这样，“难与并为仁”就包含了两方面的意思，一方面就像“学如不及，犹恐失之”（8.17），另一方面又有点难与“以友辅仁”（12.24）的意思。

19.17 / 曾子曰：“吾闻诸夫子：人未有自致者也，必也亲丧乎！”

| 解读 |

自致：自己控制不住感情，以至于达到极限。《论语集注》：“致，尽其极也，盖人之真情所不能自已者。”

在情理关系中，情是发散的，理（礼）是收敛的，在不同的境遇中，理要对情形成不同程度的束缚。在至亲骨肉去世时，人的哀情会不顾一切地发泄出来，这种“零束缚”是情的表达的极限，也是一种合“理”。

19.18／ 曾子曰：“吾闻诸夫子：孟庄子之孝也，其他可能也，其不改父之臣与父之政，是难能也。”

| 解读 |

孟庄子：鲁国大夫仲孙速。

孔子曾说“三年无改于父之道，可谓孝矣”（1.11、4.20），孟庄子能“不改父之臣与父之政”，当然可以说是“孝”。

孝是情的表现，并不具有必然的合理性，讲孝并非一定要把事情做到最佳状态。孟庄子“不改父之臣与父之政”对做事来说也许并非最佳，甚至很不合理，但是从孝的角度讲，却有其合情一面。孔子说“难得”是对症下药之举，不能抽象地认为这样做就一定好，也不能抽象地认为“改父之臣与父之政”就一定不好、不孝。

19.19／ 孟氏使阳肤为士师，问于曾子。

曾子曰：“上失其道，民散久矣。如得其情，则哀矜而勿喜。”

| 解读 |

阳肤：曾子弟子。士师：典狱官。

失其道：不致力于道。散：不拘检。

情：案情，“得其情”即破案。哀矜：哀怜。

人是环境的产物，相对好的社会风气有利于个体的修养，而不好的社会风气则容易导致个体犯法罹罪。所以，对于因不好的社会风气而导致的罪过，如果查得实情，要有一种哀怜的心情，而不是以破案而自喜。

当然，不能将个体的罪过全归咎于环境，只有意志薄弱的人，才往往把过错的责任归咎于环境。更何况，环境是由人形成的，对于志于仁、志于道者而言，在相对不好的社会风气中，更应该坚持自身修养，以期从我做起而改变社会风气。

19.20 / 子贡曰：“纣之不善，不如是之甚也。是以君子恶居下流，天下之恶皆归焉。”

| 解读 |

“恶居下流”之“恶”读wù。“天下之恶”之“恶”读è。

下流：地势低下水流灌之处，比喻自甘于恶和众恶所归。

一个人一辈子只做好事不做坏事，难；一辈子只做坏事不做好事，也难。在存在状态上，每个人都是善恶的复合体，没有纯善纯恶之人。在善恶复合体中，善恶比重非常复杂，善恶有大小，而在不同的时空范围，善恶大小也难以确定，因此，很难简单地用量化的几几开来比较。所以，孔门对人的善恶评价不仅看其善恶的存在状态，还要看其善恶变化的趋势，所谓“君子上达，小人下达”（14.23）。过勿惮改（参见1.8）常常上进于善，有过必文（参见

19.8）往往下流于恶。商纣王之不善，从存在状态讲，没有像传说的那么严重；从变化过程看，却是趋向下流。

在德治模式中，为了引导人们趋善避恶，会在善恶两端树立具有极限性质的代表，这样就会把某些善恶过程状态化，尤其是历史人物，更容易被符号化。纣之不善之所以被传说得如此严重，就是被符号化的结果，人们把天下的恶都附加在他身上，使其成为恶的代表和符号。

为什么人们不把天下之恶附加在夏禹、商汤身上而附加在夏桀、商纣身上呢？因为在志于道上，夏禹、商汤是上达，夏桀、商纣是下达。所以“君子恶居下流”。

19.21 / 子贡曰：“君子之过也，如日月之食焉：过也人皆见之，更也人皆仰之。”

| 解读 |

君子不文过饰非，所以“过也人皆见之”；君子能有过则改，所以“更也人皆仰之”。世人不以君子曾经有过而不仰，关键在“更”字上，若其不改，其谁仰之？

19.22 / 卫公孙朝问于子贡曰：“仲尼焉学？”

子贡曰：“文武之道，未坠于地，在人。贤者识其大者，不贤者识其小者，莫不有文武之道焉。夫子焉不学？而亦何常师之有？”

| 解读 |

公孙朝：春秋时有好几个公孙朝，这里是卫国的公孙朝。焉学：从哪儿学，跟谁学？

文武之道：周文王、周武王以来的礼乐制度等文化。未坠于地：没有失传。孔子说：“周监于二代，郁郁乎文哉！吾从周。”（3.14）又说：“文王既没，文不在兹乎？”（9.5）

公孙朝想向子贡了解孔子的师承，子贡回答说，文武之道一直没有失传，一直在人世间流传，世人或多或少都有了解。孔子从哪儿不能学？哪有什么固定的老师？

孔子之学不限于某一“师承”，而是集大成。

19.23 / 叔孙武叔语大夫于朝曰：“子贡贤于仲尼。”

子服景伯以告子贡。

子贡曰：“譬之宫墙，赐之墙也及肩，窥见屋家之好。夫子之墙数仞，不得其门而入，不见宗庙之美，百官之富。得其门者或寡矣。夫子之云，不亦宜乎！”

| 解读 |

叔孙武叔：鲁国大夫，出叔孙氏，名州仇，武是谥号，叔是排行。语（yù）：告诉。

子服景伯：参见14.36。

仞：长度单位。具体说法不一，多认为一仞为七尺或八尺。

官：房舍，馆舍。

夫子：指叔孙武叔。

叔孙武叔在朝中向大夫们说子贡比孔子强，子服景伯把这话转告了子贡。子贡以院墙做比喻，说他自己的“墙”很矮，院子里面有点什么好东西，从外边都能看到；孔子的“墙”很高，要从门里进去才能看到里面的好东西，而能够入其门的人很少。叔孙武叔根本没有入孔子的门，所以才说这样的话。

子贡这个比喻的意思是说他自己的那点东西都在浅表，人一眼就看完了，孔子的东西要深入进去渐渐感受。有如颜渊的“仰之弥高，钻之弥坚”（9.11）。话的重点在“屋家之好”和“宗庙之美，百官之富”上，而不是在“墙”的高低上。曲阜城南门上写有“万仞宫墙”，不满足于“数仞”而讲“万仞”，实在是贵椟贱珠之举。在子贡看来，孔子之高岂是用万仞可以形容？在后面两章可以见到子贡怎样形容孔子之高。

19.24 / 叔孙武叔毁仲尼。

子贡曰：“无以为也！仲尼不可毁也。他人之贤者，丘陵也，犹可逾也；仲尼，日月也，无得而逾焉。人虽欲自绝，其何伤于日月乎？多见其不知量也！”

解读

无以为也：别这样。

自绝：自行断绝，指自绝于日月。

多：适，正。

子贡以日月喻孔子之高，表现出对老师的景仰，但仍不及颜渊说的“仰之弥高”（9.11）。子贡之喻是静态的，颜渊之语是动态的，随着人的“仰”而越来越高，没有止境。

19.25 / 陈子禽谓子贡曰：“子为恭也，仲尼岂贤于子乎？”

子贡曰：“君子一言以为知，一言以为不知，言不可不慎也。夫子之不可及也，犹天之不可阶而升也。夫子之得邦家者，所谓立之斯立，道之斯行，绥之斯来，动之斯和。其生也荣，其死也哀。如之何其可及也？”

解读

陈子禽：即陈亢，参见1.10、16.13。

“一言以为知，一言以为不知”意谓君子从一句话就能看出知与不知。所以，说话要慎重，别说外行话。

天之不可阶而升：不可凭借台阶登天。

得邦家者：如果负责邦家的政事。

立之斯立，道（dǎo）之斯行，绥之斯来，动之斯和（hè）：意谓有所树立就能立得住，有所引导就能行得通，安抚能使人归顺，举动能得到相应。绥，安抚。

其生也荣：以孔子之生而荣。其死也哀：为孔子之死而哀。

在孔子弟子中，子贡可以说是仅次于颜回的优秀弟子，孔子去世后，子贡在光大孔子学说上发挥了很大的作用。

尧曰第二十

20.1 / 尧曰："咨！尔舜！天之历数在尔躬。允执其中。四海困穷，天禄永终。"舜亦以命禹。

曰："予小子履，敢用玄牡，敢昭告于皇皇后帝：有罪不敢赦，帝臣不蔽，简在帝心。朕躬有罪，无以万方；万方有罪，罪在朕躬。"

"周有大赉，善人是富。虽有周亲，不如仁人。百姓有过，在予一人。"

谨权量，审法度，修废官，四方之政行焉。

兴灭国，继绝世，举逸民，天下之民归心焉。

所重民食、丧、祭。

宽则得众，信则民任焉，敏则有功，公则说。

解读

这一章主要讲为政，可分为两大块，前面用尧、舜、汤和周朝先人的话讲治理天下，后面讲治国治民。李零对此有详细分析（参见《丧家狗》，山西人民出版社，2007年，第331—335页）。

第一段是尧对舜讲、舜又对禹讲的话。

咨：叹词。

天之历数：历数指帝王继承的次序，古人以为帝王继承像天象运行的次序那样。躬：身。

允：信，当。执：行。“允执其中”即实在而得当地操持“其”中。之所以强调“其”，是因为这“中”是具体的操持，不是概念性的“标准”。这也就是“时中”。《中庸》中讲舜“执其两端，用其中于民”。

四海困穷，天禄永终：《论语集解》引包咸注，以困穷为穷极之意，永终为长久之意。这样，这句话的断句应该是“允执其中，四海困穷，天禄永终”，意思是，把中推极四海，天禄就可以长久。《论语义疏》：“若内正中国，外被四海，则天祚禄位长卒竟汝身也。”天禄指天所赋之禄，即政权。《论语集注》解释为“四海之人困穷，则君禄亦永绝矣”，后来注家多从此说。

第二段是商汤王讲的一段话，“曰”前有阙文。

予小子：古代帝王自称。履：商汤的名。

玄牡：黑色的公牛。夏尚黑，殷尚白，这时商汤还是用的夏礼。

昭告：明白地告知。皇皇后帝：天帝。

有罪不敢赦：不敢赦有罪。帝臣不蔽：不蔽帝臣。蔽，庇护。简：实情。

第三段应该是周代文献中的话。

赉（lài）：赏赐。“周有大赉，善人是富”，指周朝受天大赐，富有善人（参见《论语集解》）。或者说，周朝大赐，使善人富起来（参见《论语集注》）。大赉，《定州汉墓竹简论语》作“泰来”。

周亲：至亲。“虽有周亲，不如仁人”，讲亲不如贤。

予一人：古代帝王自称。

以上三段话都是抄录古文献。

权：秤，重量量具。量：斗斛等容量量具。“谨权量”即严格权量。法：律历。度：分寸尺丈等长度。“审法度”即审定法度。废官：不适宜的官职。“修废官”即整理废官。

兴灭国：复兴已灭亡的国家。继绝世：继续已断绝的世系。举逸民：举用隐逸的贤人。

所重民食、丧、祭：即重视民食、民丧、民祭。多数人将此断句为“民、食、丧、祭”。

宽则得众，信则民任焉，敏则有功：参见17.6。公则说：公平则人们喜悦。公，《定州汉墓竹简论语》作“功”。

20.2 / 子张问于孔子曰：“何如，斯可以从政矣？”

子曰：“尊五美，屏四恶，斯可以从政矣。”

子张曰：“何谓五美？”

子曰：“君子惠而不费，劳而不怨，欲而不贪，泰而不骄，威而不猛。”

子张曰："何谓惠而不费？"

子曰："因民之所利而利之，斯不亦惠而不费乎？择可劳而劳之，又谁怨？欲仁而得仁，又焉贪？君子无众寡，无小大，无敢慢，斯不亦泰而不骄乎？君子正其衣冠，尊其瞻视，俨然人望而畏之，斯不亦威而不猛乎？"

子张曰："何谓四恶？"

子曰："不教而杀谓之虐；不戒视成谓之暴；慢令致期谓之贼；犹之与人也，出纳之吝，谓之有司。"

| 解读 |

尊：同"遵"，遵行。屏（bǐng）：排除。

惠而不费：施惠于民却不破费。办法是"因民之所利而利之"，即怎样有利于民众就怎样去做。《论语集解》引王肃曰："利民在政，无费于财。"

劳而不怨：使民辛劳却不被埋怨。办法是"择可劳而劳之"，即选择适合的事情和时间让民去做。

欲而不贪：君子之欲重在上达，而上达之欲与上达之行是合一的，欲在行中得到满足，如"我欲仁，斯仁至矣"（7.30），在此欲之外还有什么贪求？孔子又说"从心所欲不逾矩"（2.4），欲而逾矩则贪，不逾矩即不贪。从从政来讲，"欲而不贪"就是要把社会风气引导到上达上来。（参见14.23、14.35）

泰而不骄：自信从容而不骄傲。从不怠忽任何多寡大小，尤其是不怠忽寡小，这样才是泰。（参见13.26）

威而不猛：有威仪但不凶猛。衣冠整齐，目光中透出尊贵，严肃端庄让人望而敬畏，这样才有威。（参见7.38）

不教而杀谓之虐：不教育，只是用杀惩罪，叫作残暴。

不戒视成谓之暴：不告诫，只是督查成绩，叫作欺凌。

慢令致期谓之贼：法令松弛，期限严苛，叫作戕害。

犹之与人也，出纳之吝，谓之有司：从政要着力于大处，别像个管仓库的官吏给取东西似的那么顶真，如果那样的话，就只能担任一个负责专门事务的小职务，谈不上从政。当然，负责管理财物就应该“吝”。

20.3 / 孔子曰："不知命，无以为君子也。不知礼，无以立也。不知言，无以知人也。"

| 解读 |

命是人力所不可主宰者。所谓知命，不是说知道命“如何”，而是说知道“怎样”对待命。努力做好自己所能作为的事，对自己所不能主宰的事没有怨尤，在“永言配命”的前提下“自求多福”（《诗·大雅·文王》），在“安之若命”的前提下“自强不息”。

礼的作用就是“制中”（《礼记·仲尼燕居》），所以执行礼的最高境界就是根据社会运行的偏向决定行为，使其行为能起到纠偏作用。所谓知礼，不是仅仅知道礼的内容，更要知道礼的作用并自觉地去执行。

言是人内在思想感情的表达，虽然言的表达与内在的思想感情并不直接一致，甚至常不一致，但在表达中总还是能透漏出一些信息，如《易传·系辞下》所言“将叛者其辞惭，中心疑者其辞枝，吉人之辞寡，躁人之辞多，诬善之人其辞游，失其守者其辞屈”；如孟子所言“诐辞知其所蔽，淫辞知其所陷，邪辞知其所离，遁辞知其所穷”（《孟子·公孙丑上》）。所谓知言，就是要通过所透漏出的信息知道内情，由此进而知人。这需要有高超的辨别能力。

孔子讲“三十而立，四十而不惑，五十而知天命”（2.4），知礼、知言、知命可以与此对应。

附录一

一、《大学》首章解读

大学之道在明明德，在亲民，在止于至善。

“明德”即“得明”。《中庸》讲“诚者天之道”，“天命之谓性”，对人而言，乃“自诚明谓之性”，即天赋之以“诚”，人得之以“明”，人性中有“明”的因素。至于为什么天赋以诚、人得之明，可依据李泽厚先生“历史建理性，经验变先验，心理成本体”（李泽厚：《历史本体论》，三联书店，2002年）之论。恩格斯说世界“是过程的集合体”（《马克思恩格斯选集》第四卷，人民出版社，1972年，第240页），天赋、人性都是过程的。

《中庸》讲“诚之者人之道”，明明德就是要在人的修身过程中把这“明”激活、升级，充分实现出来，这就是“诚之”，是“人之道”。

人依所得之“明”进行各种活动、处理各种事情，是“自明诚”，即以人所得之“明”，“明”天所赋之“诚”。“自明诚谓之教”，“修道之谓教”，自明诚即修道。

“修道”体现在处理社会事务，为“亲民”。亲民乃“使民相亲”，即《大戴礼记·礼察第四十六》“礼义积而民和亲”之“亲”。

“修道”体现在处理天下所有事情，即“明明德于天下”，也就是“至善”。

明明德着重系统要素的优化。亲民是社会系统要素间关系的优化。至善是不同层次的系统要素、子系统及大系统之间关系的优化。

孔子说“人能弘道”（《论语·卫灵公》）。大学之道就是要弘道，是“赞天地之化育”（《中庸》）。

知止而后有定，定而后能静，静而后能安，安而后能虑，虑而后能得。

知止是确立目标，即止于至善。

定、静、安指定心、静心、安心。“定”时心尚驳杂不纯，尚有强制性，经过“静”去其杂念，至“安”时则心纯如也。

虑是权衡。得是得其宜。《大学》之“格物”、《中庸》之“时中”都是力求得其宜。

止是目标，得是目标的实现，所“得”正是其所知之“止”。

物有本末，事有终始，知所先后，则近道矣。

本是“明明德”，末是“至善”。始是“知止”，终是“得”所知之“止”。近是逼近、靠近。近道之“道”乃“至善”。

古之欲明明德于天下者，先治其国；欲治其国者，先齐其家；欲齐其家者，先修其身；欲修其身者，先正其心；欲正其心者，先诚其意；欲诚其意者，先致其知；致知在格物。物格而后知至，知至而后意诚，意诚而后心正，心正而后身修，身修而后家齐，家齐而后国治，国治而后天下平。

格物、物格：

格，从木从各。各，从口从夊（zhǐ）。《说文解字》：“夊，从后至也。象人两胫后有致之者。”即像有一个东西从后面绊住两腿，使之不能行走，所以又说“有行而止之，不相听也”。即腿欲行而“后致者”止之。所以，“夊”表现了一种矛盾，不协调。各又从口。《说文解字》：“各，异辞也。”异辞，即表述不一致，各执一词，各从其志。

《说文解字》："格，木长貌。"树木枝条各自生长，形成诸多枝条交错汇集，乃成"格"。徐锴《说文系传》："亦谓树高长枝为格。"王筠《说文句读》："盖谓枝条长也。"庾信《小园赋》："草树混淆，枝格相交。"枝格相交则难以规于一致，故"格"有扞格不入之意（参见《集韵·陌韵》），有相乖不容之意（参见《太玄·玄错》）。枝条交汇则相互交感，一枝动而众枝应，故"格"有"感"之意。《字汇·木部》："格，感通也。"模仿枝条交错而有木条或木板交错的"格子"，由"格子"而有方正，故"格"有"正"意。《方言》："格，正也。""正"则可作为衡量的参照，故"格"有"度量"的意思。《广韵·陌韵》："格，度也，量也。"

当一个语词具有多种含义时，有时在一个句子中也许很难确定是某一个含义，它可能是几个含义的综合，形成一个意义域。格物的格就是这种情况。综合诸义，格物者，乃在诸多事物扞格汇集、错综交感中，斟酌权衡，求得中正之谓。这也可谓"理"物，在"理"的过程中"明乎善"。儒家以六艺（礼、乐、射、御、书、数）为教学内容，意在培养这种权衡操持的能力。儒家（中国传统）文化根于操作（行），以此为本。

程颢："天下善恶皆天理，谓之恶者非本恶，但或过或不及便如此。"（《河南程氏遗书》卷第二上）程颢之天理也是围绕过与不及讲，只是将动词之"理"解释为名词之"天理"，失去操持的灵性，有如程颐把"庸"解释为"定理"。朱子之"即物穷理"亦然。

致知、知至：

致：志向、目标。知：当读为"智"。"致知"即以达到智为目标。后面讲"物格而后知至"，用"至"而不用

“致”，在这里，二者的区别在于，“致”是欲达到，“至”是到达了。致，本从“夊（suī）”不从“攵（pū）”。《玉篇·夊部》：“夊，……行迟貌。”故“致”含有“行”意。迟与速相对，“欲速则不达”。孔子说“知者不惑”（《论语·子罕》），致知就是要逐渐达到不惑。不惑体现在对错综交感的事物的权衡之中。孔子说：“爱之欲其生，恶之欲其死。既欲其生，又欲其死，是惑也。”（《论语·颜渊》）之所以如此，乃线性思维所致，不能权衡爱恶，而是爱则爱得要死，恨则恨得要命。又说：“一朝之忿，忘其身，以及其亲，非惑与？”（同上）也是指不能权衡轻重。当人在处理问题时能够超越线性思维，权衡诸多相互抵牾之事，使各方面都能适度、中节，也就达到了“知”。所以说“物格而后知至”。

《大学》（以及整个孔门之学）关注的重点是知（zhì），而不是知（zhī）。

诚意、意诚：

《说文解字》以“意”为“志”。朱子《大学章句》以“意”为“心之所发”。智则不盲从，不自欺。诚其意，即其心之所发出于自己“智”的判断，如恶恶臭，如好好色。

《中庸》“诚身有道：不明乎善，不诚乎身矣”，朱熹注：“推言素定之意，反诸身不诚，谓反求诸身而所存所发，未能真实而无妄也。”明乎善，心之所发才能真实无妄。

《大学》讲“必慎其独”， 慎独即按所明之善而行，不是按照“舆论”而行，如小人之“掩其不善”。所谓自明诚也。

所以说“知至而后意诚”。

正心、心正：

正对偏。正心即不偏心，心正即心不偏。这里的不偏不是相对于“全”之无偏，“全”定然“正”，但人做不到“全”。“无”也“正”，但也不能是“无”，所以说不能

"心不在焉"。这里是相对于"中"之不偏，即《中庸》所言"未发"之"中"，所以此"正"乃"中正"。有所忿懥、有所恐惧、有所好乐、有所忧患，皆非未发之"中"，故不得其正。在"中正"之心的基础上，才能发而中节，才能致中和。

格、致则"明乎善"，诚乃"择善而固执"（《中庸》）。所择之善即所明之善，只有这样才能不抽象地偏向于任何一方，保持未发之中的应对态势。所以说"意诚而后心正"。

修、齐、治、平即要通过操作实现不同层次的"中和"，此之谓"修道"。

自天子以至于庶人，壹是皆以修身为本。其本乱而末治者否矣。其所厚者薄而其所薄者厚，未之有也。

齐、治、平是个人修身的扩充，也是众人修身的叠加。个别人的修身叠加不出齐、治、平，所以讲"自天子以至于庶人，壹是皆以修身为本"。

诸多"而后"（12个）所言皆必要条件，非充分必要条件。

二、《中庸》首章解读

天命之谓性，率性之谓道，修道之谓教。

朱熹说："物所受为性，天所赋为命。"（《周易本义·彖·乾》）事物的产生都有其先在条件，先在条件谓之天，产生事物谓之命，事物由天命而有其本性谓之性。事物按其本性生存，谓之率性。

天命、率性都并非只就人言，众物之本性皆天命，众物之生存皆率性，众物及其率性的纠缠混合是谓"道"。《礼记·祭法》："大凡生于天地之间者，皆曰命。"《性自命出》："道者，群物之道。"

天命、率性多种多样，千差万别，因此，众物之率性并不总是协调的，常常表现出扞格抵牾、矛盾冲突，修道就是对万物之率性的品节，使各种“率性”得以“中节”。这又叫作“弘道”（《论语·卫灵公》），叫作“赞天地之化育”（《中庸》）。董仲舒说：“天道施，地道化，人道义。”（《春秋繁露·天道施》）义即宜。在儒家看来，只有经过“修”的“道”才是合宜的。

所以，只有在讲“修道”时，才只对人而言。《吕氏春秋·本生》：“始生之者天也，养成之者人也。”儒家天人合一的思想包含着天生人成的相杂适均。

道也者，不可须臾离也，可离非道也。

离是分散、离散的意思。“道”是诸多“率性”纠缠的总体，不可析分。所析分开的“率性”就不是“道”了。所以，“修道”不是把“全”析分成诸多“偏”，而是仍然保持其“全”，只不过使诸多“率性”皆“中节”而已。“可离”之“可”犹“所”。

道家之道多指恒道（参见拙著《老子解读》），儒家之道多指弘道、修道。其同在“全”，其异在“人”。经过弘、修之后的道还是那个“全”，是使道的诸多可能性中的一种显现为“实”（参见《论语解读》4.8），名之曰“现实”。

是故君子戒慎乎其所不睹，恐惧乎其所不闻。莫见乎隐，莫显乎微，故君子慎其独也。

不睹、不闻指人所面对的不确定性、不可预测性，对此要戒慎、恐惧。

隐、微指事物变化的迹象、先兆，也就是《易传·系辞传》中的“几”。莫见乎隐、莫显乎微指事物的变化没有不从隐微开始的。

“独”也就是处居中待发之势。这样才能应对隐、微而

“发而皆中节”。慎独就是要保持应对的灵敏性。

喜怒哀乐之未发谓之中，发而皆中节谓之和。

以喜怒哀乐为例讲中和，不能将中和限于喜怒哀乐。

中是无过无不及，和是多种事物的适度结合。《左传·昭公二十年》中说“济其不及，以泄其过”，经过“济其不及”就没有不及了，经过“以泄其过”就没有过了，这无过无不及的状态也就是和。中是静态之和，和是动态之中。

中也者，天下之大本也；和也者，天下之达道也。

儒家的“天下”也就是“道”。在儒家看来，“道”应该是中和的，这种中和之“道”可以称之为“太和”。

致中和，天地位焉，万物育焉。

致中和就是修道。

持续地致中和即中庸。（参见《论语解读》6.29）

位：秩序。育：活力。致中和，系统才能既有秩序，又有活力。

附录二

主要参考书目1

何晏注、邢昺疏：《论语集解》，《十三经注疏》，北京大学出版社，1999年。

皇侃：《论语义疏》，中华书局，2013年。

朱熹：《论语集注》，《四书章句集注》，中华书局，1983年。

刘宝楠：《论语正义》，中华书局，1990年。

程树德：《论语集释》，中华书局，1990年。

杨树达：《论语疏证》，上海古籍出版社，2006年。

杨伯峻：《论语译注》，中华书局，1980年。

毛子水：《论语注译》，重庆出版社，2009年。

李泽厚：《论语今读》，三联书店，2004年。

孙钦善：《论语本解》，三联书店，2009年。

高专诚：《论语通说》，山西人民出版社，2004年。

李零：《丧家狗》，山西人民出版社，2007年。

《定州汉墓竹简论语》，文物出版社，1997年。

主要参考书目2

《周易正义》，北京大学出版社，1999年。

《尚书正义》，北京大学出版社，1999年。

《毛诗正义》，北京大学出版社，1999年。

《礼记正义》，北京大学出版社，1999年。

《春秋左传正义》，北京大学出版社，1999年。
《孝经注疏》，北京大学出版社，1999年。
王聘珍：《大戴礼记解诂》，中华书局，1983年。
陆德明：《经典释文》，中华书局，1983年。

《国语》，上海古籍出版社，1988年。
《史记》，中华书局，1959年。
《汉书》，中华书局，1962年。
《宋儒学案》，中华书局，1986年。
《明儒学案》，中华书局，1985年。
章学诚：《文史通义》，上海书店，1988年。

《诸子集成》，中华书局，1986年。
兰喜并：《老子解读》，中华书局，2005年。
《文子》，上海古籍出版社，1989年。
《鹖冠子》，上海古籍出版社，1996年。
《孔子家语》，上海古籍出版社，1990年。
《春秋繁露》，中华书局，1975年。
《说苑》，上海古籍出版社，1990年。
《孔丛子》，上海古籍出版社，1990年。
许维遹：《韩诗外传集释》，中华书局，1980年。
《白虎通德论》，上海古籍出版社，1990年。
《朱子语类》，中华书局，1986年。

《贾谊集》，上海人民出版社，1976年。
戴明扬：《嵇康集校注》，人民文学出版社，1962年。
《陶渊明集》，人民文学出版社，1956年。
《二程集》，中华书局，1981年。

《张载集》，中华书局，1978年。

《胡宏集》，中华书局，1987年。

《王阳明全集》，上海古籍出版社，1992年。

《郭店楚墓竹简》，文物出版社，1998年。

顾宏义等编，《历代四书序跋题记资料汇编》，上海古籍出版社，2010年。

钱穆：《孔子传》，三联书店，2002年。

冯友兰：《中国哲学史》，中华书局，1961年。

冯友兰：《中国哲学史新编》，第一册，人民出版社，1982年。

《近四十年来孔子研究论文选编》，齐鲁书社，1987年。

（说明：《主要参考书目1》是有关《论语》版本和注解的文献。《主要参考书目2》是其他的有关文献。）

后 记

在古代，尤其是宋代以后，《论语》是读书人最重要的必读书，但是到了“五四”以后，由于教育重点的转移，《论语》逐渐被正统教育边缘化，淡出正规教育的课堂，所以，“五四”以后尤其是新中国成立以后直到改革开放时，接受正规教育的人系统地读过《论语》的应该为数不多。我开始较多地接触《论语》是在20世纪70年代“批林批孔”时，读一些发到生产队供批判用的材料，在这之前，只是在学习一些成语典故或者读一些古文选本时有所涉及，对孔子的印象总的来说比较负面。后来，在大学学习中国哲学史，通过系统地研读《论语》，我对孔子及其思想有了新的认识。但是，由于个人性格和思想情趣的关系，在学习中国哲学史的时候，对老庄还是更感兴趣些，在校期间曾写过有关《老子》和郭象注《庄子》的习作，而对于孔子，则未曾有过写点什么的想法。

由于对中国传统思想文化感兴趣，大学毕业后经常阅读有关经典，像“三玄”“四书”等更是反复阅读玩味，但还是偏于道家。直到写成《老子解读》之后，自己觉得对《老子》的研读可以暂告一段落，便想着把自己对《论语》的研读整理一下，写一本像《老子解读》那样的解读《论语》的书。

从2009年开始，我开了选读《论语》的课程，一个学期，每周两课时，到2013年为止，一共讲了5遍。这书中便是在讲课的基础上陆续整理的，到2016年完成。由于愚笨和懒散，每每写一点东西都要拖很长的时间，虽也可说“不知老之将至”，但毕竟还是老已至也。能使自己“乐以忘忧”的事还排着不少，不知还能做几许？

感谢王鸿先生、阎卫斌先生，他们的热情帮助使《论语解读》得以顺利出版。

兰喜并

2019年5月4日